优先股融资的经济后果

——基于市场反应的研究

陈 浩 著

东南大学出版社
SOUTHEAST UNIVERSITY PRESS
·南京·2015

内 容 提 要

作为国际融资中的一种重要工具，优先股在上个世纪就已经在西方流行，完善的优先股制度是成熟资本市场的标志。长期以来，我国资本市场始终存在着融资难、融资成本高、直接融资比例低、债券种类和投资渠道单一的问题，阻碍了自身的健康发展。针对这一问题，2013 年国务院提出了《关于开展优先股试点的指导意见》，2014 年证监会发布了《优先股试点管理办法》，标志我国优先股制度的建立和发展正式进入试点与推广阶段。由此，学术界和实业界开展对优先股融资这一新政的深入探究，不仅可以理解该制度对我国资本市场各利益相关主体产生的影响，还为融资理论的研究提供了独一无二的契机。本书以优先股融资制度作为研究对象，基于融资理论、信号传递理论以及委托代理理论，力图从“微观企业—市场反应”的角度，提供相关的经验证据。

本书适合大专院校、科研机构的师生使用，也适合从事银行、金融工作的人士阅读与参考。

图书在版编目(CIP)数据

优先股融资的经济后果：基于市场反应的研究/陈浩著. —南京：东南大学出版社，2016.3

ISBN 978-7-5641-6381-5

Ⅰ.①优… Ⅱ.①陈… Ⅲ.①国际金融—融资—研究 Ⅳ.①F831.6

中国版本图书馆 CIP 数据核字(2016)第 037438 号

优先股融资的经济后果：基于市场反应的研究

出版发行	东南大学出版社
社　　址	南京市四牌楼 2 号　邮编　210096
出 版 人	江建中
网　　址	http://www.seupress.com
电子邮箱	press@seupress.com
经　　销	全国各地新华书店
印　　刷	江苏凤凰数码印务有限公司
版　　次	2016 年 3 月第 1 版　2016 年 3 月第 1 次印刷
开　　本	700 mm×1 000 mm　1/16
印　　张	17.5
字　　数	238 千字
书　　号	ISBN 978-7-5641-6381-5
定　　价	42.00 元

本社图书若有印装质量问题，请直接与营销部联系。电话(传真)：025-83791830

序

王跃堂

优先股历来是国际投融资中的一种重要工具。早在19世纪30年代,优先股就已被美国、英国等国家的企业使用,它不仅为公司提供了重要的融资方式,而且为注重现金股利,希望收益稳定、不同风险偏好的投资者提供了更多可供选择的投资渠道。目前,许多国家都为优先股制定了较为详细和全面的法律法规,概括起来主要是两种不同的立法形式:一种是以法国为代表的法定式立法,即以法律条文的形式详细规定优先股的各种实体性和程序性问题;另一种是以美国为代表的授权式立法,顾名思义,法律本身不会做出具体的规定,而是授权公司和股东根据自己的需要灵活地设计优先股的附加权利或限制。

发达国家的经验表明,优先股在不同经济发展时期都发挥了积极而有效的作用。在经济衰退时期,优先股作为不同于普通股的注资方式,对证券市场、公司以及投资者都有好处。比如2008年的全球金融危机爆发,美国证券市场股票价格大幅下挫,投资者信心受到严重打击。在此情形下,优先股成为了美国金融机构对外融资的主要工具:巴菲特名下的伯克希尔·哈撒韦公司于2008年9月以50亿美元认购美国第一大投行高盛集团的优先股(年股息率10%);同年10月,三菱UFJ金融集团以90亿美元购买摩根士丹利的优先股(年股息率10%);在美国政府的救援计划中也包括了总额2500亿美元购入美国花旗集团、摩根等9大金融机构的优先股。政府的优先股救援计划推动了美国股市出现近70年来最大涨幅,消息公布当日标普500指数上涨了11.6%。可见,采用优先股向金融机构的注资,对恢复投资者信心、维持金融市场稳定具有重要的作用。

相比较发达国家优先股的发展历史,中国的优先股起步较晚,最早的雏形出现在20世纪80年代,当时的股份形式兼具股票和债券的特征,投资者既可以获得固定的投资回报,又可以参与公司盈利的分红。20世纪90年代初,国家出台了《股份有限公司规范意见》,对优先股的基本权益进行了全面的规范。优先股制度在不断的实践中获得了发展,例如1990年,深圳发展银行发行优先股1148万股,占总发行股票量约24%。然而,由于1993年《公司法》中没有明确规定优先股制度,使得优先股的发展陷入了沉寂。直到2013年11月30日,国务院下发了国发〔2013〕46号文件,提出《关于开展优先股试点的指导意见》;2014年3月21日,为认真贯彻国务院《指导意见》和国家法规政策,中国证券监督管理委员会发布了《优先股试点管理办法》。这两个重要文件的发布,是我国加快资本市场改革的重要体现,也是优先股制度的建立和发展在我国正式进入试点与推广阶段的重要标志。

从目前中国资本市场现状和企业融资需求来看,市场矛盾与融资困难并存,迫切需要进行制度创新,而优先股的试点与推广将对于缓解矛盾和困难具有积极的现实意义。

第一,有益于倡导健康的投资观,实现中小投资者利益的最大化。我国股市的波动受国家政策的左右,并由政策市导致短期投机交易横行,不利于资本市场的健康发展,这是一个客观存在的事实。股息固定、风险较小,长期持有收益较高,是优先股区别其他债券的一个显著特点。投资者持有优先股,有利于倡导健康的投资观,提高资本市场的活跃度,抑制政策市带来的投机风气。

第二,有助于改善公司治理结构,提高公司的运行效率。股权结构过于集中、"一股独大",是我国的股份公司特别是上市公司普遍存在的问题。发行优先股对解决这个问题起到了重要作用。一方面,它通过优先股的股东以放弃表决权从而享有固定股息分配权,有效地扩充了股份发行的种类和广度;另一方面,它通过发行优先股,让持有公司股份的董事、高管们由于没有表决权,不会对股东大会的决议产生不利影响,从而促使他们能够从公司的切身利益和长远利益出发来执行决策,促进公司的稳步发展。

第三,有利于拓宽企业的融资通道,构建多层次资本市场结构。当前,困扰我国企业发展的一大难题是:由融资渠道狭窄所导致的企业融资困难。而优先股的投资购买方式简单,成本相对较小,只需发行方和购买方达成一致协议即可认购。从国外的经验来看,优先股对于扩宽中小企业的融资通道,解决中小企业融资难具有积极的推动作用。不仅如此,作为一种行之有效的投资渠道,优先股还具有风险较低、投资收益稳定的特点,有利于吸引社会闲置资金,减轻某些市场领域的供求压力,完善资本市场的供需结构,有助于促进我国建立多层次的资本市场。

第四,有惠于深化国有企业改革,实现国有资产的保值增值。长期以来,我国国有企业存有两种错误做法:一是国有股东保留资金以用于个人消费和提高自身报酬;二是上市公司存在内部人控制等问题。这两种错误做法,使得我国上市公司普遍存在着不分红或者少分红的现象。这些问题和倾向的存在,其结果必然会导致国有资产的流失。股份制是国有企业改革的必由之路,而优先股制度可以为深化国有企业改革、解决国企改革中诸多问题提供解决之道。也就是说,将国有股转化为优先股发行,不失为一种抑制国有股权流失的可行且合理的做法。这是因为:首先,由于优先股具有无表决权的特点,将国有股转化为优先股后,可以稀释国有股东在上市公司的控制权和表决权,减少政府对上市公司经营活动的不当干预,实现表决权和股份的有效分离,达到国有企业改革所要求的市场化经营。其次,由于国有优先股股东并不享有表决权,不仅可以获得稳定持续的股息收入,相应的经营风险也相对较小,而且优先股股东所特有的剩余财产优先分配权,也使得将国有股转化为优先股,可以达到国有资产保值增值的目的。

从严格意义上来说，我国目前优先股制度尚未建立或正处在制定阶段，需要经历一个逐步健全和不断完善的过程，根据我国的实际情况尤其是金融市场的发展现状，当前应着力做好以下几点：

第一，加大监管力度。从中国的实际情况出发，尽快建立和完善优先股制度，为优先股发展提供相关的法律法规保障，是我国优先股发展的当务之急。首先，要在法律上明确优先股的概念，将其纳入公司法的相关内容中，切实改变目前仅仅停留在中央和地方行政规章上的现状，从而使优先股的监管有法可循，充分保障股东和发行方双方的利益。其次，要对发行优先股的种类、股息分配方式、有无表决权等方面做出明确规定，通过加大监管力度，以避免发行过程中出现优先股与其他金融工具界限模糊不清的现象，造成股市的混乱。

第二，鼓励将部分国有股份转换成优先股。在我国，国家对国有资产拥有控制权，是由特殊的所有制性质所决定的，它的好处毋庸置疑，但由国家控股所造成的监督缺失的弊端也是客观存在的。在这种情况下，如果让非国有股东参与到国有控股公司的治理，则会有效地克服了这个弊端：将部分国有股份转换成为优先股后，会使国有控股企业能够吸引更多的社会投资者，不仅优化了治理结构，加大了监督效率，而且还提高了企业的经营效益，使社会资本取得更广阔的发展空间。

第三，对优先股所占总股本的比例做出适当限制。由于优先股股东一般不具有表决权，发达国家在发行优先股时，一般都对优先股占公司总股本的比例设置了上限，如德国、奥地利和意大利等国家规定这一比例不能超过1/2，法国这一比例规定是3/4。这样做的目的是为了防止由于优先股占比过大所导致普通股股东凭借较少的股本实现对公司控制的现象发生。因此，我国应当参照发达国家的做法，对优先股的占比做出适当限制和规定，可以先将这个比例设定为1/4，根据实际需要，再慢慢地提高，以防止优先股的超额发放导致股本质量降低。

第四，保障优先股股东对公司财务状况的知情权。公司股东在什么范围内享有知情权，是世界各国公司立法时普遍关注的一个核心问题。优先股作为股东对公司的权益凭证，与普通股一样构成了公司所有者权益的一部分，公司的经营状况也影响到优先股股东的利益，所以优先股股东虽然不直接营运公司事务，也要对公司事务参与和监管。股东知情权是实现其他权利的前提和基础。只有切实保障了优先股股东对公司经营状况的知情权，尤其是享有对查阅公司和复制公司章程、财务会计报告、三会记录等的权利，才可能行使对公司的监督权和重大经营决策上维护股东的终极利益，也才能使优先股在我国金融市场发挥出巨大的活力。

本书是我的博士生陈浩在博士论文的基础上深化研究的成果。通观全书，作者坚持理论研究与实证研究相结合的原则，结构严谨，内容得当，条理清晰，论述详实，富有学术价值和实践指导性。由于目前国内有关优先股研究的专著尚不多见，该书基于市场反应的视角，对优先股融资作了探索性的研究：

第一，结合当前我国多层次资本市场体系的建设需求，指出了发行优先股的必要性和可行性。对于企业管理层来说，可以依据企业的实际发展情况正确选择融资策略，以实现资源配置最优化和财务状况最优化；对于投资者来说，也可以更好地选择投资对象，进行投资决策；对于监管机构来说，可以依据资本市场对优先股的反应来制定科学合理的监管政策，有利于维护资本市场的健康、稳定发展。

第二，对我国优先股的发行作了科学预测，并就优先股制度设计、优先股股东利益保护及其应用方案作了全面论述，提出了可操作性的对策建议。

第三，进一步完善企业融资理论的相关内容，结合中国的制度背景，深化对西方经典融资理论的研究。作者从企业一般融资理论角度出发，探讨现阶段我国企业发行优先股融资的一般问题，旨在进一步完善企业融资理论的相关内容。同时,基于中国特殊的资本市场背景,提出优先股制度产生的经济后果可能会和西方存在差异。这为我国优先股制度的不断发展和完善提供了理论上的基础,同时也完善了企业融资选择的相关理论。

第四,运用经济学和财务学中的相关理论分析了优先股发行对资本市场的影响机制,并通过实证的方法加以检验。考虑到我国现阶段对优先股的研究仅停留于规范分析层面,该书的实证研究结果为优先股制度在我国的完善和发展提供了重要的经验证据。正是从这个意义上来说,该书的研究成果不仅有助于在更深层次上理解我国推行优先股的必要性和可行性,同时也为加强投资者保护、改善公司融资环境、优化资本市场等提供了理论依据和政策借鉴,因此具有理论意义和现实价值。

中国的优先股尚处于试点阶段,观察样本还不多,这对该书的研究带来了很大的局限性,希望作者继续关注优先股的发展,进一步加强对优先股的深化研究,以期取得新的学术研究成果。

(王跃堂,南京大学管理学院副院长、教授、博士生导师、教育部长江学者特聘教授)

目　录

第一章 绪　论

改革开放以来，随着我国经济的高速发展，资本市场也在不断扩大，在我国政策环境中引进和推行在国外有着百年历史的优先股制度，已成为学术界、实务界和证监会面临的一个新课题。本章论述了优先股的基本概念和基本理论，并对优先股的研究背景与研究意义做了系统阐述。

第一节　优先股的定义与特征

一、优先股的定义

国外对优先股的定义已趋一致，主要体现在两个权威大辞典中，如《布莱克法律词典》对优先股的定义是："一种给予其持有者在公司盈余分配和剩余财产分配中的优先权的股份类别，这一股份通常没有表决权。"①而《新帕尔格雷夫货币金融大辞典》对优先股的定义则是："既具有股本权益特点又具有负债特点，通常具有固定的股利，并须在

① ［美］布赖恩加纳（Bryan A. Garner）．布莱克法律词典（第九版）［M］．汤如森·西方出版社，2009．

普通股股利之前被派发，而且在破产清算时，优先股对公司资产的主张先于普通股，但在债务(包括附属债务)之后。”①

国内对优先股定义的研究提法较多，比较典型的有以下几种：

沈四宝(1989)提出：优先股不是一种具体的股份，而是“对公司资产、利润享有更优越或更特殊权利的股份”的总称，是相对于普通股的概念。普通股与优先股是对“股东承担之风险和享有之权益的大小为标准”而进行的划分。②

孙树义等(1992)认为：优先股属于特别股的一种，人们在实践当中往往用特别股来指代优先股。特别股是“股份有限公司在特殊条件下发行的、被赋予特别权利和义务的股票。特别股的拥有者对公司享有特定方面的特殊权或义务”。③

陈正中(1996)认为：优先股是相对普通股而言具有优先权的一种股份。这种优先权在公司筹集资本或股份形式转换时就给优先股认购人以某些优惠条件(主要是分配股利方面)的承诺，如先于普通股定率分享公司盈余，先于普通股持有人获得公司清算后的剩余财产，可转换为普通股或债券等。④

刘辅华(1998)认为：优先股是指在有关利益分配等财产权利上，如分配盈余、分配公司剩余财产等方面享有优先权的股份。它是相对于普通股而言的一种特别股。它与普通股的差别主要在于股东承担风险大小不同、控制公司能力强弱不同、从公司受益多少不同。由于优先股通常具有盈余分配优先、剩余财产分配优先等等“特权”，甚至直接领取固定比例的股息，因此，其投资风险大大小于普通股。与此相对应，优先股股东在承担较小风险的同时，其权利也要受到一定的

---

① [美]纽曼，[美]米尔盖特，[英]伊特韦尔. 新帕尔格雷夫货币金融大辞典(全三卷)[M]. 胡坚，等译. 经济科学出版社，2000.

② 沈四宝. 西方国家公司法概论[M]. 北京：北京大学出版社，1989：91.

③ 孙树义，陈璋，李福臣，马忠智，陆兵朱. 企业股份制操作全书[M]. 北京：中国计划出版社，1992：246.

④ 陈正中. 我国的优先股发行交易探讨[J]. 证券市场导报，1996(2).

限制，如股东对公司事务通常没有表决权，股东对公司的控制能力弱于普通股等，它实质上是以盈余分配等方面的优先作为无表决权的补偿，充分体现了权利与义务相对应的法制原则。①

马晓军、沈晔(2004)认为：优先股是股本融资中和普通股相区别的一种融资契约。从契约的基本性质看，优先股是介于普通股和债券之间的混生证券，其基本属性为股性，但是又具有明显的债性。与债券相比，优先股和债券都具有固定收益，但是优先股又不同于债券，因为优先股没有还款期限，没有本金要求权，而且可以推迟支付股利且不算违约。简单而言，优先股的偿还压力低于债券。与普通股相比，两者相同的是股本都没有到期期限，而不同点主要体现在三个方面：其一，清偿地位不同，优先股的清偿地位优于普通股；其二，推迟支付的条件不同，理论上说普通股可以无限期地不支付股利，而优先股推迟股利支付则有一定的时间限制，比如五年，超过这个时间限制，优先股股东就可以要求清算；其三，参与管理的条件不同，普通股股东可以参与管理，但是优先股股东只能有条件地参与管理，即一般只有在公司违约不发放股利时，才可以参与公司管理，并获得投票权。②

袁锦秀(2006)认为：优先股是指在有关利益分配等财产权利上，如分配盈余、分配公司剩余财产等方面享有优先权的股份。它是相对于普通股而言的一种特别股。它如同普通股一样，也持有公司的一部分股份，但是，一般而言，它是没有任何表决权的。③

陈苏琼(2006)认为：优先股是指股东享有某些优先权利(如优先分配公司盈利和剩余财产)的股票。可以从两个角度來认识优先股：一方面，优先股票是一种股权证书，代表着对公司的所有权，但是它不具备普通股票具有的基本权利，有些权利是优先的，另外一部分权利

① 刘辅华.优先股——国家持股的一种可行选择[J].经济体制改革，1998(3).

② 马晓军，沈晔.中国现阶段发展优先股融资的构想[J].中国经济评论，2004(7).

③ 袁锦秀.优先股股权优先及其相关问题透析——以法律为视角[J].湖北社会科学，2006(1).

却是受到了限制;另一方面,优先股票具有债券的特性,即在发行前事先确定了固定的股息率。而优先股的利润分红优先权也就体现在优先股有固定的股息率,要求在公司税后利润中提取公积金后在未分配利润中优先按预先设定的股息率分派股利给优先股东。①

宋伟、胡海洋(2009)认为:对优先股概念的理解是优先股在股利分配和剩余财产分配请求上有比普通股优先的权利,在享有这些优先权利的同时,优先股同时要放弃一些其他的权能,其中最重要的是对公司治理不享有表决权。②

魏现州(2011)认为:优先股是指股份公司发行的与普通股相对应的一种股份种类,其股东在公司股利分配和剩余财产分配方面比普通股股东享有优先权,但一般不享有股东大会的表决权。③

陈远(2013)认为:优先股票与普通股票相对应,是指股东享有某些优先权利的股票,如优先分配公司的盈余和剩余资产,是特殊股票中最重要的一种。一方面与普通股一样,它代表着对公司的所有权,但它不具备普通股票股东所享有的某些基本权利,如表决权;另一方面,优先股又兼有债券的若干特点,在发行时事先确定固定的股息率,在公司有盈余时按照事先确定的支付条件,获得固定的股息。④

王文乐(2014)认为:优先股是相对于普通股而言,在利润(正常年份)及剩余财产(公司清算时)分配方面享有优先权的公司股份。优先股具有类似于债券的稳定投资收益,其风险小于普通股。按照风险收益对等原则,优先股股东的权益也相对弱于普通股,通常优先股股东没有表决权,也不具备对公司的控制能力。⑤

朱明芳(2014)认为:优先股是指相对于普通股而言,在公司盈余

① 陈苏琼.优先股——国有股流通的新选择[J].科技广场,2006(6).

② 宋伟,胡海洋.优先股相关法律问题透析[J].法治研究,2009(9).

③ 魏现州.论优先股股东的权利保护[J].辽宁师范大学学报(社会科学版),2011(5).

④ 陈远.优先股的中国实践初探[J].法制与经济,2013(3).

⑤ 王文乐.优先股的特征和我国的制度设计[J].科技广场,2014(3).

及剩余财产分配方面享有优先权的股份。它既具有股本权益特点又具有负债特点，通常有固定的股息，并须在普通股股息之前被派发，而且在破产清算时，优先股对公司资产的主张先于普通股，但在债务（包括附属债务）之后。优先股虽然有股票之名，但是本质上是债务，或者更加确切地说，它是一种像股票一样交易的长期债券。①

高榴（2015）认为：优先股是对股权经济性权利进行差异化设计的一种产物。其权利的优先性较普通股而言，主要表现为在公司利润分配或者公司清算时的剩余财产索取方面具有一定的优先受偿权。但这种优先性通常以参与决策的表决权受限为代价，且公司可以约定在一定期限届满后转换为普通股或者由公司回购。②

黄人凌（2015）认为：所谓优先股，指在有关利益分配等财产权利上享有优先权的股份。由于存在股息固定的优先股，使得其形式与债券非常类似，但是优先股与债券有着本质的区别，不仅在于各自代表着投资者与公司不同的关系，还在于二者在发行时间、公司义务、对财务杠杆的影响等诸多方面具有差异。③

综上所述，在我国，学者们一般都公认优先股是相对于普通股而言，主要指在利润分红及剩余财产分配的权利方面优先于普通股，是相对于普通股来说的另一种股份权利形式。优先股的“优先”，体现在股息支付和剩余财产分配方面优先于普通股；“权益性”，体现在它作为一种股权融资工具，是一种股东权益凭证；“债务性”，体现在优先股股东享有约定的固定收益，而且不具有表决权；可以说优先股是一种混合性质的证券，综合了普通股和债券的特征，其介于普通股和债券之间，其所面临的风险也同样介于普通股和债券之间。④ 作为学者的研究，可以对优先股有各自不同理解的定义，但从法理意义上来说，目

① 朱明芳.优先股试点是我国资本市场发展的重要一步[J].发展研究，2014(5).

② 高榴.优先股试点值得关注的问题[J].财会月刊，2015(3).

③ 黄人凌.优先股的制度功能探索及其规制选择[J].现代商贸工业，2015(9).

④ 黄宁.从美国实践看我国银行业引入优先股的意义[J].南方金融，2008(8).

前我国对优先股最权威的定义，应以国务院《关于开展优先股试点的指导意见》(国发〔2013〕46 号)的定义为准，该《指导意见》明确将优先股的含义界定为："优先股是指依照公司法，在一般规定的普通种类股份之外，另行规定的其他种类股份，其股份持有人优先于普通股股东分配公司利润和剩余财产，但参与公司决策管理等权利受到限制。"

为了进一步认识理解优先股的概念，我们将优先股分别与同样作为融资工具的普通股和公司债券进行比较，如表 1-1 所示。

表 1-1　不同类型证券属性比较

	债券	优先股	普通股
剩余财产权索取	排在优先股、普通股之前	排在债券之后、普通股之前	最后
性质	债权	介于债性、股性之间	股权
投资回报形式	还本付息	固定股息＋回购溢价	股利＋资本利得
法律约束	发行者不能及时还本付息，持有者有申请强制索赔权利	股利支付不是法定义务，但有触发投票权利规定	股利支付不是法定义务
存续期间票息	合约规定	一般由管理者酌情定夺	无规定
公司经营权利	一般无选举权与被选举权、投票权	一般无选举权与被选举权、投票权	有选举权与被选举权、投票权
会计处理	一般作为债务处理	对不同性质的契约做不同处理	一般作为股权处理
税务	利息支付可抵税	股息支出对于发行人来说一般不存在抵税优惠，但投资人可享有一定比例抵税优惠	股息支出一般不存在抵税优惠

优先股与普通股，两者属性相似，都是作为投入到公司的权益资本，但它们在风险承担和权益享受方面具有明显的差别：优先股具有盈余分配及剩余财产索取方面的"优先特权"，更主要的是可以按期直接领取固定比例的股息，投资风险较小于普通股。在获得上述优先特权的同时，也会在其他权利方面受到一定程度的限制。如：一般没有

表决权，对公司的控制能力不如普通股股东。可以理解优先股所具有的"优先特权"更是对其不具表决权的一种补偿形式，这也符合权利和义务的法制原则。优先股与公司债券，两者性质各不相同。优先股属于公司股本，募集的是公司权益资本，其认购形式可以多样化，可以使货币资金、固定资产等实物资产，也可以是土地使用权、知识产权等无形资产。一般投入资本不退还给投资者，其所得股息一般在税后利润中进行支付。而公司债券则属于公司负债，其募集的是公司债务资本。一般以货币资金形式进行认购，并且到期要按期偿还给投资者，所获利息可以在税前列支。两者相同之处在于：都是取得固定收益。

综上所述，中外对优先股的定义概括比较一致，由此我们对优先股可形成以下三点认识：第一，优先股作为一种特殊的证券形式，兼具股票和债券的特点，是企业传统融资工具之外的一个有效补充；第二，优先股拥有独特的权益和相应的约束，充分体现了权利与义务相对等的原则；第三，优先股具有先天的优先性和无表决权，使其具有更大的弹性和运作空间。以上三点，也是在资本市场中优先股能够与普通股相辅相成、共同持久发展的原因所在。

二、优先股的特征

优先股的特征，主要体现在收益权和产权两个方面：

1. 优先股的收益权特征

优先股的收益权通常具有以下四个特征：固定收益、先派息、先清偿、权利小。

（1）固定的股息支付率

股份公司发行优先股时，会事前制定一个固定的股息支付率，并在发行的相关文件中明示，同时会事先约定支付优先股股息需满足的条件。以后，在支付条件满足时，公司会在各期按先前固定的股息支付率向优先股股东支付股息，并保持该支付率长期不变。而普通股的股息支付则取决于公司的盈利状况，只有在公司盈利并且股东大会决议分配时，普通股股东才能够收到股息。

（2）分配股息时享有优先权

优先股的该类优先权是相对于普通股而言的，在公司进行利润分配时，优先股处于普通股之前。世界各国的公司法对此规定基本一致，公司的经营活动产生的利润：第一顺位偿还债权人的利息；第二顺位偿还优先股股息；最后偿还普通股股息。这同时也暗示了优先股的风险低于普通股的风险。

（3）分配剩余财产时享有优先权

当公司因解散或破产而进入清算程序时，对于剩余财产的分配权次序是：债权人先于优先股股东、优先股股东先于普通股股东。也就是说，优先股股东仍可以要求在公司向普通股股东分配清算财产前，优先向自己支付，但此时行使优先权一般是按优先股的面值获得公司支付的财产。

（4）一般无表决权

相对于普通股，优先股的权利会受到一定的限制。比如，在对公司的生产经营做出决策时，优先股股东一般不享有表决权，法律保障了优先股的收益，自然也会剥夺优先股的一些权利。当然，在公司讨论的事项与优先股股东的利益相关时，优先股的持有人是可以按照约定享有一定的表决权的，但这种表决权的行使仅限于涉及自身利益的情形。

2. 优先股的产权特征

优先股的产权通常也具有以下四个特征：

（1）股权（产权）形式受限定

如前所述，优先股股东具有类似债券的稳定收益获取和追索权，对于风险厌恶型投资者来说无疑是一种良好的投资渠道。但优先股与企业债券之间有着本质的区别。当企业因为经营困难无可分配利润时，优先股的收益权将无法得到兑现，而债券的利益分享是完全刚性的，与企业的经营状况无关。相比债券，利益分享的有限性实际上将优先股的持有人置于股东而非债权人的位置上，优先股的性质是一种被限定的股权(产权)形式,与普通股共同构成公司股权融资的两种方式,在一定条件下仍然行使股东应有的权利。

(2) 产权特性由股权设定时的附加条款来决定

优先股的产权特性,是由股权设定时的附加条款来决定的,这些条款是优先股产权性质(而非债券性质)的充分保障。参加条款和累计条款保障了优先股股东的扩展收益要求,从产权的角度来说,是维护了优先股股东作为出资人的剩余收益权。在企业经营的特殊背景下,表决权条款赋予了优先股股东对企业经营的表决权。这些特殊背景包括:公司经营发生困难,难以支付优先股股息;选举新董事、批准发行新的优先股;优先股转为普通股或转为债券、公司的财产出售或抵押、企业分立或合并、公司章程修改或清算等等。优先股通过附加条款实质性地赋予持有人参与公司重要决策和事物的权利,这正是优先股产权的重要特征。优先股的转换条款让优先股直接回归普通股,从而享有包括经营管理、财务监督、剩余索取权在内的所有普通股股东权利,在转换为普通股之前,优先股是以准普通股的形式存在。因此,优先股并非只是传统意义上的收益凭证,其被忽略的产权特征依然非常清晰。

(3) 权利的不完整性

优先股作为产权凭证,其特殊性表现为权利的不完整性。一方面,优先股股东享有固定收益和附加权利,迎合了部分投资者的需求;另一方面,优先股股东放弃了两项重要的权利,即对公司剩余收益的完整要求权和对公司经营管理的投票权。优先股股东一般难以全部得到按股份份额应给他们的公司剩余收益和正常情况下的股东投票权。从这两方面来看,优先股的产权内涵是不完整的。优先股股东既没有完整的剩余要求权,也没有完整的公司控制权。从产权完整性的角度看,这似乎是一种缺陷。

(4) 表决权是一种特殊的“期权”形式

优先股股东的表决权是一种特殊的“期权”形式,可以有无并存,是一个国家的立法倾向、态度、利益平衡、当事人的合意等众多因素共同作用的结果，是立法选择和合同约定的结晶。在此需要特别指出的是，优先股制度的精髓和灵魂就在于其合同性，当事人可以根据实际需要和双方合意自由约定优先股的内容。欧美和我国台湾地区的史实和文献表明，这些国家和地区对优先股有无表决权亦采取授权公司决定模式。由此可见，法制健全的国家和地区均采用授权公司决定模式，该种模式的优势在于赋予公司发行股票的更大自主权，增加融资的弹性和灵活性，有利于公司根据自身的经济状况和外围背景设置满足其最需要的优先股。

第二节　优先股的分类与作用

一、优先股的分类

以国务院的《关于开展优先股试点的指导意见》(本书以下均简称《指导意见》)为基础，结合国内外已有的研究成果，优先股主要存在以下几种类型：

1. 参与优先股和非参与优先股

判别依据：优先股持有者能否在公司盈余较多的年份参与分配剩余利润。需要指出的是，这里的参与并非是参与公司的生产经营决策。

参与优先股是指优先股的持有者，一方面可以按事先约定的固定利率收取股息；另一方面，还能够与普通股股东一起分享剩余盈利。

非参与优先股的持有者则除了按固定的利率获得股息外，不再享受盈余较多年份的企业剩余利润的分配。这种类型的优先股是传统意义上的优先股，因为优先股的优先权是指顺位的优先，而非金额的优先。

2. 可转换优先股和不可转换优先股

判别依据：优先股在一定的条件下能否转换为其他种类的证券。

可转换优先股是指在条件满足时，优先股持有者可以选择将其持有的优先股股票转换为其他种类证券的优先股。通常情况下，优先股可以被转换为普通股，或是将一种类别的优先股转换为其他类别的优先股。

不可转换优先股，在发行后持有者不能将其转换为其他种类的证券。这种优先股限制了投资者的转换权利，某种程度上减少了投资者的潜在收益。

3. 可累积优先股与非累积优先股

判别依据：以前年度未分配的优先股股息能否在下年度分配利润时进行补发，其标准是按照优先股股息在当年未足额分配时的情况来划分的。

可累积优先股是指以前年度的未发放的股息可以累积到以后年度发放的优先股。为了避免因公司的业绩波动而使股息受到影响，公司发行可累积优先股。比如，受经济周期、宏观政策、自身状况等因素的影响，在某些年度，公司的盈利状况可能欠佳，资金紧张，向优先股支付股利存在一定的困难；此时，如果强制公司向优先股股东付息，就好比雪上加霜，公司的处境将会更被动，若是等到以后年度再发放欠息，则赋予了公司更宽的自由裁量权，更有利于公司长期价值的增加，同时，也保障了投资者的股息收益。

非累积优先股是指归属于优先股的股息在发放年度全部结清、不可结转到以后年度累积支付的优先股。该类优先股的分配以公司的会计年度为起止点，属于本年的股息，必须当年结清，否则，对于所欠股息，不予累积到以后年度支付。同时，在以后年度，优先股股东也不能再次要求发行人对以前年度未支付的股息进行补发。

4. 固定股息率优先股和可调股息率优先股

判别依据：是否允许股息利率依据实际情况进行相关变动。

固定股息率优先股是指发行后股息的支付比例不再变动的优先股。实际上,大多数优先股的股息率是保持不变的,传统意义上的优先股指的就是固定股息率优先股。

可调股息率优先股是指在发行后,根据企业的实际情况,按规定调整股息率的优先股。这类优先股的股息率是浮动的,但股息率的变化却与公司自身的状况无关,而是随着市场环境的变化而变化。比如,其他种类证券价格的变化、利率的变化、汇率的变化等因素均会影响着股息率,这种股票的产生主要是为了应付复杂多变的资本市场、起伏不定的证券价格和上下波动的利率等情况的影响。可调股息率优先股既维护了持有人的利益,也有利于公司扩大发行量。

5. 可赎回优先股和不可赎回优先股

判别依据:发行的股票能否被原发行公司赎回来。

可赎回优先股是指在经过一定的期间后,在满足事前约定的条件下,发行人按照赎回价格回购投资者持有的优先股。通常,股票是一种永久性的证券,没有到期的期限,自然不可能发生赎回。但是,可赎回优先股却不具备这样的特点,当发行时约定的赎回情形在赎回期限内发生时,赎回条款生效,原发行人赎回相应的份额。赎回后,公司必须在一定的期限内将其注销。

不可赎回优先股是指发行后不能被赎回的优先股。这种优先股一旦发行,无论发生何种情况,都不存在赎回的可能。不可赎回优先股对于公司长期资本的稳定是有利的,符合公司法资本的法定原则。

二、优先股的作用

1. 优先股可以帮助筹资者实现多样化融资,改善财务结构

一方面,优先股兼具债务性和权益性的特点,相对于普通股而言,优先股股利相对固定,一般不受经营业绩的影响,风险较低;相对于债券而言,优先股股利利率一般高于债券利率,收益率较高,所以优先股能够成功吸引风险规避者的投资,从而实现多样化融资,有效解决某

些企业融资难的问题。另一方面，对于某些资产负债率较高的公司来说，发行优先股能降低债务性资本的比率，同时保持目前普通股股东的控制权，从而有效地改善公司的财务结构。

2. 优先股可以丰富投资品种和策略

近年来，中国证券市场推出许多新业务，如股指期货、创业板和融资融券等。但总体来看，投资者可选择的投资品种依然非常有限，其中固定收益类的产品，在品种、规模、交易的活跃度和流动性等方面，尤其是在收益率上，远远满足不了投资者的需求。这造成了中国的投资者对固定收益类的产品参与度不高。

投资品种的不足，直接限制投资策略的多样化。中国的证券投资基金或集合理财产品绝大多数采用的是主动式投资，基金经理对市场行情的判断对投资的成败影响非常重大。而在美国常见的被动式投资，即严格按照制订好的投资策略来执行交易的投资方式，在中国证券市场因缺乏较高收益的固定收益类产品而难以实行。优先股的推出，是对固定收益类产品的补充和加强，同时也能激活许多经过市场检验、但在中国证券市场尚无用武之地的投资策略。金融产品和金融业务的创新也将获得更大的发展空间。

3. 优先股可以为投资人拓宽投融资渠道

对发行人而言，常用的融资渠道包括债务类融资和权益类融资。债务类融资包括银行贷款、企业债、中期票据、短融，对上市公司而言还可以运用公司债的融资方式。权益类融资主要是发行普通股。债务融资会升高企业的资产负债率，企业的债务融资能力也将随之逐步下降，直至无法进行债务融资。这时企业只能通过发行新股进行融资，同时降低资产负债率，为债务融资争取空间。而普通股的发行又会稀释原有股东所持股份，摊薄每股收益，同时认购普通股的投资人往往对企业的成长性和盈利性抱有更高的预期，因此，收益率不高但相对稳定的企业，如电力企业等，将面临较大的发行压力。而优先股的投资人本来预期的就是比较稳定的收益，只要募投资金所产生的收益大于优先股的融资成本，优先股的发行就比较容易得到投资者的认同。引进优先股后，企业的融资模式可以从发债、发股、再发债的模式，转变成发优先股、发债、发普通股、再发优先股的模式，由此可以提高企业的融资效率和资本使用效率。

目前，我国上市公司股价与国民生产总值的比值远远小于发达国家，而我国经济的增长需要依赖股市的发展，这意味着我国经济的增长要依赖于股民投资的增加。而对于投资者而言，他们更想找到收益与风险相匹配的场所，那些追求长期稳定发展的上市公司往往无法吸引他们的眼球，所以造成股民大量从股市撤资。而优先股具有固定收益，风险较低，恰恰为这些保守稳健型投资者提供了一项新的投资工具，拓展了投资渠道，满足了投资人多样化的投资需求，也为股市的稳定发展注入了新的力量。

4. 优先股可以为建设多层次资本市场发挥独特作用

党的十八届三中全会《决定》提出的健全多层次资本市场体系，是完善现代市场体系的重要内容，也是促进我国经济转型升级的一项战略任务。早在 2003 年，中央就提出建立多层次资本市场体系。当时主要是考虑我国股票市场只有面向大中型企业的主板市场，层次单一，难以满足大量中小型企业特别是创新型企业的融资需求。2004 年我国推出了中小板，2009 年推出了创业板。经过 10 年探索，我国多层次资本市场体系初具规模，股票交易所市场日益壮大，中小企业股份转让系统（“新三板”）服务范围已扩展至全国，各地区域股权转让市场和证券公司柜台市场积极探索前行。同时，债券市场、期货及衍生品市场蓬勃发展，产品日益丰富，规模不断扩大。多层次资本市场建设不仅有力支持了经济社会发展，而且为建立现代企业制度、构建现代金融体系、推动多种所有制经济共同发展作出了重要贡献。同时也应看到，当前我国资本市场仍处在“新兴加转轨”阶段，还存在不少问题，主要表现在市场化、法制化、国际化程度不高，直接融资比重偏低，市场层次、结构和基础设施不完善，尤其是产品不够丰富，资本市场仅有股票和债券已不够用了，亟需推出介于股票和债券之间的创新产品。从国外成熟资本市场来看，优先股是构建多层次资本市场的一个重要工具。从股市的角度来看，发行优先股将有效缓解资本密集型企业在二级市场上的融资压力：银行核心资本不足问题有望得到解决，大规模再融资对银行股估值的压制作用将得到显著缓解。此外，股权产品的分层也是随着市场发展的需要不断发展细化的。经过20多年的发展，我国资本市场股权产品的分层已是迫在眉睫。优先股的推出是资本市场发展到一定阶段的必然产物。因此，无论是从健全多层次资本市场体系，还是从缓解银行等资本密集型企业融资压力，抑或从推动市场稳定发展的角度看，优先股都会在其中起到积极的促进作用。

5. 优先股可以促进我国股市的稳定发展

我国的股票市场很不规范，自开始市场交易以来，一直表现出极度的不稳定性。据沪深股市统计，我国股市可以说是当今世界波动幅度最大的股市。虽然我国股市发展较快，但是股市可流通股市总值并不大，这是造成我国股市波动的重要原因之一。短期行为是我国股市目前普遍存在的现象。这就使得我国股市出现换手率高的特征。股票交易换手率高可以反映出我国众多股民购买股票的主要动因还是通过股票炒作来获取利益。成熟的股市主要反映着实体经济状况的变化，而我国股市的投资最看重的是国家的政策环境。在我国股市，由于缺乏缓和股市波动的对冲机制，政府有关部门有时不得不借助于行政的力量。“政策市”不仅使许多股民过分依赖政策信息，而且也助长了股市中的投机行为。政策性干预是造成我国股市发生波动的另一重要原因。优先股的投资者没有投机的心理，他们是股市中最稳定的成分。因为优先股的股息是固定的，而且优先股在公司股份中仅占少数，所以发行优先股不但不会冲击股市，反而对稳定股市会起到一定的积极作用。

6. 优先股可以成为金融危机中最首选的救助投资工具

金融危机发生后，最重要的是缓解市场流动性，避免市场恐慌造成更进一步的影响。在处理金融危机时，需要国家开展救助行动。但由于一些发达国家的特殊情况，进行救助时需要一种安排，既体现国家投入资金的成本，又要保持公司的私人治理，防止国家资本干预企业经营。这种情况下，优先股是个有用的工具，在救助金融危机时许多发达国家政府就首选了这一工具，实现了上述目标，体现了优先股作为一种重要的资本市场工具层次所能发挥的独特作用。如美国在2008年的金融危机中，采取的流动性注入措施、资产购买计划等措施，有效地缓解了市场流动性，避免更大恐慌的发生，使美国经济在金融危机后逐步好转。通过分析美国政府注资行为，可以发现在TARP的7 000亿美元额度中美国政府使用了额度的66.47%，共计4 660亿美元用于对不同行业的资产进行救助，主要集中在汽车工业、金融业、房地产行业。其中金融业占据绝大份额，救助金融业资金额度达到了3 400亿美元，直接购买商业银行资产高达2 450亿美元。在资产购买计划当中，规模最大的15笔投资中除购买花旗集团采用了普通股投资形式外，其余全部采取与优先股相关的投资工具。根据美国财政部公布的资产购买计划，总共购买规模为2 049.43亿美元，其中以优先股或优先股相关形式购买的资产计划达到1 745.81亿美元，占比高达85.18%。事实证明，优先股是金融危机发生时政府进行注资的首选投资工具。

第三节　优先股的优势与风险

一、优先股的优势

优先股作为特殊种类的股份，对于满足投融资需求上具有自身特有的功能(如表1-2所示)，使得它在企业并购融资中具有显著优势，主要体现在以下几个方面。

表 1-2 优先股的主要投融资功能

融资者	投资者
吸引低风险偏好投资者： 优先股最早源于英国，产生背景即为解决公司普通股融资需求不足或举债受限的融资问题，优先股相对确定的股息收入对于风险偏好程度较低的长期稳定资金具有较强的吸引力。	获取稳定回报： 通常情况下，优先股的回报率仍优于普通企业债券，风险低于普通股，能够满足投资者的特殊要求，在资产组合中起到分散投资风险的作用，实现稳定回报。
优化公司资本结构： 在公司长期资本（长期负债、优先股和普通股）中增加优先股比重具有降低负债率、降低财务杠杆的特殊功能，因此经常被用于偿还负债，或者在经营性融资或并购融资时作为配套融资工具用来降低融资成本（相对于增发普通股）。	获取资本利得的潜在机会： 目前大部分优先股均在发行时附有转股条款，对于持有者来说，能够根据市场状况和时机进行转股，实现转股差价收益。
保持公司控制权： 优先股东不参与公司经营决策，因此在进行相对于现有资本比例较大的项目融资中，公司实际控制人为防止新增股份稀释持股比例会较为倾向采用优先股作为融资工具。	提高财产性收入： 根据中证资本市场运行统计监测中心的统计，2006 年至 2012 年，境内股市股息率逐年提高（分别为 0.88%、0.36%、2.08%、1.04%、1.14%、1.82%和 2.07%）但仍低于一年期定存利率水平，普通股的投资者在承受股价剧烈波动的风险的同时亦很难从上市公司现金分红中取得理想的回报。如果参照国外经验来（美国优先股的股息率大致在 6～8%的范围），优先股对于提高投资者财产性收入将具有积极作用。
对提高金融业资本充足率具有独特功能： 优先股在金融业，尤其是银行业的资本筹措中起到了尤为重要的作用，在 2008 年金融危机中成为政府救助银行、避免国有化的重要手段：根据巴塞尔Ⅲ协议中对资本的定义，永久非累积优先股可被计入一级资本，因此对于金融企业提高资本充足率、降低经营风险具有尤为重要的特殊意义——在标普美国优先股指数（S&PU. S. Preferred Stock Index）的成分股中，金融行业权重份额占到了 84.3%，主要的发行者均为全球排名居前的大型商业银行如美银、汇丰、巴克莱等。	

资料来源：国泰君安证券整理

1. 优先股融资适应了并购融资“巨量”性的特征

由于并购融资的“巨量”性，企业并购在融资过程中能否保持其财务结构处于良性健康状态是并购企业需要考虑的一个重要问题。虽然发行债券和发行股票一样，二者都是企业直接融资的一种手段，但是由于债务融资不能像股权融资那样纳入企业资本金，所以如果并购方采用债务性融资工具，例如发行债券、从银行借款就可能会导致并购方企业资产负债率居高不下，企业财务状况恶化。优先股属于权益资本，因而融资后不增加财务风险，反而使融资能力增强，可获得更大的负债额。发行优先股，一方面使得并购方企业获得了类似于债务融资的资金；另一方面却又使得并购方企业的资产负债比例降低，大大改善融资企业的财务状况。优先股在金融企业并购融资中意义更大，根据 1988 年颁布的《巴塞尔协议》，银行资本充足率必须至少达到 8%；银行资本金由核心资本和附属资本构成，目前，我国金融机构普遍存在资本充足率偏低的问题，优先股恰能起到补充资本的作用。按照《巴塞尔协议》中资本充足率的计算规定，优先股按照不同的契约属性可以进入不同的资本层次：股性较强的属于核心资本，债性较强的属于从属资本。在补充资本方面，我国曾经尝试发行次级债券，与次级债券相比，优先股是更好的选择，因为它具有更强的资本属性，可以列为核心资本，比次级债券的资本层次更高，次级债只能用来补充银行附属资本。而且，优先股没有还本压力，并且可以延迟支付股利，从而适当减轻并购方的偿付压力。

2. 优先股融资满足了并购方保持目标企业控制权的需求

企业并购之目标往往就是要获得企业控制权。企业在并购交易中经常发行优先股的一个重要原因是，发行优先股可以保证并购方企业不会因为融集并购资金而丧失目标企业的控制权。发行优先股是并购方企业保有目标企业控制权的最适宜的融资方式。优先股的性质决定了优先股股东具有固定的股息，投资报酬稳定，但优先股股东一般情况下没有表决权。并购方企业发行优先股，企业的经营管理权还是牢牢地掌握在自己的手中，不用担心企业的经营管理权外流。优先股股东在享有较高的固定收益的同时，放弃了对公司经营管理的投票权；公司的普通股东则是以给予优先股股东的稳定收益为代价换取了对公司的控制权，这使得双方双赢的局面出现。另外，优先股虽然没有表决权，但是其对投资者也不是没有吸引力的：优先股的投资者大多是以保险公司、养老基金、社保基金等为代表的长期投资者和中小投资者，稳健性第一一直是保险公司、养老基金、社保基金等的投资秉性，所以他们投资目标往往不在于投票权，而更在于稳定的利润来源；至于中小投资者，选择优先股投资虽然使他们失去投票权，但因为中小投资者原本就难以参与管理和决策，不如退而求其次，获得稳定的投资报酬。

3. 优先股融资规避了投资者对并购融资风险不确定性的厌恶

企业并购具有较大的风险，并且这种风险具有不确定性。发行优先股筹集并购资金可以在一定程度上规避投资者对并购融资风险不确定性的厌恶。首先，优先股股息相对固定，优先股股息的取得与并购企业将来的经营状况联系的不是十分密切。尤其重要的是，由于优先股股息固定且优先，优先股的定价比较容易，在一项并购预期信息不对称的情况下，优先股更容易被稳健性的投资者所接受。其次，通过对优先股可转换、可回赎等性质的约定，投资者可以进一步摆脱对并购融资风险不确定性的厌恶。可转换优先股的投资者可以在投资的时间内对企业的经营、财务状况进行跟踪和了解，为今后是否转股提供依据。企业经营不良时，投资者可以通过企业回赎股票和优先股的清算来确保投资方获得一定的红利收益，企业在经营出色时，投资者可以转换成普通股并上市来获得较好的投资回报。另外，针对优先股这种可转换、可回赎内容的约定还会对企业管理者形成一定的压力或激励，使企业家尽力经营好自己的企业，主动避免道德风险的发生。如果并购企业通过发行优先股来解决并购资金，就可以大大降低企业和投资者之间的信息不对称和不断讨价还价的交易成本，有效避免企业可能隐瞒盈利或财务上弄虚作假等短期投机行为，减少道德风险。

总之，优先股所具有的这些优势很好地满足了企业并购过程中的融资需求，优先股通过其灵活的股性债性组合，使得投融资双方的利益得到优化。我们应充分发挥优先股在并购融资中的优势，着手完善有关政策法律，开放优先股的发行，以拓宽我国的并购融资渠道，促进我国并购市场快速发展。

二、优先股的风险

优先股的优势与风险是并存的，从其存在的风险来看，主要反映在以下四个方面：

1. 信用风险：企业价值较低时尤为突出

由于优先股具有一定的债权性质，其信用风险与债券既有共性又有差异性，优先股的信用风险相对更高。其中，共性主要体现在二者均需要面临发行企业经营不善对其股利支付的风险。差异性主要表现在三个方面：一是尽管发行人可通过回购条款收回优先股，优先股并不涉及本金偿还问题；二是优先股灵活的条款设计使其股利支付风险更高，非累积优先股可以在维持企业有序经营的条件下暂停发放优先股股利，而债券利息拒付则意味着发行企业违约，因此债券对于企业的约束性更强；三是在企业倒闭的情况下，由于优先股清偿顺序靠后，从而可能面临完全无法获得补偿的信用风险。在企业状况恶化时，优先股投资者面临的信用风险尤为凸显。

2. 市场风险：关注利率波动、公司基本面以及普通股价格

由于优先股的价格一般围绕着面值波动，且随着基本面以及市场资金价格的波动而波动，所以其价格具有不稳定性，这种不稳定则会给投资者带来市场风险。影响市场风险的因素，主要是利率波动、公司基本面情况以及普通股价格三个方面：

首先，利率波动。这是优先股股东可能需要面对的风险因素。优先股股价对利率敏感性较高。如当资金市场利率上升时，优先股入股是固定利率，其吸引力就会下降，股价也可能跟着下跌。而当市场利率下降时，作为特殊的固定收益类产品，优先股会受到投资者的青睐。不过，从国外经验来看，此时发行方往往会选择赎回优先股以降低融资成本。

其次，公司基本面情况。当公司经营情况恶化时，优先股同样面临无法获得股息的风险；公司破产清算时，优先股的偿付顺序在债券之后，优先股投资者还面临本金不保的风险。对于非累积优先股，若

某一年公司出现经营不善，没有利润可供分配，非累积优先股的股东不能要求在以后的年度中予以补发。

再次，普通股价格。当普通股股价低迷时，发行优先股比发行普通股更能缓解股价下跌趋势。如果公司盈利持续下降，优先股的存在势必减少普通股股东的权益，优先股就会成为公司成本的负担。如果是可转换优先股或可回购优先股，则在公司盈利持续下跌以后，会使普通股股东出于不利地位，危及普通股股东的权益。

总之，以上三个因素给优先股所带来的市场风险具有断崖式特征，即在常规条件下，优先股债性特征较强，尽管受市场利率波动和公司基本面变动影响，但其市场价格变动很小，优先股与普通股的相关性很低甚至不相关。但在危机时期或在公司出现破产等重大风险情况下，优先股与普通股的相关性急剧提高。

3. 流动性风险：低流动性是优先股的突出问题

从国际经验来看，优先股最大的风险是流动性风险，相对于普通股及债券而言，优先股的流动性风险体现在两个方面：第一，优先股的交易远没有股票交易活跃。在纽约证券交易所挂牌的 365 只优先股中，以 2013 年 10 月 13 日数据为例，可以看出其交易十分不活跃，不乏有零交易量的优先股。其中交易量最大的为花旗银行 J 系列优先股，交易量仅为 160 万股左右，与其普通股当日交易量之比不足 7%。第二，尽管优先股可在交易所挂牌交易，但其交易机制更类似于债券的银行间市场交易，需要进行供需的匹配。但由于优先股规模较小以及其资本金性质，除发行主体赎回或进行转换外，交易渠道和方式都十分有限。由于难以寻找潜在的购买者，因此优先股的买卖通常需要通过证券公司做市并促成交易。对此，发达国家的优先股投资者通常将 40%的流动性作为控制优先股流动性风险的重要指标。

4. 再投资风险：赎回条款增大了该项风险

赎回条款的设置使优先股投资人不得不承担较高的再投资风险。一般而言，优先股赎回的动机与债券相同：如果优先股支付利率高于现在发行利率，或者市场利率下跌，优先股可能被发行人赎回。优先股的赎回价格一般为发行价格加上拖欠分红补偿。不过，大多数发行人在赎回优先股时，都会采用溢价赎回方式。如果优先股附加“赎回权”条款对发行公司有利，那么，对投资者来说或许就没有利益最大化了。

第四节　优先股的研究背景与研究意义

一、优先股的研究背景

作为国际融资中的一种重要工具，优先股在上个世纪就已经在西方流行。西方的实践证明，优先股是企业传统融资工具之外的一个有效补充，作为一种特殊的证券形式，它不仅兼具股票和债券的特点，能够满足资本市场创新和促进实体经济提升的需求，而且拥有独特的权益和相应的约束，充分体现了权利与义务相对等的原则。

从目前全球的优先股发展现状来看，美国的优先股市场最为发达；而在法国、德国、日本和我国香港、台湾地区，优先股也都得到了广泛运用。国外发达国家和地区的经验证明，优先股作为介于普通股和债券之间的一种“杂交证券”，给企业提供了一条重要的融资渠道。相比于单一方式融资，将优先股融资与普通股融资相结合，不仅不会引起企业担心的控制权分散，而且在一定程度上也减少了企业的资本成本。相较于债券融资而言，优先股融资属于权益融资的范畴，财务风险更小，可以在财务相对安全的状况下使企业实现扩张。

相比较国外优先股制度的推行，我国的优先股制度起步较晚。虽然 1992 年出台的《股份有限公司规范意见》中有关于“可设置优先股”的规定，但该规定并未付诸实践。《中华人民共和国公司法》几经修订，在 1993 年刚颁布时也没有出现有关优先股制度规定的条文。优先股作为一种新型融资方式正式出现在公众面前，则是要追溯到2006年，国家发改委在颁布的《创业投资企业管理暂行办法》中明确规定了优先股可以作为创业投资企业的一种对外投资手段，为优先股制度在我国资本市场的推行奠定了基础。2008年爆发的国际金融危机，对我国经济发展产生了严重的不利影响。从2010年以来，我国实行了“积极的财政政策”和“适度宽松的货币政策”，鼓励企业寻求新的融资途径，促使银行业积极地介入利润较高的股权投资领域。正是在这个背景下，2012年9月，中国人民银行公开发布《金融业发展和改革“十二五”规划》，明确提出要“鼓励创新，加快建设多层次资本市场体系”，“着力完善股票市场，探索建立优先股制度。”

尤其令人鼓舞的是，2013年11月30日，国务院下发了国发〔2013〕46号文件，提出《关于开展优先股试点的指导意见》（以下简称《指导意见》）。2014年3月21日，为认真贯彻国务院《指导意见》和国家法规政策，中国证券监督管理委员会发布《优先股试点管理办法》（以下简称《管理办法》），共9章70条。该《管理办法》主要包括可发行优先股的上市公司范围、交易转让及登记结算、信息披露、回购与并购重设以及如何避免利益输送等方面内容。《指导意见》和《管理办法》的发布，是我国加快资本市场的改革的重要体现，也是优先股制度的建立和发展在我国正式进入试点与推广阶段的重要标志。

二、优先股的研究意义

对优先股展开深入的研究，无论是在理论方面，还是在实务方面都显示了深远的意义。

1. 理论方面

从目前国外对优先股的研究现状来看，由于西方资本市场比较成熟，在欧美等发达国家优先股制度已形成了一套比较完善的体系。而在我国的资本市场，权益融资主要是普通股融资，优先股并不受关注，融资方式相对比较单一。究其原因：一方面可能是因为多年来学术界并没有形成对优先股理论的系统研究，实务界关于发行优先股的实例也很少，曾经发行过的沈阳金杯、杭州天门药业也都已转为普通股；另一方面可能是因为先前我国法律体系在优先股制度这一块的缺失。正因为如此，目前我国理论界对优先股的研究还比较薄弱，基本处于起步阶段，主流的研究观点与结论尚未形成；更多的是对国外优先股实践进行介绍，试图通过介绍借鉴国外的成功做法，以期能在我国国有企业改革、国有股减持等方面借鉴国外优先股实践经验，尝试性探讨我国实行优先股的可能性与可行性。因此，基于目前国内优先股的研究现状，本书加强对国外有关优先股的文献和专著的梳理，为探讨适合我国经济体制的优先股理论体系，以期提供一些理论参考。

2. 实务方面

实践需要理论指导。从西方发达国家推行优先股的实践来看，正是在理论研究逐步深化的过程中，优先股制度方才成熟起来，可以说，作为一种证券，已成为资本市场融资的重要工具。相比较，虽然我国资本市场发展的历史比较短，但资本市场对优先股的需要却越来越迫切。当前对优先股进行研究，为实务界今后大力发展优先股提供更强的理论指导，让优先股在我国的资本市场中发挥出更大的作用，具有现实意义：

第一，实行优先股制度，有利于深入贯彻党的十八届三中全会精神。当前，在我国资本市场引入优先股制度，这不仅是贯彻落实党的十八届三中全会提出的“全面深化改革”的迫切需要，也是“完善资本市场体系”、“健全多层次资本市场体系”的一项重要举措。可以预见，随着这项举措的实施，我国资本市场体系将会得到进一步完善，优先股制度必将推动金融行业的改革创新释放出更大的红利。

第二，实行优先股制度，有助于改变目前企业融资现状。目前我国资本市场发展不景气，资本市场股权融资正处于停滞或半停滞状态，股权融资形式单一，无法有效地满足各类企业融资需求。而债务资本急速扩张，金融结构失衡问题相当严重，整个中国资产负债情况比较严重，债务风险较大。资本市场投资氛围较浓，中小股东权益得不到有效保障。因此，此时推出优先股，无论是对作为一种中国资本市场改革的一个具体金融创新的体现，还是对融资渠道的拓宽、投资者利益的保护都会产生深远的影响。

第三，实行优先股制度，有利于完善公司治理结构。长期以来，股权结构过于集中、“一股独大”，是我国的股份公司特别是上市公司普遍存在的主要问题。随着优先股的推行，不仅股份发行种类与广度扩充了，投资渠道拓展了，股权高度集中的弊端也得到了明显克服，而且对国有股转化为优先股后，可以达到国有资产保值增值的目的起到保障作用；同时，由于优先股的表决权受到限制，可以更好地维护股东及相关人利益，进一步完善公司治理结构，保障我国资本市场的稳步健康发展。

第四，实行优先股制度，有助于推进政企分开。将国有股转化为优先股，是目前解决国企改革中政企不分诸多问题的一项最好选择。这项制度的推行，可以依靠优先股的“无表决性”来稀释国有股东对企业的控制权，进一步减少政府对上市公司日常经营活动的不当干预，有效地缓解代理问题，从而来完善公司的治理结构；同时，由于国有股转化为优先股后，国有优先股股东经营风险的承担也相对较小，使国有资产的保值增值成为可能。

第五，实行优先股制度，有益于推进上市公司分配方式市场化。多年来，不分红或者少分红，是我国上市公司普遍存在的现象，它不仅严重阻碍了上市公司以市场化方式推进现金分红，也是导致国有资产严重流失的一个重要原因。实行优先股制度，以合约形式规制现金分红，它不仅是一种抑制国有股权流失的可行且合理的做法，最明显的成效是通过将国有股转化为优先股，企业的股利政策将会对外披露地更充分，投资者的自身利益将进一步得以保障，有利于我国资本市场的持续性发展。

综上可见，优先股制度在我国的推广实施不仅会对中国资本市场产生深远的影响，还为融资理论的研究提供了独一无二的契机。基于上述优先股发行的学术研究和现实意义的迫切性，本书拟从融资优序理论、信号理论以及委托代理理论的角度出发，展开以下几个方面的研究：

(1) 从融资理论和委托代理理论的角度出发，以康美药业为研究案例，探讨优先股的发行对企业财务、公司治理以及普通股市场等各个方面的影响，从而来说明两种理论中的何种理论解释力更强；

(2) 从信号理论的角度出发，以中国证监会于 2014 年 3 月 21 日正式发布《优先股试点管理办法》为研究事件，考察中国优先股制度的建立所带来的市场反应，从而进一步鉴定优先股的发行对于股票市场和债券市场而言是一种零和博弈抑或是非零和博弈；

(3) 从融资理论和信号理论的角度出发，采用倾向得分匹配法和事件研究法，对优先股融资公告的公告效应以及普通股融资公告和债券融资公告的公告效应进行对比研究，从而得出优先股融资成本和股权融资成本、债券融资成本之间的关系，来说明优先股在我国资本市场是更显股性还是更显债性。

本书将通过研究中国推出优先股融资制度的内生机制并探讨市场反应的具体规律，从而对理解中国优先股融资政策成因、特征及其经济后果提供经验证据。此外，通过借鉴国外已有结论并进行对比分析，力求既可以探究由于拓宽融资渠道对微观企业决策过程的影响，同时对中国金融改革和法律体系的实践亦会具有经验借鉴作用，是一个具有现实意义和实践价值的选题。

第五节　优先股的研究内容与研究贡献

一、研究内容

本书首先基于融资优序理论、信号理论和委托代理理论，综述了优先股制度在各个理论下的具体体现；其次，本书介绍了优先股制度在国外建立和发展的历史背景，并结合优先股制度在国外实施的成功经验，分析了优先股在我国资本市场推行的可行性、必要性以及应用前景与制度设计；再次，从微观角度出发，分析了优先股的发行对企业各个方面的影响，并根据研究结论转而分析相关理论对优先股制度在我国实施的适用性；最后，从宏观的角度出发，一方面研究了优先股政策颁布后我国资本市场的反映情况（包括股市和债市），另一方面研究了融资成本在优先股融资、普通股融资以及债券融资这三种不同融资方式中的差异。

本书共分为八章，各章的主要内容如下：

第一章概述了优先股的基本概念、基本理论及主要研究内容，包括研究背景、研究意义、研究问题与研究框架等。

第二章通过对融资优序理论、信号理论和委托代理理论的分析，得出了优先股制度的理论基础，并对相关的国内外文献进行了梳理和评述。

第三章首先分析了优先股政策在大陆法系和英美法系中的演变历史，并结合优先股制度在我国的发展历史和发展现状，指出了我国资本市场实施优先股制度的可行性与必要性。

第四章对优先股在我国的应用前景进行了预测，并针对优先股的发行容量、中小股东的利益保护以及优先股的制度设计等问题，提出了具体的完善措施和应用方案。

第五章以康美药业为研究个案，研究了企业优先股的发行对企业各方面造成的影响。该章运用案例分析和实证研究相结合的方法考察了在我国特定资本市场和国情的基础上，优先股的发行对企业和投资者的影响，并进一步验证了融资理论和委托代理理论在优先股发行中的适用性。

第六章检验了《优先股试点管理办法》颁布期间，整个资本市场对该制度的相关反应，并进一步比较了股票市场和债券市场中投资者的不同反应，从而来探究优先股制度是否在股票市场和债券市场之间达到了非零和博弈。

第七章检验了发行优先股的企业在优先股融资公告期间的公告效应，并进一步探究了优先股融资与普通股融资还有债券融资相比，不同融资方式所对应的融资成本之间的差异。

第八章总结了研究结论与启示、研究局限，并指出了未来的研究方向。

图 1-1 是全书的结构图：

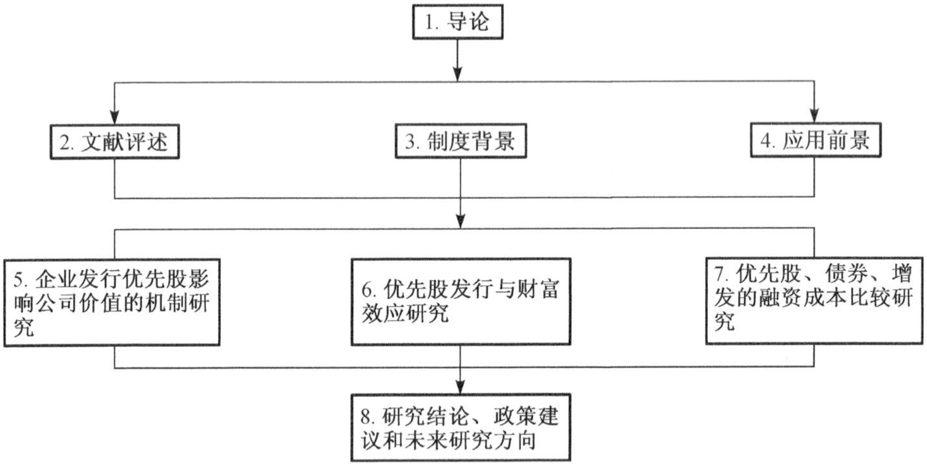

图 1-1　结构图

二、研究贡献

在国内文献对于优先股理论研究比较匮乏的情况下，本书具有在理论与实践两个方面的创新和研究价值。本书的贡献，主要体现在如下几方面：

第一，结合当前我国多层次资本市场体系的建设，指出了发展优先股的必要性和可行性；并联系我国资本市场的特殊性，说明发展优先股应当重视对优先股持有者的保护，尤其是资本市场上的中小投资者。

第二，丰富了上市企业融资理论的相关内容，深化了对西方经典融资理论的研究。本书从企业一般融资理论角度出发，探讨现阶段我国企业发行优先股融资的一般问题，旨在进一步完善企业融资理论的相关内容。同时，基于中国特殊的资本市场背景，我国企业选择优先发行优先股的目的和优先股对我国资本市场造成的影响，可能会和西方存在差异。这为我国优先股制度的不断发展和完善提供了理论上的基础，同时也完善了企业融资选择的相关理论。

第三，对于企业管理层来说，可以依据企业的实际发展情况正确选择融资策略，以实现资源配置最优化和财务状况最优化。对于投资者来说，也可以更好地选择投资对象，进行投资决策。对于监管机构来说，可以依据资本市场对优先股的反应来制定科学合理的监管政策，有利于维护资本市场的健康、稳定发展。

第四，运用经济学和财务学中的相关理论分析了优先股发行对资本市场的影响机制，并通过实证的方法加以检验。考虑到我国现阶段对优先股的研究仅停留于规范分析层面，本书的实证研究结果为我国完善和发展优先股制度提供了重要的经验证据。

第六节 本章小结

本章概述了优先股的基本理论，通过优先股的定义与特征、优先股的分类与作用、优先股的优势与风险等问题的阐述，探讨优先股在中国的基本法律属性和设立优先股法律制度的价值取向，明确提出对优先股展开深入的研究，无论是在理论方面，还是在实务方面都显示了深远的意义。优先股是成熟完善资本市场中的重要组成部分，优先股融资拥有与传统证券融资不可比拟的优势，它不仅是整个股市改革体系中的一个重要环节，也是整个发行机制转型的重要补充。对优先股的理解，如果仅仅停留在对股市的暂时利好，那肯定无法分享到优先股对整个资本市场深层次影响的制度红利；只有站在整个股市系统性改革的高度，充分认识优先股不仅对银行、大型央企、民营企业优化融资结构具有积极的意义，更是一个信号，表明资本市场也急需在金融改革中加速创新，以更好地满足优化社会融资结构的需要。只有这样，我们才能把优先股试点后续冲击叠加成长期利好，形成着眼未来、连绵不断的“长尾效应”，分享优先股制度变革带来的长期红利，推进中国资本市场越来越趋于完善。

第二章 国内外优先股融资研究文献评述

优先股制度在我国的实施,从某种程度上来说可以看作一种制度"创新",无论是规范还是实证的证据都比较缺乏。基于本书研究思路和研究内容的需要,本章拟在梳理和总结国内外文献的基础上,从以下三个层面进行回顾和评述。首先是优先股融资如何影响企业的价值层面,这一部分将基于国内外有关融资优序理论、信号传递理论以及委托代理理论的相关文献和成果进行评述,这三个理论也为我国建立优先股制度提供了理论依据。其次是优先股发行动机与发行方式的研究层面,这一部分主要从优先股属性、发行动机、发行成本、发行条款设计、发行后的经济后果等方面展开评述。最后是优先股融资的应用与投资者保护层面,主要阐述了我国学术界对国外优先股融资实践进行介绍,并试图借鉴其成功经验来探讨我国实行优先股制度的可能性与可行性。本章在最后比较了国内外已有文献,借鉴经验分析不足,提出符合我国国情的未来优先股研究方向及相关主题。

第一节　优先股融资如何影响企业的价值

一、融资优序理论的研究评述

20 世纪 70 年代以来,国外的一些学者开始研究信息不对称对企业融资结构以及资本结构的影响，并产生了一批有代表性的学术研究成果。

早在1970年，美国经济学家乔治·阿克勒夫在他的《柠檬市场：质量的不确定性和市场机制》一文中就提出了信息非对称论，他以汽车为例说明信息的不对称："现在卖主比买主更了解汽车的质量。但是，好车和次品车仍然以相同的价格出售——因为买主不能区别好车和次品车。显然，旧车与新车的价值不会一样——如果旧车的价值和新车的一样，那么，在好车的概率更高、次品车的概率更低的情况下，以新车的价格出售一辆次品车，然后买回一辆新车肯定是有利可图的。因此，好车的车主被锁定了。实际上，他不仅得不到其汽车的真实价值，而且也得不到新车的预期价值。"[①]这个理论向我们描述了这样一种市场交易状况：由于市场上买卖双方各自掌握的信息是有差异的，通常卖方拥有比较完全的信息而买方拥有不完全的信息。当拥有较完全信息的卖方，在与买方的对弈中处于优势地位，往往容易获取较多的额外收益；拥有较不完全信息的买方，在与卖方的对弈中处于劣势地位，往往吃了亏还不知道。这就是由于交易的信息在交易双方之间的分布是不对称的，投资者在这样的市场环境中容易受到不公正待遇的主要原因。Myers(1984)[②]是最早将信息不对称理论系统地引入到企业融资结构的理论研究中的，他采用了Townsend(1978)[③]提出的"优序融资"概念，在此基础上形成了自己的优序融资理论。该理论认为：在信息不对称条件下，当股票价格被高估时，企业管理者通常会利用其内部来源信息发行新股，信息不对称的问题在投资者方面会比较突出，从而当企业宣布发行新股票时，投资者会自然地对现有股

---

① 乔治·阿克洛夫. 柠檬市场：质量的不确定性和市场机制[J]. 经济导刊，2001(6).

② Myers. S. C, The eapital structure puzzle, the Journal of Finanee, 39(3), 1984, 575-592.

③ Townsend, R, M., Market antieipations, rational expectations and bayesian analysis. International Economic Review, 19(2), 1978, 481-494.

票和新发股票的估价相对调低，使发行的股票价格下降，企业市场价值便会降低，企业难以控制股票市场的价格变化，企业的管理控制权会根据股票发行量增多而被股东稀释。同时考虑到交易时所发生的成本，加上外部融资需要更多的支付各种成本，增发新股这一融资方式大多数情况下是企业偏好较少的方式，所以在企业融资中股权融资方式是最后的选择。采用内源融资方式则主要经济来源为企业内部自然形成的现金流，它是企业获得资金流最快的来源方式，其风险较小并且不会分散经营管理权；内源融资通常不需要与投资者签订契约，也无需承担各种费用，所受限制方面较少，因此在融资方式中内源融资是多数企业首选偏好的融资方式。由于企业选择债务融资方式时发生的信息不对称问题不及股权融资方式所涉及的多，但又没有内源融资方式众多优势，因此债务融资方式在企业融资过程中位居内源融资与股权融资之间。融资优序理论认为首选内源融资方式，一般是企业融资时较普遍采取的常规做法，债务融资方式为其次，当以上两种融资方式不可行时，股权融资方式才会是企业最后选取的融资方式。

Myers 与 Majluf 在 1984 年提出了 Myers-Majluf 模型，Myers-Majluf 模型是以啄食顺序理论为主要支持依据，该模型的结论支持了融资优序理论。Myers-Majluf 模型认为，产生投资者只能按照对公司价值的期望来支付公司价值的情况，表面上看是投资者对公司的实际类型不了解，实际上是公司外部投资者和内部经理人之间的信息不对称。在信息不对称的情况下，公司如果具有内部盈余的能力，应首选内源融资的方式为公司的新项目融资，否则采用外部融资的方式会引起公司价值的下降，使得公司发行新股票成为一个坏消息。由于债券融资比股权融资具有较高的优先顺序，公司发行与非对称信息无关的债券，是公司依靠外部资金融资的需要，能够使公司的价值不会受到影响或者降低。事实上，企业选择这种资本结构的目的，是基于两个最重要的因素：一是企业规模是企业融资行为最重要的解释变量。当企业由于规范扩大的需要，不仅融资方式需要从自由资金融资转向正规信贷和权益市场融资，而且也需要股权集中度与环境的信息不对称的程度由高到低，以此保护企业的所有权不会被侵蚀。二是资产形式也是企业融资行为需要考虑的重要控制变量。一般来说，有形资产占少的行业风险会高，反之则低，因为债权人对较少风险的行业往往有较大的风险信任感，这就是资产形式的控制变量为何也是企业融资行为所思考的问题之一。但需要注意的是，在此模型中，并没有考虑到如果企业市场交易选择以债券作为首要考虑的融资方式时所需要付出的代理成本问题。

在现实的市场交易活动中，一些企业往往因为财务状况比较窘迫难以把发放债务作为其第一融资选择，而更倾向于选择优先股作为其融资手段。这样做并不违背融资的优先顺序模型，而是一种从企业的自身实际情况出发按照此模型所做出的明智选择。也就是说，当融资环境不适合企业通过发行债券的方式融资时，他们会顺其自然地选择发行优先股，优先股通过对债券的供给冲击和需求分流缓解了资本市场的供给压力。在企业经营效果不佳并持续恶化的情况下，企业的财务状况将会变得不理想，较低的利润甚至亏损会导致边际税率降低，尤其是资金缺少的企业必然会使企业的债务容量减少，影响企业无法坚持以发行债务来进行融资，即使最后仍然选择以发行少量债券进行融资，增发新债所带来的减税收益也将不足以抵消企业在财务上所需的预期成本，这样企业就会彻底放弃选择发行债券来进行融资，在这种情况下，根据融资优序理论，他们将考虑发行优先股以进行融资。①

Myers(1977)研究发现，企业的资本结构中一旦出现资产注入成本大于资产使用效率的情况，那么就会导致企业发生财务危机现象。与那些具有相反资产结构的企业相比，这样的企业少用债务融资应是明智之举。Alderson 和 Betker(1995)的研究发现，根据美国公司破产法规，破产清偿成本高的企业，他们重组再生后，债务比例都较低，而

① 张倩.中小企业海外融资研究[D].西南财经大学，2010.

且在未来更喜欢股本融资。①

当前，我国的资本市场发展与国外相比还存在较大差距，与融资优序理论不尽相同的是，仍然处于重股权轻债券的融资偏好状态，严重局限了资本市场的改革与发展。为改变这种现状，我们应当参考融资优序理论，建立符合中国实际情况的优先股制度，切实把优先股作为集债券与普通股二者优势为一体的新兴融资工具，以更好地助推我国资本市场的稳步发展。

二、信号传递理论的研究评述

与信息不对称理论相对应，信号传递理论的开拓者斯宾塞认为，帕累托最优交易不能实现的原因，主要是信息不对称导致逆向选择所造成的，其结果必然使资本市场资源配置的效率受到严重损害。为此，首先需要改进信号传递机制，以规避这种情况的发生，这不仅是有效地实现市场分离均衡的需要，也是进而优化市场资源配置目标的要求；其次需要信息提供者先行动（即是信号传递），尤其是拥有信息优势的一方，能够主动向信息劣势的一方传递信息，那么交易的帕累托的改进就可以出现了。②

信号传递理论在财务领域的应用始于 Rose 的研究，他发现企业中存在部分拥有大量高质量投资机会信息的经理人，这些经理人可以辅助潜在的投资者获得资本结构或股利政策等方面准确信息，以便投资者做出准确的投资决策。③ 有效的信号传递需要企业管理层积极地发出真实的信号；业绩好的企业由于需要承担高昂的成本以及被市场识破的风险，导致业绩差的企业很难模仿其传递的信号；同时企业不

① Alderson, M. and B. Betker. "Liquidation Costs and Capital Structure." Journal of Financial Economics, 1995(39), 45-69.

② 李佳慧. 从信号传递理论研究我国财务预测信息的自愿披露程度[J]. 经济视角（中旬），2011(4).

③ 信号传递理论. MBA 智库百科. http://wiki.mbalib.c.

存在其他成本更低的方式向外传递同样质量的信息。经众多国家的财务学家研究得出，在信息不对称的情况下，公司通常以利润宣告、股利宣告、融资宣告这三种常见信号向外界传递公司的内部信息，而投资者通常以股利宣告作为比较可信的一种信号传递模式。一般来说，当公司发生股利信号传递的信息价值较高的现象，往往是由于公司所披露的信息较少或所披露的信息之间一致性较弱所引起的，这种情况有利于消除投资者判断上的不确定性，更能够引起市场的反应。股利宣告能够反映企业通过信号传递理论发布高质量信息，这一信号的重要性导致了我国企业对股利发放的认识有所提高，而目前我国企业利用股利发放给予股东分红很少，优先股却能够推动上市公司分红，使企业承担发放股利职责。优先股股东拥有固定的股利这一优势，使企业的信号传递清晰，推动了投资者对优先股的偏好。信号传递理论以股利宣告为主要方式使企业准确地向外界传递财务信息信号，提高信号传递质量，而优先股恰好可以准确反映出以股利宣告的信号传递，这促使了优先股制度在我国的建立。①

企业以股利宣告传递信号的方式也被称为股利信号传递理论，它主要研究的是企业在股利宣告传递信号的过程中，企业股利政策中的现金股利支付水平的变化情况以及现金股利对股票市场价格的影响。Miller 和 Rock(1985)研究发现，在信息不对称的情况下，公司管理层明显处于信息优势地位，他们相较于外部投资者显然更了解公司的当期盈利水平和未来的增长潜力。如果此时企业的业绩较差或者发展前景不利，管理层为了最大化自身利益且取得外部投资者的信任，甚至不惜以放弃某些价值投资为代价来提高股利水平。虽然企业管理层可以暂时欺骗投资者，使得公司股价在股利政策宣布之后短时间内上涨，但绝不可能长期隐瞒事实真相。当市场了解实情后，公司的股票价格会下跌，一部分知道内部信息的投资者将会抛售股票，先抛售

① 侯婧.我国建立优先股制度的若干问题研究[D].吉林财经大学，2014.

的投资者是赢家，跟进的和继续持有的投资者是输家。因此，股利政策所传递的信号，对于管理者和投资者都是极为重要的，因为他们必须在信号之间做一个博弈。一方面，从投资者的角度来看，面对企业给出的股利政策，他们无疑会做一个判断，即企业较高的股利水平是否真正地反映了企业的价值，企业的股票是否值得继续持有。另一方面，从企业管理层的角度来看，他们往往会根据投资者的想法来制定相应的股利政策。而事实证明，在这种博弈之下，那些投机取巧的企业在失去良好投资机会的同时往往并不会骗取广大投资者的信任。正因为如此，对管理当局者来说，针对未来预期受益把握性不大的实际情况，应当更加注重发放现金股利的作用；而鉴于股票具有高风险的属性，应当给予投资者较高的投资回报率。由此可见，优先股所具有的这种稳定的投资回报率特性，可以满足我国资本市场的需求。

Asquith 和 Mullins(1986)发现：从统计意义上来说，在普通股发行前后的短时期内，其回报率是显著为负的。[①] 这一统计结果说明了在当今资本市场中，由于企业内部与外部信息不对称，部分经济内容的信号传递不清晰，股票市场相信只有当企业的普通股股票价值被高估时，企业管理层才会选择发行普通股，这种认定导致了当发行这些普通股时，市场将认为其价值被高估，股票发行后的价格可能会下滑，使其回报率下降。市场对企业选择发行普通股定价的误会通常会影响发行企业利益，而当企业选择发行优先股时，由于优先股本身的性质在于它拥有对利润及资产的优先分配权，无论企业利润高低、整体价值变动大小，优先股同债券一样拥有固定不变的收入，这样对于资本市场来说它几乎不存在定价不当的问题，也不会对优先股股东有严重的损害，企业信息不对称的问题在这里也并不像发行普通股那样突出，也就不会在发行之后被市场误认为是企业自身高估其价值而对其采取措施，使其

① 高劲.企业为什么选择发行优先股？——企业财务困难的预期成本与普通股定价状况的分析[J].浙江社会科学，2005(3).

像普通股一样对企业总利益产生负面影响。因此为了保证企业利益最大化,更多的企业会逐渐的选择发行优先股,尤其是在公司的普通股定价没有高估时,更会选择发行优先股而不是普通股。

当企业选择发行债券时,债券的风险越大,其定价在发行时就越会被高估,被高估的债券发行后必然会经历市场对其价格的调整,企业发行这种债券的成本就会高于发行被准确定价的债券,而债券的风险越大其收益率也会增加,这样就会导致大部分发行的债券定价被高估而投入市场,发行企业将在下降的价格的驱动下减少企业利益,同样为了追求企业利益最大化,多数企业更加倾向于选择发行优先股而不是债券,尤其是当企业遇到财务困难需要高风险投入以增大收益率时,就更需要规避发行债券。

综上所述,按照信号传递理论,股票的价格往往不能反映投资项目未来的收益水平,是由于投资者和内部人之间存在信息不对称的原因。Lehn 等人的研究表明(1990):相比发行普通股融资,发行优先股融资向外界传递了项目有良好回报的信号作用更强。理论上说,如果企业能够支付约定的股息,则说明投资者对于项目前的判断是准确的,因此市场会给出正面的反应。

三、委托代理理论的研究评述

公司委托代理问题分为第一类委托代理问题(Jensen 和 Meckling,1976)和第二类委托代理问题(La Porta 等,1999; Mitton, 2002; Friedman 和 Johnson, 2003 等)。

第一类代理问题由企业所有权与控制权分离产生,所指的是股东与管理层之间的委托代理问题。Heinkel 和 Zechne(1990)建立了一个新理论模型,他们总结许多企业通过创造出一个额外的投资动机,以解决由于借债所导致的企业投资不足的代理问题,是许多公司选择发行优先股的重要原因。在具体研究中,他们发现一些有风险的净现值为正的项目,在正常情况下,其可能带来的未来收益,大部分将归于公司的债主；当公司接近财务危机时，其风险则大部分由公司的股东来承担。面对这种情况，公司管理层可以有两种选择：他们或者代表股东利益，放弃一些有风险的净现值为正的项目，虽然造成了投资不足的问题，但维护了股东利益；或者利用手中拥有的发行优先股获取的自由现金流，选择省掉优先股股息，代表普通股股东利益把节省下来的钱投资于有风险的净现值为正的项目。换句话说，企业发行优先股之后，由于取消股息发放不会导致破产风险，企业的自由现金流会增加。在解决了投资不足这个问题的同时，随着自由现金流的增加，内部人"建立帝国"的倾向会提高，过度投资的倾向会提高（唐雪松等，2007；魏明海和柳建华，2007）。

当股权高度集中时，控股股东往往会利用控制权侵占中小股东的利益，形成第二类委托代理问题（La Porta 等，1999；Mitton，2002；Friedman 和 Johnson，2003 等）。在中国资本市场的监管体系、监管制度、监管手段、监管力度等方面存在较大缺陷的制度背景下，出于最大化私有收益的动机，控股股东可以利用大量隐蔽的关联交易转移公司利润、损害其他股东利益的行为（Jian 和 Wong，2009）。此外，大股东占款也是非常普遍的掏空手段（Jiang 等，2010；张祥建和徐晋，2005；李增泉等，2004）。

完善的法律制度能够限制控股股东的侵占行为，缓解第二类委托代理问题。Nenova（2001）运用巴西资本市场的数据发现，随着法律对于中小投资者保护程度的提高，普通股股价对优先股股价的溢价逐渐减小，说明完善、有效的法律能够限制控股股东侵占优先股股东的利益，降低控制权的私有收益。叶陶治（2008）通过研究美国资本市场发现，对于大多数上市公司而言，优先股必须采用固定股息率支付，且属于累积型优先股；因此，优先股也可以看成是不需要还本的负债，在一定程度上也可以充当"负债"的角色。为了保证优先股的定期付息，控股股东也会避免做出仅对自身有利而有损于公司和全体投资者利益的行为。所以，发行优先股对控股股东的利益侵占行为可以起到约束作用，有效抑制控股股东的掏空行为，使控股股东倾向于通过股利分配获得共享收益而非掏空公司。

第二节　优先股发行动机与发行方式的选择研究

国外对优先股融资研究起步较早，研究的层面比较宽泛，研究的问题比较深入。就优先股融资问题的研究，目前大体涉及以下几个方面问题。

一、优先股融资与发行动机

自从 1961 年美国经济学家 Miller 和 Modigliani 首提"资本结构无关论"以来，企业融资决策和企业价值之间的关系一直是财务学界极富争议性的焦点问题之一。西方的研究理论及实证研究表明，在信息不对称的前提下，融资成本的高低直接决定着企业的价值，企业进行融资工具的选择时首先偏好选择内部融资、接下来会选择债务融资，最后才是会选择股权融资，即优序融资理论（Myers，1984；Myers 和 Majluf，1984）。那么，正如 Jensen 和 Meckling（1976）在其研究中所提出的疑问那样：为什么企业会选择发行优先股？为什么在与债券利息支付相比起来没有税收优势的情况下，企业仍然会选择发行优先股？

从企业资本结构角度来看，Heinkel 和 Zechner（1990）认为企业发行优先股的动机可以解释为通过增强企业负债能力，创造出更多的投资机会，从而解决由于债务导致的投资不足的问题。同时暂不发放优先股股息以缓解现金流短缺，提升自身负债水平，降低了财务风险和破产风险（Titman，1984；Nance 等，1993）。此外，根据 1989 年的巴塞尔协议，银行业也可以利用发行优先股满足监管部门最低资本充足率的要求和作为调节核心资本与补充资本之间的调节工具。

从税收角度来看，研究者们认为企业发行优先股可能是为了顺应相关税法法律的改革，如美国1986年税制改革及美国跨国公司税法税收抵免条款(Callahan等，2001)；享受税收优惠减免，如发行信托优先股(Trust Preferred Stock)[①](Engel等，1999；Irvine和Resenfeld，2000)。Fooladi和Roberts(1986)提出了一个理论框架，进一步从税收动机的角度来研究优先股提供方和需求方，发现与发行债务相比，发行优先股的公司会承担股利支付的税收抵免损失。但对公司投资者，在美国税法关于"所收股息的扣除规则"中，没有利息方面的优惠规定，仅规定有70%的股息可以从公司应纳税所得额中扣除。

从税负角度来看，税负与公司财务行为有密切关系，研究者们认为就公司的融资行为而言，税负对其具有不可忽视的影响作用。Houston and Houston(1990)研究支持了公司发行优先股支持税负动机的假设：在1981—1987年期间发行的优先股样本中，工业公司、金融公司和公用事业公司分别占比为60%、30%、10%。与市场平均相比，税率显著更低的为发行优先股的公司，而显著更高的则是投资优先股的公司。Frischmann等(1999)的研究发现，与发行传统优先股的公司相比，发行信托优先股的公司出现税率显著更高的情况，主要是由于控制了财务报表优化的动机。Engel等(1999)在对样本进行实证分析后发现，1993—1996年期间发行优先股的公司，在考虑到交易成本前提下，有发行金额28%的节税收益，来自发行税前股利扣除的优先股预期。Engel等(1999)的研究样本发现，与传统优先股相比，信托优先股的股利可以税前扣除，但发行优先股的用途不一：有的发行优先股用以偿还债务(63家)，有的用以赎回传统优先股(46家)，有的则用于公司一般用途(107家)。

---

① 通常优先股股息不能税前扣税，但信托优先股的股利则可以视为利息在税前进行扣除。主要种类有MIPS(按月支付股利优先股)、QUIPS(按季度支付股利优先股)及TOPRS(可赎回信托优先股)，其具体方式是：母公司专门设立一个信托，该信托对外发行优先股的同时以发行优先股的收入购买母公司对其定向发行的债券。这样，对于母公司而言，其发生的债券利息支出可在税前扣除。

除了以上所述之外，Baskin(1988)通过对美国和英国的金融市场回顾认为，在资本市场信息严重不对称的情况下，投资者之所以选择优先股，是因为优先股股息优先并且相对固定。考虑到优先股没有投票权且像债券那样不会稀释现有股东权益，企业还存在保持控制权的动机。另外，企业基于信息不对称所对普通股股价估值是否准确，从而决定是否利用优先股发行来作为普通股发行的替代(Scott 和 Iwahara, 1994)。

二、优先股融资与企业特征

企业对融资顺序的选择产生了不同的资本结构，而研究者们发现资本结构决定因素又催生出了融资工具选择理论。对一种融资工具的选择并不是随机选择出来的，而更多的是根据企业自身所特有的相关特质来选择的(Baxter, 1970)。基于优先股融资的企业特征，国外学者也进行了大量的研究。

从企业所处行业分布来看，产业类行业占据着优先股发行市场的统治地位，其后是金融类行业，最后是公共事业类行业。从各个行业类型公司所使用优先股的目的上来看，公共事业类公司发行目的是为了获取长期资产并减少长期负债，并将成本转嫁给消费者，同时也满足监管层对股权约束的监管要求。而金融类及产业类公司则更是为了促进企业间的兼并和重组(Houston, 1990)。

从每个行业中具体企业来看，因其自身行业特点及财务与经营状况和公司治理结构情况的差异，发现高负债、高破产风险、现金支付能力弱、偿债能力差，盈利能力不强、成长性低以及税收处理能力低、未弥补亏损大的企业更多愿意发行优先股(Lee 和 Figlewicz, 1999; Ely 等,2002; Pons-Sanz 等,2004)。并且发行优先股的企业往往具有低的管理层持股比例、更大的董事会规模的特点(Howe 和 Lee, 2004)。

从企业其他特征来看，DeAngelo 和 Masulis(1980)研究表明，公司倾向于利用可转换优先股进行融资，一般必须具备两个条件：或者具有较高的可抵减税的营业净损失；或者具有较高的折旧费用，而非债务的税盾（如折旧）可以减少债务作为税盾的动机。那么，发行可转换优先股的上市公司，与发行可转债的上市公司相对比，两者究竟有何明显不同？Lee 和 Figlewicz（1999）的研究发现：在公司财务风险和非债税盾方面，发行可转换优先股的公司显著表现为很高或更高；而在现金流或财务松弛以及增长潜力方面，发行可转债融资的公司则显著表现得更高或更好。鉴于发行优先股的公司比发行可转债的公司存在更高财务与经营风险的现状，因此，Billingsley 和 Smith（1996）研究建议，在通常情况下，低风险的公司的发行首选不应当是可转换优先股，而更倾向于发行可赎回的优先股。1999 年，Huckins 的研究发现：强制转换优先股通常具有“两高一低”的特征，即高负债比率、高破产风险和低利息保障倍数。2011 年，Lewis 和 Vervijmeren 研究了在 2000 年至 2007 年期间发行可转换证券的 814 个样本企业，结果证明陷入了财务困境的公司往往更倾向于发行可转换优先股来进行融资。[①]

三、优先股融资对不同利益主体的影响

企业发行股票或债券，利用对发行窗口研究发现，发行之后业绩表现多为不佳（Hansen 和 Crutchley，1990；Kang 等，1999；Eckbo 等，2000）。Asquith 和 Mullins（1986），Masulis 和 Korwar（1986）同样通过“事件研究”的方法发现：普通股的回报率在统计意义上显著为负的现象，一般出现在普通股发行前后的短时期内。这说明只有当本企业的普通股被过高定价时，股票市场相信企业管理层才会选择发行普通股。与发行普通股相比，发行优先股的好处在于：对企业的资产和利润，优先股具有优先要求权；当企业价值变动时，优先股的价值变动不会像普通股那样敏感。正如 Smith（1986）和 Baskin（1988）提出的，与普通股相比，由于信息不对称所导致的定价不当问题，对优先股来

① 林振兴，等.国外优先股研究：信息披露、发行动因及经济后果[J].会计与经济研究，2014(6).

说显得并不是那么严重。

Linn 和 Pinegar(1988)研究了增发优先股对企业普通股股价和优先股股价的影响,发现增发优先股对企业普通股股价和优先股股价都没有使之显著下降的"鱼雷效应"。[①] 这在一定程度上说明企业在发行优先股的时候,优先股的定价并没有被过分高估。Pinegar 和 Lease(1986)讨论了企业发行优先股置换普通股的交易对企业价值的影响,发现交易宣布两天内企业普通股股价有显著意义上的显著的正的回报率。这说明优先股的增发并没有对普通股估价造成不利的影响。[②] Harvey 等(2003)进一步发现优先股对于债权人的财富也产生了显著的正向影响。然而,也有学者发现了不同的经验证据。Fields 和 Webb(1997)检验了金融企业发行优先股是否会产生普通股财富效应,然而并未发现显著的结果;和他们的结果类似,Irvine 和 Rosenfeld(2000)发现企业通过发行优先股替换债务对于普通股股价产生了显著的负向影响。[③] Kim 和 Stock(2012)发现 2008 年美国金融危机期间,美国政府采用认购优先股救助大的金融机构,对于已有的优先股股东产生了显著的财富效应。[④]

由上可见,全面考察优先股发行对于不同利益主体行为的影响,有助于深入理解企业发行优先股的经济后果,也有助于判断我国实行优先股制度是否能在股票市场和债券市场之间达到非零和博弈,实现共赢。

四、优先股融资与发行成本

研究者们认为,与其他的融资方式相比,由于企业各自具备的特

① Linn, S. C., and J. M. Pinegar. 1988. The effect of issuing preferred stock on common and preferred stockholder wealth. Journal of Financial Economics 22(1): 155-184.

② Pinegar, J. M., and R. C. Lease. 1986. The impact of preferred-for-common exchange offers on firm value. The Journal of Finance 41(4): 795-814.

③ Irvine, P., and J. Rosenfeld. 2000. Raising capital using monthly income preferred stock: Market reaction and implications for capital structure theory. Financial Management 29(2): 5-20.

④ Kim, D. H., and D. Stock. 2012. Impact of the TARP financing choice on existing preferred stock. Journal of Corporate Finance 18(5): 1121-1142.

点及不同属性，以及各自所承担着不同的风险，因此其产生的发行成本也各具差异。Bajaj 和 Mazumdar(2002)对优先股、普通股和债券的总价差以及总发行成本研究发现：总的来说，优先股位于普通股和债券之间；再对可转换优先股和可转换债券相比，发现前者成本大于后者；同时又将优先股与股权再融资相比，发现前者小于后者。

而从税收抵免效应来看，债券的利息主要来自于税前利润，与优先股股利或普通股股利相比具有一定的税盾优势，且优先股和债券一般具有评级，而普通股则不具有评级。Lee 等人(1996)从信用等级的角度，利用调整后的信用等级分别对具有投资级别的直接发行优先股和直接发行债券进行总价差与总发行成本比较，发现前者要明显大于后者。Peter 等人(1994)认为，通常负债比优先股更具税盾优势，其成本会低于优先股成本，但在发行企业没有利润的情况下则税盾优势不复存在，其成本会高于优先股。

与同是优先股但由于类型条款设计不同的其他类型优先股融资相比，也存在差异。Bajaj 和 Mazumdar(2002)利用 1980—1999 年的样本数据，对可转换和不可转换优先股进行成本比较时发现，前者总价差和总发行成本大约为后者的两倍。究其原因，所发行优先股自身的评级结果，发行公司自身信用评级水平及信用违约水平，发行公司自身所处的行业以及优先股发行规模均会对优先股的发行成本造成不同程度的影响。

从优先股发行企业的行业特征及所发行数量的规模来看，Engel(1999)研究发现公共事业类的公司由于法律监管要求及稳定的现金流，使其发行成本与金融类及其他行业相比更低。而 Bhagat 和 Frost(1986)研究发现优先股融资规模的提升可以导致相应发行成本的下降，但当发行公司质量较低或信用风险较大时会抵减规模效应。

五、优先股融资与发行方式

从发行企业行业来看，Hussein(1969)通过研究分析发现，选择发行不可转换优先股的原因可归结为:公共事业类企业为了自身的资本结构平衡;金融财务类公司为促使提高进一步借款基础;金融和房地产企业为了享受有利的市场条件和合适的资产负债率;避免支付固定的股息及保持公司对企业的控制权等。而选择发行可转换优先股除了具有不可转的原因之外,还包括作为优先股营销计划中的一个销售两点和间接提升自身普通股资本能力。

从发行企业自身现金流角度来看,Jensen(1986)关于采取选择何种发行方式研究时,利用自由现金流量假说对企业发行可转换证券进行比较时发现,往往企业较缺乏自由现金流时更愿意发行可转换优先股,而充裕时更愿选择可转换债券。

从发行企业自身负债水平、利息不对称程度高低程度等方面来看,Lee 和 Figlewicz(1999)从财务困境假说、最优资本结构假说、代理假说、信息不对称假说几个方面同样对企业发行可转换证券比较发现,高负债率及高破产风险、财务紧缩、历史每股盈余增长低、股价反转上升的企业,更会选择发行可转换优先股。[①] Qian Wang(2012)运用 1986 年至 2007 年间美国优先股发行数据得出,在对优先股发行方式的选择上印证了信息不对称及代理冲突假说,当企业自身存在信息不对称程度比较高、代理成本比较大、运营风险高的时候,更愿意选择非公开发行优先股。

六、优先股融资与业绩表现

企业优先股成功发行之后的业绩表现如何? Howe and Lee (2006)的研究结果发现,与普通股发行后 3—5 年内公司股价出现的长期弱势相比,企业优先股从长期看未发生显著的超常弱势表现,仅在发行后一年内股价表现弱势;与公共事业类及产业类公司相比,金

① Lee, H. W., and R. E. Figlewicz. 1999. Characteristics of firms that issue convertible debt versus convertible preferred stock. The Quarterly Review of Economics and Finance 39(4): 547-563.

融类公司业绩相对较好，其短期内（1 年）的股价弱势表现也仅体现在工业公司的样本上。Lee and Johnson（2009）对发行优先股的公司业绩（1991—2000 年期间）进行了实证检验，结果发现：那些当年发行优先股业绩持续下降的公司，一般在发行优先股之后，普遍存在业绩反转的现象。

七、关于优先股"权益"属性或"债务"属性的研究

从权益属性来看，国外学者研究认为，对于投资者来说，如果发行优先股被视为权益融资，由于拒绝支付优先股股息不会导致公司破产，因此股权融资对于现金流的约束不强，投资者会对于发行优先股作出负向的反应（Eckbo 等，2000）。

从债务属性来看，国外学者研究认为，如果投资者将发行优先股视为债务融资，由于债务融资可能导致较高的破产成本，从而传递了项目有良好回报的信号，因此投资者会作出正向的反应（Lehn 等，1990）。另外，Bildersee（1973）在研究不可转优先股的业绩时发现，优先股在资本市场中与股票指数的高低关系所导致其充当不同属性证券类别，具有低贝塔风险系数时候更类似于债券，而具有高贝塔风险系数时候则更类似于普通股。

从混合属性来看，Kallberg 等（2013）指出由于优先股具有混合证券的属性，难以直接使用债务融资或者股权融资的理论进行解释，必须根据其发行条款，推断其属性更加偏向于债权融资还是股权融资，进而运用相应的理论进行有的放矢的分析。并从普通股股东角度分别对优先股属性进行判断，若普通股股东认为权益属性多于债务属性则反应为负，反之则为反应平淡视其类似于国债的发行。[①] 同时，Botosan 等人（2005）则从管理层动机角度来使用对优先股属性的分

① Kallberg, J., C. H. Liu, and S. Villupuram. 2013. Preferred stock: Some insights into capital structure. Journal of Corporate Finance 21(6): 77-86.

类，若出于美化财务报表提升财务实力则划分为权益，而出于税负效应则更愿意视为负债。[①]

八、关于优先股发行后业绩表现的研究

企业优先股成功发行之后对企业价值的影响如何？Nancy 等（1993）研究发现，发行优先股融资为企业提供了稳定的经营资本，优化了企业的资本结构，提高了企业债务融资的能力，降低了破产风险，因此会产生一定的财富效应。同样 Pinegar 和 Lease（1986）通过对优先股转换为普通股证实其会带来对公司价值的提升。[②]

而 Andre Carvalhal da Silva 和 Subrahmanyam（2009）则得出不同的结论，认为：对于控股股东来说，引入优先股股东之后，现金流权降低了，但由于优先股股东并不参与企业的经营管理，控股股东依旧保留控制权，因此控制权和现金流权之间的分离程度提高了，控股股东能够从上市公司获得的收益降低，因此更倾向于从上市公司转移资源（Claessens 等，2002），进而损害了公司价值。

第三节　优先股融资的应用与投资者保护研究

优先股融资对于我国来说是一个崭新的研究领域，就目前的研究现状来说，主要集中在优先股制度、企业应用、代理问题、投资者保护等层面的研究。

---

① Botosan, C. A., L. Koonce, S. G. Ryan, M. S. Stone, and J. M. Wahlen. 2005. Accounting for liabilities: Conceptual issues, standard setting, and evidence from academic research. Accounting Horizons 19(3): 159-186.

② Pinegar, J. M., and R. C. Lease. 1986. The impact of preferred-for-common exchange offers on firm value. The Journal of Finance 41(4): 795-814.

一、关于优先股制度的研究

国内学者对优先股制度的研究，主要关注国外优先股制度的发展历程与实践经验的介绍，以及我国引入优先股制度的重要意义。

马晓军、沈勍晔(2004)；李经纬、葛帮亮等(2014)；马广奇、杨靖(2014)分别介绍了各国优先股的产生背景、发展历程、应用实践经验以及不同法系背景下的各国优先股制度演进过程，总结得出：优先股各种形式源于当地的经济发展及资本市场需求；英美法系国家通过公司章程并强调自由平等和契约精神；而大陆法系国家则通过国家法律并强调国家管理来对具体条款设置进行约束。①

黄宁(2013)以美国实践经验为例，探讨了不同经济周期所扮演的不同功能，在正常经济周期，其作为一种特殊融资方式、且具有融资成本低、财务风险小、保留控制权等特点；而在特殊经济周期时，其成为救助资本市场提升市场信心的救市工具，挽救了企业的同时也保护了投资者利益。另外，曾智、朱玉杰等人(2014)也对美国私募股权投资中优先股的设计思路以及《美国风险投资示范合同》中关于优先股各方面的详细规定进行了介绍。②

刘艺(2013)通过研究证明，虽然加拿大的风险投资企业当中广泛使用优先股制度，但在与美国优先股制度比较之后发现由于存在税收规则的差异导致更高的税收负担，因此其使用频率不及美国。

---

① 李经纬，等. 国际视野下的我国优先股政策研究：基于券商视角[J]. 经济论坛，2014(3)；马广奇，等. 借鉴国外经验构建我国优先股制度[J]. 武汉金融，2014(9).

② 曾智，朱玉杰，雪莲. 我国私募股权投资中引入优先股理论解析与现实思考[J]. 山东社会科学，2014(3).《美国风险投资示范合同》中对优先股各方面均做出了详细的规定。例如，优先清算权条款规定优先清算权分为三类：不参与经营的 A 序列优先股、有完全参与权的 A 序列优先股、附上限参与分配权的 A 序列优先股，三类股票在优先清算的价格和程序方面各有特点。在董事会条款中规定，经登记的优先股 A 序列股股东，排他地或作为单独股东，应有选举权 N 名公司董事(即 A 序列股董事)。

解学成(2007)研究了巴西推行优先股制度的情况：约有89%的上市公司发行了优先股，该国《公司法》规定允许最高按2/3比例进行发行。更高分红比例和优先股股东退股为特点的投资者保护措施对投资者意义非同寻常，但在现实中大量发行也同样方便了控股股东对企业的控制及更为低成本的对公司进行“掏空”。

陈明(2013)研究发现澳大利亚的金融机构开展优先股实践较为普遍，以契约设计发行条款并以定期转股及损失吸收转股为补充，与巴塞尔协议标准契合度较高，并对发行者和投资者同时给予税务减免优惠。

以上相关学者对各国发行实践的研究，最终希望我国也能够引入优先股制度并借鉴其成熟经验，以实现企业层面的拓宽融资渠道、保持控制权、提升公司业绩、优化公司治理结构；投资者层面的投资选择多元化、降低投资风险取得稳定收益；市场层面的缓解市场投机及外资入市的压力的作用(罗春晓、陈文，1997；楼远，2001；高劲，2005；张耀辉，2005；许艳芳、陈州宇，2009；陆明贵，2009；曹立，2013；汪宇，2013；余莉2013；汪青松，2014)。

然而任何事物都有其双面性，既然优先股制度能给我国股市带来积极正面影响，但我们也需要看清其可能带来的不利之处：(1)与债务融资相比虽融资成本相对较低，但其股息不可税前抵扣，加重发行主体财务压力，若遇经济不景气，企业自身又亏损的情况，很可能造成无法支付股息出现违约现象；(2)吸引大批机构资金，可能会导致普通股一级市场资金短缺；(3)资金流向率先试点行业，对概念股、小盘股不利，出现资金配置不均。①

至于国外发展多年的优先股制度，我国也曾进行过短暂的实践，如：杭州天目药业、沈阳金杯汽车、深圳发展银行。但并未持续也只是昙花一现，究其原因可以归纳为以下几点：(1)相关法律的缺失及制度

---

① 杨思梦.浅谈优先股对我国股市的影响及对策[J].新经济，2014(10).

上的不完善；(2)我国资本市场发展不成熟、市场机制不健全；(3)政企不分家、"预算软约束问题"严重；[①](4)优先股自身权利和义务的设置复杂性限制了其发展；(5)税收负担重，无法税前扣除；(6)行业的特殊性，如军工企业(聂新田，2009；吴丹，2010；张立娟，2010；丛山，2011，吴漳平，2013，叶利娅，2014)。

因此，针对我国优先股制度发展过程中所出现的问题，学者们分别从不同层面提出了使其完善的构建建议。王祥军(2010)从法律、公司章程、国家政策三个视角提出首先要从理论上明确优先股股东与各个利益相关者权益关系，进一步要求其权利和义务纳入《公司法》和公司章程体系进行设计和分配，最后以国家政策制定层面出台相关政策和规定进行调整和推动。

伴随着我国优先股试点的开展，一些值得关注问题也随之出现。关于优先股属于权益工具还是金融负债的界定问题，[②]高榴(2015)对优先股的会计分类及核算进行探讨时认为，优先股应以财政部发布的《金融负债与权益工具的区分及相关会计处理规定》[③]的要求来判断是否满足权益工具条件为依据，[④]并不能一味归类为权益工具，具体应通过以下三点来判定：一是在到期日里，发行方是否能够自主决定支付利息；二是在本金赎回条款里，对具体人享有赎回权、强制赎回等是否有明确规定；三是在转股条款里，对强制转股以及转股的规

---

① 预算软约束是指：向企业提供资金的机构(政府或银行)未能坚持原先的商业约定，使企业的资金运用超过了它的当期收益的范围。这种现象被亚诺什·科尔奈(Kornai，1986)称为"预算软约束"。

② 高榴.优先股试点值得关注的问题[J].财会月刊，2015(3).

③ 财政部于2014年3月17日发布，规定：企业发行各种金融工具，应当按照金融工具的合同条款及所反映的经济实质而非仅以法律形式，运用运用金融负债和权益工具区分的原则，正确地确定该金融工具或其组成部分的会计分类，不得依据监管规定或工具名称进行会计处理。

④ 《金融负债与权益工具的区分及相关会计处理规定》中明确了区分权益工具和金融负债的核心原则：即，如果企业不能无条件地避免以交付现金、其他金融资产或可变数量的自身权益工具来履行一项合同义务，则该合同义务即为一项金融负债。

定是否符合“交付固定数目的股份”的相关原则。而对优先股融会计上核算处理，侯婧（2014）则以被选择发行最频繁的可转换优先股为例讨论了其转换成公司债券的会计处理方式，得出平价发行或溢价发行的区别主要由股本溢价所决定。同时，为了便于优先股发行的顺利推进，我们应当尽快改变目前优先股应用相关指南和解释公告出台明显滞后的现状，以便更好地在我国会计准则中应用和体现优先股的相关内容。

随着《优先股试点管理办法》发布，沈芳（2014）认为当前试点范围明显较小，①有偏向金融、证券、能源类上市公司的倾向，有关法律法规也验证了上述倾向，②为了保证优先股市场的健康发展，必须扩大应用范围并保证优先股持续性供应和流动性。而高晓丽（2014）在对《优先股试点管理办法》（征求意见稿）与正式稿内容进行比较后，发现由于对可转换条件的限制，从而会使其带来融资成本上升及无法优化资本结构的负面效应。

二、关于对优先股发行的研究

范利民、张辉锋、谢鸿华（2014）对优先股的发行提出政策建议：首先，要把着重考察现金流指标、审查拟发行企业经营的连续性与盈利能力，作为优先股发行的门槛来设置；其次，要把在某些情况下激活表决复活权以限制公司高管的行为，作为优先股股东获得相应的权利来设置；再次，在优先股上市交易环节，要把暂不收印花税、给予投资人一定比例的优先股股息收入税收减免等，作为给予投、融资双方优惠

① 2014 年 3 月 21 日，中国证监会发布《优先股试点管理办法》规定：“一是上市公司可以发行优先股，非上市公众公司可以非公开发行优先股。二是三类上市公司可以公开发行优先股：(1)其普通股为上证 50 指数成分股；(2)以公开发行优先股作为支付手段收购或吸收合并其他上市公司；(3)以减少注册资本为目的回购普通股的，可以公开发行优先股作为支付手段，或者在回购方案实施完毕后，可公开发行不超过回购减资总额的优先股。”

② 如：中国银监会和中国证监会于 2014 年 4 月 3 日颁布《关于商业银行发行优先股补充一级资本的指导意见》〔银监发[2014]12 号〕。

政策来设置，以鼓励优先股的发行。①

刚成军、刘玉廷（2014）提出“四先四后”的优先股发行原则，即以先增量后存量为主要发行方式、以先国有后民营为主要发行试点、以先机构后个人为主要发行对象、以先简单后复杂为主要发行种类，确保优先股的顺利发行，进一步完善公司治理结构，维护和丰富资本市场的稳定发展，实质性地推进我国的市场化改革进程；在发行后期，还可根据市场需求在对非累积优先股与累积优先股、不可转换优先股与可转换优先股、不可赎回优先股与可赎回优先股等种类逐步完善的基础上，设计出不同种类的相互糅合的优先股。②

三、关于优先股制度应用于我国企业的研究

一些学者认为目前国企股改上市，所存在的“一股独大”问题仍然严重，导致公司治理结构不合理，缺乏有效的监督和约束机制，业绩不佳。若将优先股制度引入并置换出部分国有股，将有利于完善外部监督机制并有效建立现代企业制度，提高公司治理水平，提升企业业绩，回报国有控股股东（张良军，1997；孙培生，1994；冯小波、王浣尘，2001；刘益，2002；孔莹，2004），同时也是国有企业进行混合所有制的改革核心。③

同样，刘辅华（1998）、赵志钢（2006）也支持国有企业股改中引用优先股制度，并提出三种设置模式：一是将其设置为累积参加优先股；二是赋予其一定条件下的表决权；三是规定其在国有企业中的所占比例。胡伟为和胡凯为（2014）提出将优先股应用于我国国有企业，应按

---

① 范利民，张辉锋，谢鸿华．关于我国发行优先股融资的相关探讨[J]．期商业研究，2014(2)．

② 刚成军，刘玉廷．关于优先股在国有控股上市公司中优先推广的路径分析[J]．经济师，2014(5)．

③ 黄刚．从优先股角度试论当前国有企业混合所有制改革[J]．企业家天地，2014(7)．

国有企业的不同类型采用不同的优先股制度。[①] 非竞争性国有企业[②]不宜优先股权化，竞争型国有企业[③]可以充分优先股权化，混合型国有企业[④]应该部分优先股权化。[⑤]

随着对优先股制度的研究热度提高，将其具体引入到相关行业的研究也开始出现。尤其是将优先股制度引入到银行业一直为理论界与实务界所关注。通过对国外银行业优先股发行实践的成功经验介绍，提出我国银行业借鉴及由此带来对股东权益、财务表现、融资效率及公司治理等方面的影响(谢婷、钟伟，2013)，并从银行业发展现状来探讨试行优先股的法律、经济、技术的可行性(李月娇，2014)及符合我国实情的发行方案、主要条款设置(杨海平、陈明，2014)，分析由此带来的补充资本金、增强抗风险能力、提升自身价值、提高公司治理水平等好处及可能存在的融资成本相对较高、对中小股东利益保护不到位、会计税务处理等方面的风险和问题(李波、单漫与，2009；安哲琳、李绩娜，2014；陈昌彧、孙丛阳，2014)。

2013年发布国务院《关于开展优先股试点的指导意见》后，标志着我国优先股进入正式发行准备阶段。王冰心(2014)以受优先股制度影响较大反应积极的银行股为研究对象，采用事件研究方法研究其市场反应，得出短期内市场反应积极取得正向影响，但其趋势逐渐减弱。侯婧(2014)通过假设国内某银行发行累积可转优先股为案例进行分析，发

---

① 胡伟为，胡凯为. 企业国有资产优先股权化的制度设计[J]. 法制与经济，2014(1).

② 非竞争性国有企业指的是：竞争程度低，追求社会公益、面向全社会提供公共产品和服务(如路桥、水电煤、通讯等网络设施)的国有企业。

③ 竞争性国有企业指的是：以追求企业利润最大化，市场竞争程度高的固有企业。

④ 混合型国有企业指的是：市场竞争度一般，承担产业、社会、文化等特殊政策职能(如基础工业、基础设施、军工、大飞机制造、粮食储备)的国有企业。

⑤ 关于国有企业的分类：参见上海国有资本运营研究院《国有企业分类监管研究》课题组. 国有企业分类监管法则[J]. 上海国资，2013(4)；石涛. 国有企业：演化、分类及终极形态[D]. 2010中国国有经济发展论坛暨"中国经济发展方式转变与国有经济战略调整"学术研讨会论文集，2010；蓝定香. 建立现代产权制度与国有企业分类改革[J]. 经济体制改革，2006(1).

行作为发行主体的银行有效提升了一级资本水平，解决了融资压力，并加强抗并购的能力；而投资者降低了投资风险、取得了稳定的收益。

李爱琴(2007)、李娜(2008)、张立娟(2010)、王琴(2012)和吴倩(2014)等人还分别从水务、电信、军工行业及铁路建设项目现实出发，结合自身行业的特点，回顾分析总结国外优先股制度在各自行业的实践经验，提出引入优先股融资制度的必要性和可能性，并探索尝试设计符合自身行业特点的优先股发行模式、应用类型，具体设计条款以及相关政策的落实和完善的建议。

胡伟为、胡凯为(2014)还根据股权制衡的要求，提出优先股权化的同时必须引入作为普通股东并拥有足额资本金的民间所有者，以固定股息优先股、非参与优先股、不可转换优先股作为优先股的主要种类；此外还应建立优先股股东大会、优先股股东参与普通股东大会以及优先股表决权复活等企业管理制度。[①]

伴随着 2014 年 11 月 28 日农行在上交所挂牌转让，标志着优先股在我国成为一种崭新的投资工具，发行优先股成为了现实。可以预期，随着时间的推移，有关优先股对于银行业业绩表现、公司治理结构、投资者保护及由此产生的经济后果等方面的研究还将继续持续。

四、优先股融资与代理问题研究

研究者们认为，公司实施优先股制度之后，势必会对原有各个利益相关主体产生影响，因各自利益诉求不同，由此产生利益冲突。张琦(2014)、白家美(2014)、姜硕等(2015)分析优先股股东与普通股股东之间的利益冲突主要表现在两个方面：(1)对待利润分配及不同的投资风险偏好，优先股股东以放弃表决权、经营权为代价追求固定稳定的股息，而普通股股东追求暂不发放股利继续投资，并追求高风险高回报的

① 胡伟为，胡凯为.企业国有资产优先股权化的制度设计———以国有企业分类和股权制衡为视角[J].法制与经济，2014(1).

投资项目，以期待提升公司价值获取资本增值；(2)由于信息不对称的存在，优先股股东放弃对公司的经营权，而普通股股东也正因为掌握了更多公司内部信息的优势，做出对优先股股东不利的经营决策。

从大股东和董事会的层面来看，叶陶治(2008)认为，大股东和董事会在公司实际运营中实际扮演着中小股东的代理人角色。因为大股东在公司运营当中为了代理中小股东的利益需要产生比较高的代理成本，所以其不愿竭尽全力去维护和保障中小股东的利益最大化。大股东通过自身的努力去创造更多的公司价值，而在利益分配当中只是按照股份的比例对中小股东进行分配，并且大股东实际掌握着公司，完全可以通过关联交易等方式对公司收益进行转移，所以大股东更有可能损害中小股东。而使用优先股融资方式，大股东在创造公司价值最大化后，除了分配给优先股股东固定收益后，其余收益都由大股东独享。大股东自身努力所创造的公司价值与其自身收益成正比，最终降低了公司代理成本。

五、优先股融资与投资者利益保护的研究

综合学者们的研究，认为当前实施优先股保护机制应抓好以下四个方面：

第一，应树立优先股股东权益保护的理念。有学者认为，以契约精神为主导的优先股股东保护理念可以对其起到实施平等、更具效率以及对当前法律修正幅度最小的效果。另外，参考伊斯兰国家发行经验，①在管理层、普通股股东中应建立对优先股股东的风险共担意识，强化优先股股权求偿权、剩余收益分配等方面与公司所有者相近的制度。②

第二，应从法律层面明确设定优先股股东保护机制。魏现州

① 伊斯兰优先股(IPS)优先股部分特征：(1)股息率随净收益水平变化；(2)不同股息率的优先股股东和普通股股东均对所有利润享有参与分配权；(3)基于对风险、利润和损失的共同承担理念。

② 姜硕等．代理问题下对优先股股东利益保护的思考[J]．财会月刊，2015(3)．

(2011)认为，借鉴世界各国立法并结合我国实际，建立立法模式完善相关法律。目前，世界许多国家都在《公司法》对优先股的权利和义务进行了规定，主要包括：明确系统性的规定优先股股东优先股权内容、参股比例、股息制定、发行方式、是否可转，优先股股东新股认定、股份赎回以及表决权复活等。①

第三，应明确优先股股东对于公司运营和财务状况的权利。赵明志(2014)认为，优先股股东不参与公司运营通常也不具有表决权，现有《公司法》也只对普通股股东规定了对企业的知情权，从而导致优先股股东知情权难以实现，故应当在《公司法》明确优先股股东对于公司运营和财务状况的权利，从而减少由于信息不对称而因此造成的利益损害，同时也可借鉴日本商法及美国关于优先分配准备金制度实践经验。

第四，应加强对优先股发行阶段的监管。朱元倩和巴曙松(2012)、陈远(2013)、李灿(2014)认为，一个完善健全的优先股制度是优先股市场健康发展的关键，更是广大优先股股东选择优先股投资的前提保证。这自然离不开对优先股发行和交易环节的监管，因此对优先股发行阶段的发行企业准入审核、交易过程、信息披露的监管，也同样对优先股股东保护起到至关重要的作用。另外还需针对我国资本市场中对于投资者保护，建立民事诉讼的民事赔偿机制。

以上文献多为讨论了构建优先股股东保护的构想和方法，但由于我国优先股实践案例的缺失，关于具体内容的实践及由此带来的影响尚未出现。目前虽有少数企业发行优先股的实例，但要评价目前相关机制对优先股股东的保护所带来的影响还需时日。

六、关于优先股相关法律问题的研究

郭富青(2002)认为，目前许多国家的公司立法都对优先股股东权的内容、行使方式作出了明确的规定。我国应借鉴国外的立法实践，

① 魏现州.论优先股股东的权利保护[J].法学理论研究，2011(3).

在优先股的设置和发行方面，法律的任务就是引导和推动它正面价值的体现和功能的充分发挥；同时要抑制和消除它负面的消极影响。[①]

袁锦绣（2006）在研究优先股股权相关法律问题时指出：加速中国证券市场的国际化、法制化和规范化建设，是中国资本市场发展的当务之急，在有关优先股的规定中，除了需要完善优先股股东大会、保留优先股在一定条件下的表决权外，目前最重要的是参照国外的成熟经验和做法，结合我国股权结构的实际，对优先股的权利内容和股份比例做出适当的限制，以保护优先股股东利益的实现。[②]

宋伟、胡海洋（2009）建议：完善优先股股权制度，发挥优先股的积极作用，应从法律层面起到规范和指引作用，为此需要通过规范优先股的概念和种类、优先股股东的权利和义务、优先股转让股份的条件、优先股股票的赎回以及优先股股东权益受损的救济途径和方法，从法律制度上进一步明确优先股的地位和作用，给予公司投融资主体更多的选择途径和选择权。[③]

王佐发（2014）从法律的角度对优先股进行了分析，认为优先股股票实际上是许多权利的组合：一方面，优先股在企业破产清算时较于普通股的"优先权"以及不具有表决权的性质使得优先股体现出债性；另一方面，优先股的可累积性以及参与企业额外利润分配的特点又使得优先股体现出股性。因此，优先股自身融合了多种权利，易于调节企业与投资者之间的利益关系，对优先股持有者的保障作用更显著。

苏骏青（2014）认为从长远看将优先股制度限定在行政授权立法层级上非长久之计，提出构建完善的优先股制度应以全国人民代表大会修改《公司法》、《证券法》的方式，逐步完善优先股发行、上市、股东权益保护等各项制度的立法体例，显然，优先股和普通股是处于同一

① 郭富青.股份公司设置特别股的法律透视[J].河北法学，2002(5)。

② 袁锦绣.优先股股权优先及其相关问题透析——以法律为视角[J].湖北社会科学，2006(1).

③ 宋伟，胡海洋.优先股相关法律问题透析[J].法治研究，2009(9).

层级的证券种类，但现阶段普通股和优先股分别是由法律和行政法规来进行规制的，两者的地位可见一斑；毫无疑问，只有以法律的效力等级来规范优先股制度，才会更利于优先股制度的优化设计和完善推广，才会更有利于中小投资者利益的保护。①

还有一些学者针对我国优先股股东权利的保护问题，提出一些建议：一是公司法应从正向和反向两个方面明确优先股股东的权力，即以正向列举的方式明确规定或授权公司章程规定优先股股东的优先权及其权利限制，以反向排除的方式明确优先股与普通股股东相同的权利，在无相反规定的情况下，优先股与普通股股东的权利相同，可以不另行做出规定；②二是对包括优先股股东在内的公司整体大股东和董事应承担诚信义务，在现阶段优先股制度并不完善而导致企业章程中没有对优先股股东的权利进行明确条文规定，在现阶段法律制度并不完善而导致优先股持有者的利益可能受损的情况下，公司法必须明确规定优先股股东的相应权利（任红，2014）。

第四节 中国优先股研究的拓展方向

基于上述国内外优先股的研究现状，未来中国优先股研究将在以下几个方面拓展：

一、要深化推行优先股的必要性、可行性研究，构建符合中国实际情况的优先股制度

从国内目前的研究现状来看，多数主要集中在优先股发行、融资

① 苏骏青．优先股法律适用问题研究[J]．法学研究，2014(3)．

② 任红．优先股股东权保护的法律适用问题研究[J]．理论与改革，2014(3)．

与代理、股东权利保护等方面研究，而以对比借鉴两大法系典型代表国家成熟的优先股制度为基，将引入、发展优先股制度作为一个制度体系以优先股契约安排与制度设计相结合，来研究还是较少的。从客观上来说，目前我国推行优先股制度既缺乏理论研究，也缺少实践经验，参照和借鉴国外的先进模式也是理所当然的。但是，作为国外的先进制度能否在中国生根立足是需要从实际出发做出选择的，比如我们从国外两大法系代表性国家对优先股制度的不同选择可以看出，他们既存在国家个体上的差别，也存在法律传承上的渊源，与其所处的制度环境是息息相关的。所以我们在参照和借鉴国外的先进模式时，切不可单方面仅仅只吸收大陆法系或英美法系的经验，而应立足我国的基本国情，以衔接国内法律体系为原则，构建符合中国实际情况的优先股制度。由此，向优先股制度研究方面拓展，不仅是深化推行优先股的必要性、可行性研究的需要，更是建立中国优先股创新型制度模式的迫切需要。

二、要加强优先股实施过程中的阻滞因素研究，尤其要对其动力机制、保护机制进行系统化的探索，以保证优先股的推行顺利实施

优先股的推出将给市场带来积极因素，如将利好大盘股，特别是金融行业和一些面临兼并重组、行业结构调整的行业会受益，但同时也会给市场带来消极影响，尤其是我国推行优先股尚处于试点阶段，优先股在推行过程中碰到各种阻滞因素是不可避免的，有些问题甚至可能会表现地异常尖锐、突出。如果对所面临的阻滞因素未作清晰的认识与分析，那么无论优先股制度的设计多么科学、多么合理，优先股的实施也只能是一座空中楼阁，因此，理性地分析各种阻滞因素也就成了未来优先股研究的当务之急。只要我们能清醒地、正确地认识并分析优先股实施过程中所面临的配套政策、发行市场、会计税务处理

等方面的阻滞因素，并且有针对性地精心设计好优先股的动力机制和保护机制，就能化不利为有利，确保优先股在我国的试点和推行取得圆满成功。

三、要强化对优先股的实证研究，通过进行定性和定量分析，使优先股的实施更加科学化，富有针对性

针对目前的研究现状，未来优先股研究方法需要更新两个方面：一是倡导各种研究方法融合。优先股的研究应当采取各种方法并举，既要运用历史研究法、比较研究法、事件研究法，也要应用成案研究法，等等。比如说，历史研究法，以史为镜，可以知兴替，通过针对不同社会形态下的优先股的发展历史与逻辑、纵向和横向比较等研究，可以更好地把握我国构建优先股制度的方向。二是强化实证研究。当前之所以强化实证研究，是因为优先股的研究在我国时间比较短，目前理论研究的成果不多，实证研究方面的成果偏少。当前试点工作正在进行中，需要我们选择不同试点行业进行案例研究，采用详实的资料和具体的数据对优先股的相关问题加以说明。比如我们可根据一些国有上市公司所选择的不同发行证券(普通股、债券、优先股)形式进行样本研究，经过实证检验，以分析企业在资本市场中的实际经营行为。如果实证检验结果证实，更可能发行优先股而不是债券和普通股的企业，往往是那些财务困难可能性较大的国有企业；那么据此，我们就可以针对政企不分和政府干预过多的国有企业改革问题，提出需考虑金融工具和相应制度的创新，将优先股引入到国有企业中来，使其在企业股权分置改革会起到非同寻常的作用和影响。

四、要增强优先股的综合研究，探讨优先股在不同行业的广泛应用

目前，国内对优先股的研究相对比较单一，大多集中在商业银行发行优先股方面，这无疑不利于优先股的广泛应用。未来优先股的研

究应当在两个方面拓展：一是内容的拓展。要从目前对国外优先股理论的一般性介绍，转向综合研究优先股在发行中产生的一系列实际问题，如对债市(利率债、信用债、可转债等)和企业长期业绩的影响等；所提出的一些理论问题，如优先股的发行条款与证监会优先股审核之间的关系、优先股发行条款和发行成本之间的关系、优先股的发行条款和控股股东“掏空”行为之间的关系以及优先股的发行条款对企业行为产生的影响，包括过度投资、盈余管理以及股息承诺兑现等等。二是行业的拓展。作为一种特殊的证券形式，优先股兼具股票与债券的特点，是企业传统融资工具之外的补充，发行优先股可作为解决我国企业目前融资困难的一种创新方式。要从目前局限在银行业发行优先股的研究，向铁路、水运、供电、冶金等行业拓展研究；要从目前在国有产权改革中优先股运用的研究，向科技型企业、军工企业、中小企业尤其是创业型企业拓展研究，以满足不同融资者的需求。

五、要着力细化优先股的举措研究，丰富和完善具体的发行策略和配套措施

从目前国内的优先股研究现状来看，也存在一些不足之处，主要是：

(1) 间接相关性的研究较多，对策性的深入研究较少。大量的已有成果多是集中于对优先股一般理论性阐述，而较少对如何构建符合中国实际情况的优先股制度等问题进行对策性研究，这无疑是今后研究拓展的重要内容。

(2) 理论性分析较多，实证性研究较少。尽管已有成果也有部分实证调研分析，但是大多仍侧重于从理论上论证优先股发行的必要性和可行性，而较少分析当前优先股推行的具体现状和深层次的存在问题。

(3) 表层性研究较多，体系性研究较少。已有成果对优先股的研究大都比较零散，尚未形成符合中国实际情况的优先股制度的理论架

构和研究论著。

基于此，未来优先股研究应细化举措研究，尤其是加强具体的发行策略和配套措施的研究。如具体明确优先股的发行对象、种类和设置方法；设置优先股比例限制；优先股发行价的确定；股息率的确定；尤其是对《国务院关于开展优先股试点的指导意见》中尚未规定的问题，比如存量普通股转优先股、非公开发行优先股的转让、银行优先股发行上市的配套规则、优先股相关会计处理和财务报告等实施细节均须科学设计和进一步细化。此外，国有优先股如何转换和赎回？如何加快中小微企业优先股的融资，减少发行成本，切实解决中小微企业的资金困难，等等，也是需要进一步丰富和完善的研究重点。

第五节 本章小结

本章通过对国内外优先股融资相关理论文献和研究成果进行系统地梳理、分析和总结，我们发现：国外对优先股相关问题的研究，大致可以从优先股的准备发行、实施发行、发行后三个阶段来进行归类。其中：优先股准备发行阶段，主要研究发行者及投资者对优先股属性的认定、特征描述及发行者选择发行动机及影响发行因素；优先股发行实施阶段，主要研究企业对发行方式的选择、发行条款的设计；优先股发行后阶段，主要研究发行后对公司价值、自身业绩、不同利益相关主体的影响及由此产生的不同经济后果。

在我国，对优先股的研究尚处于起步阶段。早期的研究，更多的是对国外优先股融资实践进行介绍并试图借鉴其成功经验来探讨我国相关行业及具体类型企业实践的可能性与可行性。随着国家优先股制度的出台、试点及具体应用，其研究所关注的重点则是探索尝试设计符合自身行业特点的优先股发行模式、应用类型、具体设计条款以及对相关政策的落实和完善所提的建议;并进一步推断优先股制度实施后,由此会带来给各个利益相关主体影响的具体表现及对背后成因进行分析并给予建议。

进一步通过对国内外关于优先股这一主题的研究进行比较,我们可以得出:国外尤其是西方发达国家,由于资本市场成熟、公司治理机制健全、市场约束机制及投资者保护机制完善,因而研究起步早并且理论和研究方法相对成熟,研究成果丰硕。但与此同时,我们清楚地看到,正是由于西方资本市场,较为健全的公司治理机制、有效的市场约束机制以及完善的投资者法律保护机制,而很少出现违约支付事件。因此关于优先股融资制度对于企业行为的影响及对优先股股东的利益保护方面的研究还显不足。而我国尚属新兴资本市场,金融创新能力还逐步提升,各项机制的建立健全还相对缺失和滞后,处于发展成长阶段。因此对于优先股的研究尚浅且比较薄弱、成果不多未能形成主流的观点与结论。已有的文献来看,更多地从法学视角对优先股定义、特征、优先股股东权利义务、与其他利益相关主体的冲突及如何实现优先股股东自身利益保护等法律问题进行分析,并在我国设立优先股法律及内容进行建议。而从经济学的视角来看,由于法律法规的缺失,现实案例较少,学术研究论文不足。由此可见,深化对优先股的研究仍然是一项新课题。

第三章 优先股制度国内外发展的制度背景

分析国外优先股制度的发展历程，重点研究美国和大陆法系国家优先股制度变迁和内部动力机制，同时回顾我国优先股制度的发展和演进，从中总结国外优先股制度的发展对我国的重要启示，可以进一步加深对我国优先股制度的发展和优先股在我国大范围推行的必要性和可行性的认识。随着我国相关法律制度以及投资者利益保护机制的完善，优先股在我国资本市场的应用前景相当广阔。

第一节　国外优先股制度的发展与演进

优先股在西方发达国家发展得较为成熟，在这些国家中，有些是以授权式立法为主，给予公司章程以更多的灵活性，这类国家称之为英美法系国家，以美国和英国为代表；另一些则是以法定式立法为主，在公司法等法令中对优先股进行了详细的规定，这类国家称之为大陆法系国家，以法国和德国为代表。本节首先将分别就这两类国家的优先股制度的特点进行比较分析，从而得出这两类国家优先股的发展历史对我国实施并完善优先股制度的启示。此外，本节还将就优先股制度在巴西的发展作一简述，进一步探究优先股制度在发展过程中需要政府注意的方面。

一、英美法系国家优先股制度的发展

19 世纪 20 年代，英国在世界上最早发行优先股，是由该国的铁路公司所发明的。1825 年前后，因资金匮乏，英国许多铁路和航运工程陷入停顿；铁路公司为了完成在建工程，想尽一切办法筹集额外的资金。当时面临两种选择：一是发行新的普通股，虽然能够筹集额外的资金，但会稀释现有股东的权利，也将无法吸引新的投资者参与；二是发行债券，虽然也可以筹集到资金，但英国政府会限制公司的外债额度，担心企业不能承受过重的利息负担而造成违约。在两种选择都不能实现的情况下，企业只能被迫采用无投票权的优先股来进行募资，于是优先股作为解决当时资金供需双方的一种创新产品诞生了。

优先股在美国的发展起因，与英国一样也是由铁路和航运建设引发的。19 世纪上半叶，美国的铁路建设出现大潮。1836 年，几家在马里兰州进行铁路与运河建设的公司出现了资金短缺，使工程无法继续进行，不得不求助于当地政府，希望政府能出资认购公司的股份。议会最初拒绝了该项要求。在之后的提案中，公司在股份发行条款中作出新的承诺，即州政府的股份在认购的三年之后，每年能获得 6% 的红利，政府作为股东没有选举董事的权利，但是有权直接任命部分董事。该议案的最后通过标志着美国历史上首只优先股的诞生。到了 19 世纪 50 年代，美国已在企业大范围地发行优先股，反映在资本市场上的交易也相当火热。①

早期的美国优先股发展大多属可累积优先股，并有参与剩余利润分配的权利，通常还具有投票权；在股息率和派息的期限上差别较大，有些公司董事会与普通股股东还拥有修改股息率的权利，股息大多在预定的年限之后进行派发。投资者为获得更高的收益，当满足一定条件时，他们还可以将优先股转换为普通股。一般来说，优先股的条款

① 林采宜. 美国优先股市场发展及现状[D]. 中国首席经济学家论坛，2014.

设置出现临时性的特点，大多发生在优先股出现的初期，特别是融资危机的时候，出自于公司把优先股当作一种过渡性的应对手段。

1. 美国优先股的发展历程

(1) 萌芽起步阶段

在美国，最早使用优先股作为融资工具，大约在 1836 年，当时马里兰州立法机构授权州政府认购 5 家内部发展公司的股票。持有三年之后，认购人可以享受 6%的优先股息收益率，公司恶劣的财务状况使这些被授予的优先收益权成为必需的事项。当时的州政府，由于还是其他企业的大股东，除非被授予一个能够享受优先股息的地位，否则不愿意贡献额外的资本来完成、重建或者发展铁路和航运等基础设施。

到了 19 世纪 40 年代早期，作为一种融资工具，优先股的应用已延伸到了个人投资者当中。因为在州立法机构要求州政府提供更多的资金之前，许多铁路公司需要从其他来源发展外部权益。到 1847 年，在一个明确的时间内，向认购的新股支付利息的现象已经很普遍，尤其是在纽约和马萨诸塞。

优先股对股息优先权至高无上的尊重，这方面与普通股不同。然而，甚至在这个时候，仍有一种趋势将其与债券做类比，而不是普通股。尽管公司拥有权力去增加资本和抵押，优先股也许作为一种借款的形式依法发行。因此，除非有相反规定，他们的股息是可以累积的。因为暂时股息优先的特征，他们几乎不参与经营，并且不能转换，尽管在早期的发行文件中可以看到参与和转换条款。同样原因，他们通常有着和普通股相同的表决权。

(2) 快速发展阶段

19 世纪 90 年代，在美国多数铁路重组案例中，优先股股份被再次用于初级的债券持有者，让他们拥有一个优先于普通股持有者的权利，而不用给他们固定的利息费用。因此，这个最初被用来解决铁路产业扩张在融资方面遇到的紧急情况的工具，开始成为一个资本结构重新调整的工具，被大范围的用在同一行业中。既然发行的初衷是缩减固定费用，所以发行人肯定趋向于非累积股息型的优先股。甚至今天，大多数非累积优先股仍然起源于这种方式。

铁路、航运等行业对优先股广泛运用的势头很快波及到其他行业。在1871年宾夕法尼亚铁路兼并狂潮后，美国优先股如参与权、投票权等逐渐舍弃，其股份特征已经接近于现代意义的优先股，债性逐渐增强，市场接受度迅速提高，成为工业、公用事业类公司向公众融资的重要手段。甚至于在80年代的并购浪潮中，发行普通股被认为是投机炒作，向投资的公众发行高息优先股反倒成了一件很普遍的事情。在20世纪20年代，优先股有了一个很大的发展，通过加大对投资者的吸引力和发行不同类型的证券，发行人募集了大量的资本，同时保持着公司的控制权在普通股股东的手中，而且在公司高盈利时期享受权益交易的优势。持有公司帝国的公用产业的高速增长是一个特别重要的因素，因为他们的融资大部分是通过公开发行债券和优先股，以至于既能够集中控制权，又能使盈利倍增。因此，这一期间，优先股在数量上达到了它的顶峰，在公开市场交易活跃程度甚至超过了普通股；在1928年新发行的融资工具中，优先股大约占据了总金额的20%。

(3) 衰败挣扎阶段

优先股自19世纪30年代诞生以来，作为一种创新型的证券品种，并没有受到学术界和实务界足够的重视。在大多数的情况下，优先股的优先权没有立足之地，这个合同性的权利被伤害地淋漓尽致。到了20世纪30年代，美国遭遇了百年不遇的经济危机，优先股股东权益受到伤害的案例频繁上演。市场开始对优先股持怀疑的态度，之前发展如火如荼的优先股开始走向了下坡路。到了1932年，优先股的发行额度占所有证券发行额度的比重下跌至2%，1938年更是跌到了1%。就在10年前，优先股占了大约20%的市场份额。市场甚至认为优先股融入了股票和债券的缺点，是一种介于二者之间的混合证券。

1950年之后，优先股的发展陷入了真正的低潮。一方面，优先股与债券相比并不具有抵税优势；另一方面，优先股固定股息支付的强制性也在一定程度上打消了企业的热情。与此同时,美国的普通股市场和债券市场发展迅猛,此消彼长之下,优先股的发展进入了瓶颈期,公开发行的优先股寥寥无几。

(4) 有序发展阶段

1980 年后,美国的并购市场迅速放大,相较于其他金融工具,经过创新的优先股显示出空前的灵活性。优先股的第一次大发展,曾是公用事业主导的,1985 年后,商业银行、保险公司、财务公司等金融机构成为主要的优先股发行者。优先股设计的灵活性主要体现在能够满足不同经济主体的需要,从而使优先股具有很大的吸引力。例如,可调利率优先股的股息率可以根据评级机构对发行人的财务状况、信用评级等进行调整,也可以根据市场利率的浮动而调整,这种类型的优先股使风险在很大程度上转嫁给了发行人。

从 1990 年到 2005 年的 15 年间,美国的优先股市场规模从 530 亿美元极速攀升至 1 930 亿美元。2008 年在金融危机的猛烈冲击下,尽管美国的优先股市场规模萎缩至 1 000 亿美元左右,但随着后危机时代的经济回暖,仍促使美国的优先股市场步步前进,不断创出新高。

2. 美国优先股的市场现状

(1) 优先股的市场规模

21 世纪以来,优先股在美国具有得天独厚的金融生存环境,发展颇具规模,逐年增长,从 1990 年的 530 亿美元增长到了 2013 年 6 月的 3 795 亿美元。其中前 5 名发行人(房利美、房地美、美国银行、美国富国银行、通用汽车)共发行了2 663亿美元优先股,占市场优先股总规模的 70%;而在前 5 名发行人中,房利美发行了 1 363 亿美元优先股,占市场优先股总规模的 36%。在 2008 年金融危机期间虽出现起伏状态,优先股违约率大幅上升、部分优先股被转为普通股等因素致使优先股市场规模大幅萎缩,但是从整体来看还是大幅增长的,特别是在进入后危机时代后,美国经济企稳回升刺激了优先股市场复苏,优先股受到了公司、投资者和政府的再次追捧和热爱。图 3-1 展示了

2000 年至 2012 年美国优先股的市值变化情况。

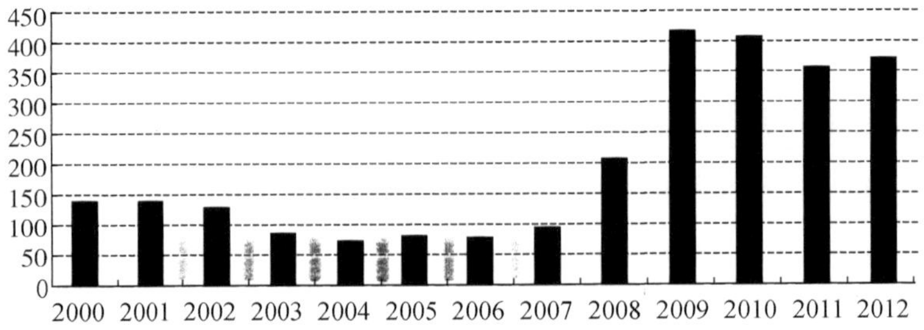

图 3-1 美国优先股市场市值规模(2000—2012)(单位:十亿美元)

(2) 优先股的行业分布与市值分布

美国上市优先股的行业分布相对集中,按行业数量排位的顺序分别为:金融地产类企业、公用事业类企业和能源与科技类企业;按挂牌优先股数量占比统计,对应行业数量排位的顺序分别为:88.67%、4.36%、2.61%与 1.09%。

相对应的,优先股的市值分布和行业分布在总体上呈现了高度一致性。从市值上看,金融地产类企业达到 90.46%;其次是公用事业企业,占比为 3.56%。由于通用汽车等个别公司优先股发行规模巨大,因此制造业企业所占市值比重达到了 3.14%;市值规模占比超过 1%的行业还有能源行业。①

(3) 优先股的发行种类

考虑到数据的可得性,本书挑选了目前美国市场上活跃交易的 459 只上市优先股(其中纽交所上市共有 427 只,纳斯达克上市有 32 只)来分析优先股在美国市场的发行种类,通过分析发现:

大多为可累积优先股。除金融行业外,包括封闭式基金、房地产信托发行的优先股都是为可累积类型,占比约 70%。不可累积优先股共有 131 只,绝大多数为银行、金融控股公司与保险公司(128 只)

① 林采宜.美国优先股市场发展及现状[D].中国首席经济学家论坛,2014.

发行，这是由于优先股计入一级资本的条件所致。[①]

绝大多数附有赎回条款。在459只优先股中，有446只都是可赎回，占比达到了97%，其中205只已经过了赎回期限，仍在上市交易状态；不可赎回的13只优先股行业分布较为分散。[②]

永久优先股比重较大。从期限上看，353只是永久的，占比为77%。[③] 银行与金融控股集团发行的不可累积优先股期限多为永久，从而满足纳入一级资本的要求；而有到期期限的优先股分布的行业，主要包括了部分金融行业中的信托优先股、封闭式基金、部分公用事业公司以及科技公司。

绝大多数采取了固定股息率的条款设计。420只优先股采用了固定股息率，占比达到91.5%，其中明确股息率的有416家；从股息率分布情况来看，介于5%～9%的数量最多，有348只，占比为83.65%。[④]考虑到美国市场较低的利率水平，美国上市公司发行优先股的成本相比贷款和债券仍较为高昂。此外，除了一只能源行业优先股之外，其余38家浮动利率的优先股全部由金融业公司发行。

大部分优先股为不可转换优先股。在美国不可转换优先股中，仅有40支可以转换为普通股，只数占美国全部优先股的91.28%。具体来分析，在金融地产行业发行的优先股中，不可转换优先股占95.59%，约有389只；在其他行业发行的优先股(共计52只)中，可转换优先股的比例占42.3%，其中部分是强制转换的。

3. 美国优先股的发展启示

在优先股制度上，美国对于优先股的立法整体上始终遵循“公司章程至上”的原则，赋予公司章程极大的制定权限，是典型的授权型公司法，只有在章程未作规定时，才推定适用公司法中的相关规定；

---

① 林采宜.美国优先股市场发展及现状[D].中国首席经济学家论坛，2014.

② 林采宜.美国优先股市场发展及现状[D].中国首席经济学家论坛，2014.

③ 林采宜.美国优先股市场发展及现状[D].中国首席经济学家论坛，2014.

④ 林采宜.美国优先股市场发展及现状[D].中国首席经济学家论坛，2014.

也就是说，美国公司的董事会在处理优先股的相关事项时拥有更大的权力。具体来看，在美国的《标准商事公司法》中，对优先股只有三条明确的规定：(1)规定了优先股的相关种类和相应权利；(2)管理层不需要经股东大会批准，即可根据公司情况自行决定设置优先股；(3)优先股股东在自身权益受损时，有权就公司章程的修改行使表决权。

从上文分析可以看出，尽管英美法系国家的法律环境和条文制定不似大陆法系国家这般与我国相似，但不可否认以美国为代表的英美法系优先股制度是目前世界上发展最完善的优先股制度，同时其制定的规则也被很多国家所借鉴学习。因此，美国优先股制度条款的制定规则还是值得我国去好好参考的，尤其是在对优先股股东的保护以及赋予董事会很大的决策权方面。

二、大陆法系国家优先股制度的发展

法国和德国是典型的大陆法系国家，在发行优先股融资的上百年历程中，他们也在不断摸索前进并形成了自身鲜明的特点，即具有严谨的篇章体系和细腻的条文规定。此外，日本更是取长补短、博采众长，将英美法系的特色融入了自身的大陆法系中，最明显的标志是日本更加侧重于公司章程的权力。

由此可见，大陆法系国家(以法、德、日为代表)在立法时强调全面化和具体化，尤其是法律条文制定的详细性，具体包括优先股发行的具体程序流程、优先股的种类和差别以及优先股股东享有的权利等。

表3-1列举了法国、德国和日本这三个大陆法系代表国家在优先股的权利、限制、种类、发行规模这四个方面相关的法律细则。从中可以看出：思维严谨、制度严明、规则详细，是作为大陆法系国家德国和法国制定优先股法律细则的典型特征；而日本的优先股法律则在成文法严谨的基础上体现了一定的灵活性。

表 3-1　大陆法系代表国家优先股法律细则比较

	法国	德国	日本
优先股的权利	优先股股东有召开、参加特别股东会的权利；无表决权优先股的股东享有除参加股东大会和表决权外的其他股东享有的全部权利	公司要施行有关废止或者限制优先股的决议，需要事先获得 3/4 以上的优先股股东同意；公司在一定期限内未向优先股股东支付股息，则优先股具有表决权	根据公司章程规定
优先股的限制	股份有限公司的董事长、董事、总经理、经理和监事会成员，以及股份两合公司的经理和他们的未来分居的配偶以及他们未解除监护的未成年子女，不得拥有公司的优先股	所有优先股股票必须是无表决权优先股	根据公司章程规定
优先股的种类	可以发行可转换优先股以及可赎回优先股和不可赎回优先股	可以发行累计优先股和非累计优先股以及不可转换优先股	可发行优先股和劣后股，其中优先股包括累计优先股和非累计优先股，以及参加优先股和非参加优先股
优先股的规模	非上市公司发行的优先股总量不得高于公司总资本的 50%，而上市公司发行的优先股总量则不得高于公司资本总额的 25%	公司要发行没有表决权的优先股股票，必须经过 3/4 以上股东同意	公司发行的优先股总量不得高于公司总资本的 50%

资料来源：相关条款由作者根据各国优先股法律实施细则手工搜集而成

三、优先股制度在巴西的发展

巴西的优先股发展比较普遍的时期，是在 20 世纪 90 年代，这个时期无论是发行优先股的上市公司所占比例（据统计占 89%），还是优先股占全部股票的比例（据统计占 54%），都显示非常之高，尤其有 18%的上市公司达到了优先股占总股本 2/3 的上限；其中，在达到占总股本 2/3 上限的 18%上市公司中，只要持有普通股股份的一半（按持有 51%股权即为控股一个企业计)，也即持有公司股份的 17%(普通股总数为 34%)，就可控制整个企业。[①] 巴西的现行法律制度规定，一方面推进了优先股的广泛发行，促进了巴西资本市场的发展；另一方面由于占有大股的“家族管理者”掌控了整个公司，使得优先股实际上沦为他们违规操作、侵犯投资者利益的工具。

从具体的法律制度比较来看，巴西的法律制度存在明显的不合理：

第一，与欧美国家规定的优先股占比水平相比，巴西《公司法》规定的优先股占比过高，最高可达公司总股本的 2/3；而《法国公司法》规定：“非上市公司优先股总量不得高于公司资本总额的 50%，上市公司发行的优先股总量不得高于公司资本总额的 25%。”

第二，与欧美国家对公司管理层及相关人员不得拥有公司优先股的明确规定相比，巴西为吸引投资者，仅作出“优先股必须获得相对于普通股股东更高股利”的简单规定，而对优先股投资者的范围、占股比例等则没有具体的文字表述。

第三，与欧美国家严谨的法律规定相比，巴西的法律规定显得比较宽松，不利于中小投资者的利益保护。比如 20 世纪 90 年代中后期，巴西出台了加快国有企业的私有化的法律规定，进一步放松了对优先股信息披露和要约收购的要求等，使优先股成为公司管理者以低成本方式获得企业控制权的有利工具，明显侵犯了中小投资者的利益保护。[②]

由于上述法律规定存在的导向偏差，一方面相关法律规定为公司管理者大开方便之门，使他们能够比较轻松地以少量股份低成本地“掏空”公司、获取暴利；另一方面，严重剥夺中小普通股股东以及优先股股东的权益，使他们的权利受到严重损害，并由此引发了巴西金融市场的系统性风险。据有关资料统计，在巴西交易所中交易的股票从 1996 年的 550 只减少到 2001 年的 440 只，交易量也逐步减少，从

① 陈静.优先股的操作阴谋[N].证券市场周刊，2013(47).

② 解学成.巴西企业海外上市现象研究[N].证券市场导报，2007-1-10.

1997 年的 1 910 亿美元减少到 2001 年的 65 亿美元。①

经历此番大起大伏之后，为挽救衰颓的资本市场，巴西立法部门采取了一系列措施整顿金融市场，如降低了优先股的最高可发行上限，从原来总股本的 2/3 降低为 50%；将原来的金融市场细分为三层次市场(第一层次市场、第二层次市场、新版市场)，从上市公司治理、信息披露等方面加强了监管，②如表 3-2 所示：

表 3-2 巴西上市公司治理指数与信息披露标准

	发行股票类型	公司治理	信息披露	关联交易报告	自由流通股份
第一层次	发行普通股和优先股(无投票权)		披露公司事件的年度计划	对超过 20 万雷亚尔或公司净资产 1%的关联交易进行报告	保持至少 25%公司公众股份可以
第二层次	发行普通股和优先股(无投票权)，授予优先股股东的股票附随出售权至少占 80%	董事会成员中独立董事至少占 20%	披露公司事件的年度计划，且全面披露实质性的关联交易。按照国际公认的标准编制财务报表，比如国际财务报告准则(IFRS)或美国通用公认会计准则(GAAP)		保持至少 25%公司公众股份可以自由流通
新版市场	只能发行有投票权的普通股，并向所有的股东授予股票附随出售权	董事会至少 5 名董事，独立董事至少占 20%	提供公司季报、披露管理人和控股股东的持股情况，全面披露实质性的关联交易。按照国际公认的标准编制财务报表，比如国际财务报告准则(IFRS)或美国通用公认会计准则(GAAP)	对超过 20 万雷亚尔或公司净资产 1%的关联交易进行报告	保持至少 25%公司公众股份可以自由流通

① 陈静. 优先股的操作阴谋[N]. 证券市场周刊，2013(47).

② 陈静. 优先股的操作阴谋[N]. 证券市场周刊，2013(47).

巴西的这一措施，被视为拉丁美洲的公司治理改革新方法。由于对优先股发行做出更加详细规定，尤其是从上市公司治理、信息披露等方面加强了监管，使得投资者的信心更强、市场的流动性更活跃，不仅提高了大股东获得公司控制权成本，进而也加强了对普通投资者的权利保护。根据资料显示，2001 年，符合交易所公司治理标准的上市公司仅 18 家，此后这一数量迅速上升，2007 年 10 月达到了 151 家，进入公司治理指数的上市公司的交易量占到整个市场交易量的 70%以上。①

四、国外优先股制度的发展对我国的启示

通过西方国家对优先股规定的梳理，我们有两点深刻印象：一是法国和德国的公司法中对于优先股制度的规定相当详细而全面，与英国和美国的公司法相比，其有关制度操作与程序运行的设计尤其显得更加缜密；二是在优先股制度对相关实体和程序性规定方面，相较于英国和美国法系国家，大陆法系国家通过法律强制性规范来保障优先股股东的权益，体现了法律规定的完善性。以上两点，我们可结合中国的实际情况加以参考借鉴，以更好地细化我国《公司法》的相关规定，加强法律制度的可操作性。

众所周知，我国是成文法国家，而国外发达国家大多属于判例法国家，在法制环境上存在较大差异，但对他们授权式立法所体现的自由主义的立法精神，我国立法者还是应当积极汲取的。为使我国公司灵活运用优先股制度，我国的立法者应在合理区分法律强制性规范与授权式规范界限的基础上，缜密设计优先股制度的运行程序，以尽量避免法律对优先股制度运行过多干预的情况出现。

借鉴国外发达国家的经验教训，虽然每一个国家发行优先股的具

① 马其家，涂晟，李敏. 论巴西证券监管改革对我国监管转型的借鉴[J]. 河北法学，2015(7).

体情况有所不同，但有一点是共同的：他们都十分注意通过完善相关法律法规、规范市场秩序，为保护广大股东的切身利益、保障优先股市场的健康发展提供基础。因此，在我国优先股正式投向资本市场之前，我们应当切实做好以下三点：

第一，详细规定优先股的权利及义务。在发行优先股时，对是否具有参与分红的权利，什么情况下具有表决权，清偿顺序如何等都应做出详细的明确的规定。要根据发行公司的负债结构、融资目标和管理要求等具体情况，建议他们进行全方位的综合考虑，选择发行不同的权限设计的优先股。

第二，明确限制优先股应有一定的规模。借鉴欧洲发达国家经验，通常限制范围在25%～50%之间。

第三，严格界定优先股投资者的范围。为防止大股东利用优先股操纵公司，欧美发达国家一般都明确规定两类人不得成为优先股投资者：一是公司的董事长、董事、总经理、经理和监事会成员；二是股份公司的经理和未分居的配偶及未解除监护关系的未成年子女，这两类人都不得拥有公司的优先股。①

为保护广大投资者的权利不受侵害，优先股发行时应注重特殊条款的设置，在发行后对发行主体的信息披露要求也应相应提高，主要建议有以下两点。

首先，在未分红情况下，应对企业的性质进行差异化规定，或者说对设定可累计及优先股股东表决权方面应该进行通盘考虑。一般来说，主要面临两种情况：一是由于公众公司发行优先股的定位为低风险金融产品，因此应把可累计条款及表决权恢复条款作为投资者权利保障的根本工具；二是由于创业企业发行优先股的投资者通常为风险投资机构，投资者更应考虑的是如何有效监督发行者的委托代理风险，因此，对于他们来说，关注企业的成长性而非定期分

① 丛山．借鉴国外经验发展中国优先股制度的现实意义[D]．复旦大学，2011.

红可能更为现实，加强信息披露、增加可转换条款及强制分红条款可能更为重要。

其次，应坚决杜绝“暗箱操作”，加强发行主体的信息披露。对发行主体来说，至少应当在三个重要环节上体现公开透明：一是在进行股票发行、增发、赎回、兼并以及收购时，应向优先股股东披露相关信息；二是在做出关系到股东利益的公司重大决定时（如发行量和发行条款等），应向优先股股东披露相关信息；三是发行后优先股的股利、条款变更以及优先股股东是否与大股东具有关联性等信息，也要披露给全体股东。因为完全的信息披露，无论对于优先股股东还是普通股股东而言，都是极为重要的：前者可以保护优先股股东获得其应得的权利；后者则能及时寻找对策、规避或减少公司的经营风险。总之，信息透明才能确保公司管理层或大股东无法利用优先股的发行来操纵公司，损害中小普通股股东权利。

第二节　我国优先股制度的发展与演进

作为一种新型的融资工具，优先股融资方式在我国资本市场上的运用尚属起步阶段，本节首先回顾优先股制度在我国的发展历程，需要注意的是，我国的优先股市场和西方成熟的优先股市场相比还是具有极大的提升和改善空间。紧接着，本节针对我国现阶段资本市场的不足探究了优先股制度在我国大范围推行的必要性，无论是从资本市场、企业，还是投资者的角度出发，优先股制度无疑是受到欢迎的，是适应时代发展变化需求的。最后，本节指出了优先股制度在我国推广的可行性，不断完善的法律环境和政策条件为优先股制度在我国的推行奠定了基础。

一、我国优先股的发展历程

1. 起步阶段

1978年,上海市发布了《关于发行股票的暂行管理办法》(以下简称《办法》),这是我国改革开放后第一个有关股票方面的地方性规章。该《办法》将股票划分为集体股票和个人股票,集体股票对应的股息率为企业将资金存入银行的一年期定期存款利率,每个年度付息一次;个人股对应的股息率为一年期储蓄存款息率,同样是每年付息一次。并规定:年终企业可以根据税后利润的状况,提取一定比例的公积金和公益金后,将一定比例的剩余税后利润按持股比例进行分红,一般按照股票面值的3%～5%计算分红的金额。但是,股息和红利的总额,是有上限的,集体股的上限为7.2%,个人股的上限为15%。股息在成本中列支,红利在税后利润中支付。当时,全国其他一些省份出台的关于股票方面的地方性规章,如1985年1月24日颁布并实施的《江苏省企业发行股票、债券试行管理办法》、1986年8月28日颁布并实施的《福建省企业股票、债券管理试行办法》等文件中亦有类似的规定。

这一期间,由于股份制改革刚开始,全国对各类证券的划分都不清晰,普遍没有经验,优先股发展处于摸索阶段。

2. 发展阶段

20世纪90年代初期,我国的股份制改革已步入正轨,但证券监管仍然处于行政分权下地方政府主导的年代。

这个时期,伴随着我国资本市场的发展,从国家到地方都开始对普通股和优先股在股息分配、清算等环节做出了明确的区分,可以看出国家对股份制的建设逐步规范起来,股份制的改革初见成效。与之相对应的,不管是中央还是地方都制定了配套的法律法规。其中,对优先股的发展影响力最为深远的一个文件就是《股份有限公司规范意见》。一方面,《规范意见》是由国家经体委颁布的,具有极大的权威性；另一方面，它在内容里对优先股的各个方面都做了详细的规定。这样一个兼具权威性和全面性文件的出台，标志着优先股制度在我国的立法发展已具雏形，更是促使优先股在我国的市场实践中得到了快速发展。如 1990 年，深圳发展银行发行优先股达到了 1 148 万股，约占其全部发行股票的 24%。①

3. 停滞阶段

这一时期，由于我国资本市场发展比较缓慢，优先股制度的发展也陷入了一个瓶颈期。尽管上文提到的《规范意见》在一定程度上为优先股制度在我国的发展打下了根基，做了良好的铺垫；但是在 1993 年颁布的《公司法》却丝毫没有涉及关于优先股的任何一条信息，这也就意味着优先股制度在我国企业的实施没有任何明确的法律依据，而在这之后的数次《公司法》修改中，也并未增设优先股制度。在之后的几年中，尽管资本市场稳步发展，股票发行量节节攀升，可是在这之中并没有出现关于优先股的身影。这一阶段，我国优先股发行停滞不前，可以说，优先股制度的发展前景着实蒙上了一层阴影。

4. 重启阶段

2005 年年底，优先股这个名词再次出现在公众的眼前。国家有关部门在制定的法律中明确指出，创业投资企业在与被投资方(未上市企业)签署协议的基础上，可以通过发行优先股的方式对被投资方进行投资。尽管优先股在我国的正式法律条文中再度出现，可由于该办法排除了个人投资者和外国投资者，导致在实践中真正能够实施该办法的企业有限，优先股也并没有在资本市场中流行起来。

2008 年发生金融危机之后，我国从 2010 年起实行稳健的货币政策，促使银行积极介入利润较高的股权投资领域，中国企业为摆脱困境也开始寻求新的融资途径。正是在这一背景下，2012 年 9 月 17 日，

① 马庆泉. 中国证券史[M]. 北京：中信出版社，2003：41.

中国人民银行公开发布的《金融业发展和改革"十二五"规划》明确提出：要"鼓励创新，加快建设多层次金融市场体系"，"着力完善股票市场，探索建立优先股制度。"[①]尤其令人鼓舞的是，2013年年底，国务院颁布了《关于开展优先股试点的指导意见》；证监会也以《指导意见》为基准，随即发布了《优先股试点管理办法（征求意见稿）》。[②] 该《指导意见》共计3章16条，分别从优先股的股东权利与义务、优先股发行与交易、组织管理和配套政策等三个方面，首次对优先股做了较为详细的明确规定，可以说该《指导意见》是股份制改革以来效力层级最高、最全面的关于优先股的法规。《指导意见》和《管理办法》的发布，标志着自《股份有限公司规范意见》出台时隔20年后，优先股在我国重现与启动并进入一个崭新的历史发展时期。

二、我国实施优先股制度的必要性

1. 我国资本市场的不足与缺陷

股份制改革以来，我国的资本市场发展迅速，截至2014年12月27日，深、沪两市的上市公司已达2555家，再加上代办股份系统，资本市场已初步形成了主板、创业板、新三板并存的局面。经过25年的发展，深交所和上交所已成长为世界性的证券交易中心，并涌现出中国工商银行、中国石油等一大批世界500强的上市公司。但与此同时，目前我国的资本市场仍然存在着一系列问题，概括起来主要是：

（1）整体规模有待扩大

以2012年度的统计数据为例，上海证券交易所股票交易总市值位居世界交易所中的第7位，但与排名靠前的6家交易所仍有一定的差距，尤其是与纽约泛欧交易所（美国）的差距更是显著，这也说明了我国资本市场的规模整体偏小。如图3-2所示。

---

① 2012年9月17日 国务院批准，由中国人民银行、中国银行业监督管理委员会、中国证券监督管理委员会、中国保险监督管理委员会、国家外汇管理局共同编制.

② 中国证券监督管理委员会，2013年12月13日.

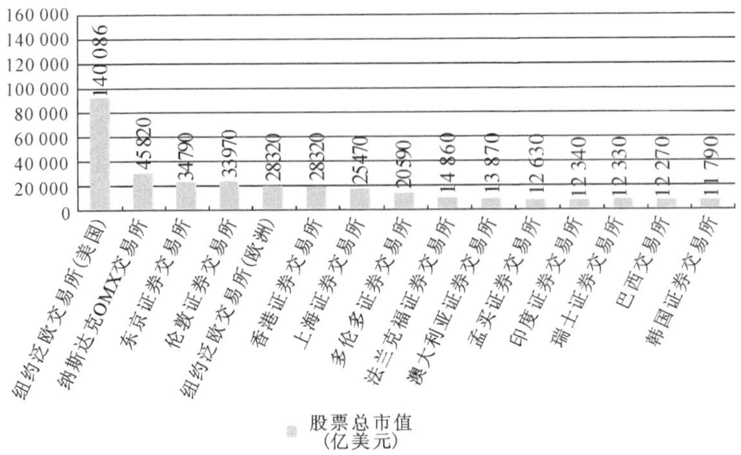

图 3-2　2012 年底各交易所股票市值(数据来源于世界交易联合会)

(2) 直接融资比重过低

在我国,相比国外发达国家的资本市场,上市公司的直接融资主要是发行股票,间接融资主要是银行贷款,两者之间的比重存在着巨大的差距。据中国人民银行公布的数据,2013 年全社会融资规模为 17.29 万亿元,其中股票债券直接融资只有 2.02 万亿元,直接融资只占全社会融资规模比例的 11.7%。[①] 根据最新的统计,2014 年底,资本市场上的股票总值加债券余额仅仅占到当年银行业总资产的 43%。再来看美国,美国当年的股票总值与债券存量达到了同时期银行业总资产的 4.5 倍之多。相比之下,美国的直接融资比例(近几年稳定在 80%以上)几乎等于我国的间接融资比例。[②] 从以上对比中可以看出,我国上市企业的融资方式过分依赖于银行贷款,在今后的发展中应逐步扭转这种过于单一的现象。

(3) 债券种类和投资渠道单一

相比美国繁多的企业债务工具和投资渠道,我国的企业债券种类

① 杨泽柱. 我国直接融资比例太低　资本市场潜力巨大[N]. 中国广播网,2014-3-10.

② 黄琳. 中国需提高直接融资比重　保证经济换挡不失速[N]. 中国证券报,2015-4-9.

非常有限、投资渠道十分单一。由于资本市场的成熟度与美国等发达国家相比存在极大的差距，所以无论是从债券的品种丰富性来看，还是从可供投资者选择的投资渠道上来看，我国的资本市场显得比较“单薄”，诸如可转债、信用债等国外成熟市场上通用的产品在我国的资本市场上并不流行或还未出现，对于广大投资者来说是个十足的“盲区”。由于投资者可选择的证券种类并不多，市场缺乏对广大投资者的吸引力，加之金融衍生工具有限，极大地限制了投资者的投资渠道，最终阻碍了我国企业债券市场的发展。

2. 我国实施优先股制度的目的与优势

2008年爆发的金融危机席卷全球，美国能够又一次成功地摆脱金融危机，优先股制度的存在功不可没。反观我国的资本市场，虽然较为稳健地度过了2008年金融危机，但仍然存在着融资难、融资成本高、公司治理结构以及股权设置陈旧等一系列的问题，严重地阻碍着我国资本市场的快速发展。因此，借鉴国外的成功经验，引入优先股制度，已成为大势所趋的必然选择。这不仅对于完善我国当前的股权设置和公司治理结构，而且对资本市场、上市企业和投资者来说均具有重大的意义。下面将依次对这三方面进行阐述。

首先，优先股制度对资本市场的影响如下：

(1) 有利于维护证券市场的稳定，促进资本市场多元化发展

当前，满足多样化的市场主体的资本要求，建立分层次的产权交易市场，是我国推进资本市场改革开放和稳定发展的迫切需要。但由于我国地域辽阔，区域之间的经济发展水平相差很大，现有的股份种类和融资渠道，难以满足我国经济多层级发展的不同需要。另一方面，中小企业在我国经济发展中充当着重要的角色，尤其是其中的一部分已成为我国建设创新型国家的重要力量。然而，由于资本市场本身的诟病，化解中小企业融资难，增加中小企业融资的渠道和来源，已成为亟待解决的问题。从国外的经验来看，发展优先股，丰富资本市场的证券品种，有利于更好地发挥资本市场的基本功能。当前，我们

应把优先股作为完善股份种类、丰富资本市场元素的一种有效融资方式,通过完善资本市场运行机制,进一步加以推进和发展,以此丰富我国资本市场的证券品种,引领产业的发展,更好地适应多层次资本市场建设和发展的需要。

此外,作为一种新型融资方式,企业可以通过发行优先股吸附金融市场中的闲散资金,满足自身的融资需求,缓解股市的不稳波动,同时也不会对普通股的股价造成巨大的冲击,有利于我国资本市场长期稳定、健康发展。其次,优先股股东仅仅具有优先分红的权力,而无法在二级市场对优先股进行抛售,因此也不会产生新的限售股,避免了二级市场在未来可能因限售股解禁而产生风险。最后,再融资企业一般需要制定较高的优先股分红率来吸引投资者并且要按约定发放股利,拖欠股利将对企业的持续发展造成恶劣的影响。因此,优先股股利和债券契约相类似,可以在一定程度上缓解企业与投资者之间的代理问题,有利于我国资本市场的价值投资,在很大程度上减少绩效差的企业利用融资来进行"圈钱"的现象。

(2) 有利于化解公司融资和投资者利益分配之间的矛盾

在资本市场的发展过程中,公司融资与投资者利益分配之间的矛盾是客观存在的,而选择优先股将有利于化解两者之间的矛盾。借鉴西方发达国家资本市场的成熟经验来看,一方面,优先股作为一种普通的融资手段,在一定程度上促进了资本市场多层次建设和多元化发展;另一方面,优先股作为一种特殊的融资手段,在西方发达国家顺利度过金融危机的过程中发挥了难以估量的价值。比如,对公司来说,通过发行优先股融资,可以在扩大股本、增加权益的同时避免了控制权稀释;对投资者来说,则可以选择优先股优先获得股利分配权利。只要承诺的分红比例小于公司的成长性.就会出现融资者、普通股东和优先股股东三方共赢的局面。

(3) 有利于改善资本市场的生态环境,缓解经济低迷和股市供需压力当前，应把优先股作为金融创新、多层次股市建设中的主要一员推出，使其在改善中国经济和股市双低迷现状中发挥积极作用。从改善中国经济低迷的角度，应鼓励企业以发行优先股等其他股权形式的方式融资。优先股由于优先股高股息率、低风险，不仅有利于吸引场外资金进入权益类资本市场，同时也可以为资产负债率较高、希望优化现有股权结构的大盘蓝筹上市公司提供新的资本工具，有利于实体经济的发展和转型，尤其是能够为经济环境恶劣的中小企业引入外部投资者创造条件，缓解中小企业融资难问题。从改善股市供需压力的角度，优先股的推进，一方面提供给投资者相对较高的股息率，同时也提供给投资者相对普通股更高的保障系数；另一方面，优先股在保障投资者固定股息收益的基础上还会促进投资者将收益进行再投资、广投资和多投资，从而在满足实体经济融资需求的同时，也为大量的存量资金提供了更好的出路，极大地提高了广义的股票资产的吸引力。

其次，优先股制度对上市企业的影响如下：

(1) 有利于扩大直接融资的渠道

目前，间接融资是我国中小企业融资存在的主要问题，由于长期过度依赖银行贷款，使得企业融资渠道越走越狭窄。据统计，全国现有中小企业 4 300 多万家，占企业总数的 99%以上，但中小企业银行贷款额占比却不足 20%。这种融资方式使中小企业融资渠道过度依赖于银行贷款，面临着巨大的融资瓶颈：一方面会因为与银行之间的契约关系使企业受到了很大的约束；另一方面还会使企业的资产负债率大幅上升，降低评级机构对企业的信用评级，增加融资成本。

发展优先股，有利于打破中小企业融资难的瓶颈，打通和开辟直接融资的渠道。这是因为优先股属于权益和债务的连接产品，因而是一种处于权益和债务之间的新型融资方式。作为权益，它的增加使得企业减少了举债规模，降低了企业的资产负债率；作为负债，它是一种长期负债，为企业提供了长期稳定的资金支持，匹配了长期资产，让资产负债表的结构更加合理。而且，在满足投资人和融资方的多层面的需求方面，由于优先股设计比较灵活，能够适应多层面的需求，为企业筹集资金提供了新的来源。① 正因为如此，国外发达国家直接融资的比例都比较高，如在美国的资本市场中，直接融资的比重高达60%以上。

(2) 有助于完善公司法人治理结构

我国上市公司多数存在"一股独大"的问题，一般容易发生国有股越权行使或者干扰公司管理的管理权、或者侵害中小股东权益等现象。对此，如何有效地加以管理和防止，是一个亟待解决的问题。

从国外的经验来看，引入优先股是一个非常好的选择。首先，将国有股按照相应准则转化成优先股的最大好处在于可以有效地削弱大股东对企业的操控权，因为优先股在股息和清偿上的"优先权"正是以其的"无表决权"作为代价换得的。这样一来，可以有效地缓解我国上市企业的第二类代理问题，也就是所谓的大股东操纵和掏空现象，有利于企业的健康发展。其次，如果能够有效将部分存量国有股转化为优先股，不仅有利于减少二级市场的股价冲击，还有利于国有资产的保值增值，以及划转社保后社保基金收益率的平稳。再次，由于多数上市公司存在业绩低下、缺乏长期发展力的现状，优先股的引入，有利于更好地区隔投资者的投资目标，普通股的权利得到恢复会对上市公司造成提高业绩和长期发展的压力，可以促使其提高资金利用率，加强公司的经营管理，优化其治理结构。

(3) 有益于完善企业兼并重组的手段

兼并重组，是企业整合资源、优化结构、提升产业竞争力的有效措施。但在以往的兼并重组中，却出现了许多头疼的问题。一方面，兼并重组的程序过于复杂，需要经过大量部门的审核批准，有时甚至没有具体的法律规章加以引导，这不仅浪费了大量的时间，更在无形中给企业带来了大量的隐形成本。另一方面，在实际操作中也存在诸多

① 唐楷. 论我国优先股制度的建立与完善[D]. 吉林财经大学，2014.

问题，如收购人往往是用现金或本公司的普通股作为合并对价，支付给被收购公司的股东，其结果往往很容易使合并后存续的公司的资金压力过重，不利于企业的生产经营；同时也会改变收购人的股权结构，稀释了潜在的控制权，这一点也是收购人不愿看到的。

为破解这一难题，优先股再一次担当了资本市场正常运转的“救兵”角色。国务院相关部门在 2014 年正式规定，当企业符合兼并重组的条件时，允许企业通过发行优先股的形式来进行对价支付。把兼具债权和股权特性的优先股作为并购支付工具，是对上市公司并购重组交易中现行支付制度的良好补充，也是完善企业兼并重组的有效手段。与普通股不同，优先股无论是在丰富并购重组相关支付手段方面，还是在维护交易双方的利益平衡方面，都可根据具体需求灵活设计，比较理想地解决了并购方与被并购方的不同诉求，在满足多方利益的同时无疑加大了兼并重组成功的可能性，最终有利于我国并购市场的完善与发展。

(4) 有利于提升企业的价值

优先股制度在我国的试行很好地健全了上市企业的治理结构，提升了上市企业的价值。一方面，优先股融资给企业筹集到了和普通股类似的永久性资本，减少了企业的负债比率，优化了企业的资本结构，使企业获得了杠杆效应。优先股融资之后，由于优先股具有固定的股息率，那么在企业收益上升幅度很大的情况下，普通股股东的收益就会超过企业整体的收益上升幅度，有利于推动企业的经营动力并提升企业价值。另一方面，优先股融资在扩大企业股权的同时也保持了控制权，保证了企业的治理结构。在原有普通股融资之下，新股东的加入就意味着原股东的股份比例被稀释，原有股东对企业的影响力和控制力也会受到相应影响。而优先股股东并没有表决权，一般也不会参与企业的日常经营管理活动，从而使企业的控制权仍然集中在普通股股东手中。

最后，优先股制度对投资者的影响如下：

（1）丰富了投资者的投资渠道

相比西方发达国家的成熟资本市场，我国资本市场存在巨大差距：投资渠道十分狭窄和单一，投资品种非常有限，对于绝大多数投资者来说，日常生活中接触的还只是债券和普通股。由于投资者可选择的证券种类并不多，市场缺乏对广大投资者的吸引力，加之金融衍生工具有限，极大地限制了投资者的投资渠道。而优先股的出现，适时地解决了这一问题，因为优先股相较于普通股和债券，有着其自身的特点和优势，可以有效地缓解现阶段我国资本市场回报稳定性差和回报收益率低的问题。

（2）强化了中小股东的自身利益保护

一方面，缓解了中小股东投资收益不稳定以及投资回报低的问题。对于广大中小投资者来说，优先股投资尽管不具有表决权和决策权，可是优先股稳固的收益性却很好地吸引着投资者。投资者可以不用担心企业的经营成果而享受到固定的预期收益，降低了投资风险。甚至当企业面对破产清偿时，优先股股东仍会优先于普通股股东而获得相关补偿，同样降低了投资风险。毫无疑问，针对我国资本市场法律保护制度不够健全且以稳健性投资者为主的现状，优先股这种收益固定且风险低的新兴投资方式必将受到极大的欢迎。

另一方面，降低了中小股东的代理成本。在我国的上市企业中，第二类代理问题往往比较严重，也就是所谓的控股股东掏空现象。控股股东往往利用其对企业的控制权对企业的某些资源进行转移或是关联方交易，这样的后果直接会导致中小股东的利益受到极大程度的损害。而中小股东通过优先股投资可以有效地维护自身的利益，因为优先股的“优先性”最主要就是体现在其股利的分配权优于普通股股东。这样一来，控股股东为了自身可以获取足够多的利益，必须要努力去实现企业的价值最大化，因为企业每年利润的优先享有人是优先股股东，而并非控股股东。在这种良性循环下，企业的价值有利于被最大化，而控股股东在最大化自身利益的同时也保障了中小股东的优先股固定股息收益，在一定程度上有效地降低了两类股东间的代理成本。

三、我国实施优先股制度的可行性

从国外的经验来看，建立优先股制度必须具备制度政策与法律条文两个层面的条件，联系我国的实际情况，目前的现状大体如下：

1. 法律条件

国务院以国发〔2013〕46 号颁布了《关于开展优先股试点的指导意见》，发文对象主要是各省、自治区、直辖市人民政府，国务院各部委以及各直属机构。该文件对在中国发行优先股的目的、意义、优先股股东权利、发行与交易、组织和管理配套政策等方面，①都做出了明确的相关规定。这是目前我国关于优先股制度的最高层次的法律法规，由此可见在我国建立优先股制度已在法律层面上具备了基础条件。

2. 政策条件

中国证券监督管理委员会在 2014 年发布了《优先股试点管理办法》(以下简称《管理办法》)。该《管理办法》主要包括总则、优先股股东权利的行使、上市公司发行优先股、非上市公众公司非公开发行优先股、交易转让及登记结算、信息披露等内容，②共计 9 章 70 条。该《管理办法》的发布，表明我国已在制度政策上具备了建立优先股制度的基础条件，标志着我国资本市场改革已正式启动，优先股制度的建立和发展进入了一个崭新的历史时期。

2012 年以来，国家不断推进优先股发行、投资以及其他制度层面的监管文件，为优先股的顺利推出提供相应的制度安排，具体如表 3-3 所示。

---

① 国务院办公厅. 国务院关于开展优先股试点的指导意见(国发〔2013〕46 号)[N]. 2013 年 11 月 30 日印发.

② 李经纬，葛帮亮，李幂. 国际视野下的我国优先股政策研究：基于券商视角[J]. 经济论坛，2014(3).

表 3-3　2012 年以来优先股相关政策文件

时间	相关文件	发布部门
2012/11/29	《中国银监会关于商业银行资本工具创新的指导意见》	银监会
2013/11/30	《国务院关于开展优先股试点的指导意见》	国务院
2014/3/21	《优先股试点管理办法》	证监会
2014/4/1	《公开发行证券的公司信息披露内容与格式准则第 34 号——发行优先股募集说明书》	证监会
	《公开发行证券的公司信息披露内容与格式准则第 33 号——发行优先股预案和发行情况报告书》	
	《公开发行证券的公司信息披露内容与格式准则第 32 号——发行优先股申请文件》	
2014/4/18	《关于商业银行发行优先股补充一级资本的指导意见》	银监会、证监会
2014/5/9	《上海证券交易所优先股业务试点管理办法》	上交所
2014/6/12	《深圳证券交易所优先股试点业务实施细则》	深交所
2014/9/18	《中国保监会关于保险公司发行优先股有关事项的通知(征求意见稿)》	保监会

3. 我国优先股发展现状

继证监会 2014 年 3 月 21 日发布《优先股试点管理办法》之后，上交所和深交所也先后发布了《上海证券交易所优先股业务试点管理办法》①和《深圳证券交易所优先股试点业务实施细则》②(以下简称两所《试点办法》)。至此，优先股发行和交易制度框架已经基本建立，表 3-4 统计了自 3 月 21 日证监会发布《优先股试点管理办法》起至 2014 年 11 月 25 日止我国证券市场发行优先股的相关情况，具体的描述性统计结果如表 3-4 所示。

① 上海证券交易所.上海证券交易所优先股业务试点管理办法(上证发[2014]31 号)[N].2014 年 5 月 9 日发布.

② 深圳证券交易所.深圳证券交易所优先股试点业务实施细则[N].2014 年 6 月 12 日发布.

表 3-4　中国证券市场发行优先股情况统计表(截止至 2014 年 11 月 25 日)

序号	代码	简称	预案	核准	方式	票面及发行	发行	股息条款设计	股数	募集资金总额	募集资金用途
1	600000	浦发银行	2014/4/30	2014/11/25	非公开	每股票面 100 元，平价发行	分次	分阶段调整的票面股息率、非累积、非参与、可赎回、不可回售、有条件强制转股	不超 3 亿	不超 300 亿元	补充公司其他一级资本
2	601288	农业银行	2014/5/9	2014/9/24	非公开	每股票面 100 元，平价发行	分次	非累积、非参与、有条件赎回、有条件强制转股	不超 8 亿	不超 800 亿元	补充本行其他一级资本
3	601988	中国银行	2014/5/14	2014/9/24	非公开	每股票面 100 元，平价发行	分次	固定股息率、有条件可赎回，有条件强制转股、非累积、非参与	不超 6 亿	不超 600 亿元	用于补充其他一级资本
4	600518	康美药业	2014/5/17	2014/10/10	非公开	每股票面 100 元，平价发行	一次	固定股息率、非累积、非参与、不设回售条款、不可转换	不超 6 000 万	不超 60 亿元	其中 20 亿元用于偿还短期融资券，20 亿元用于偿还银行借款，其它全部用于补充生户经营所需的营运资金

续表 3-4

序号	代码	简称	预案	核准	方式	票面及发行	发行	股息条款设计	股数	募集资金总额	募集资金用途
5	600256	广汇能源	2014/5/23	2014/10/23 过会	非公开	每股票面 100 元，平价发行	分次	浮动股息率、非累积、非参与、不设回售条款、不可转换、有条件赎回	不超 5 000 万	不超 50 亿元	用于红淖铁路项目和补充流动资金
6	601166	兴业银行	2014/6/7	2014/11/25	非公开	每股票面 100 元，平价发行	分次	可调整固定股息、非累积、强制转股、非参与、有条件赎回	不超 3 亿	不超 300 亿元	补充公司一级资本
7	00001	平安银行	2014/7/16	—	非公开	每股票面 100 元，平价发行	分次	固定股息率、不可累积、强制转股、不可回售、有条件赎回	不超 2 亿	不超 200 亿元	全部用于补充公司其他一级资本
8	601398	工商银行	2014/7/26	—	非公开	每股票面 100 元，平价或溢价发行	分次	可分阶段调整的票面股息率、不可累积、有条件赎回、不可回售、强制转股	不超 4.5 亿	不超 450 亿元	用于补充本行其他一级资本

续表 3-4

序号	代码	简称	预案	核准	方式	票面及发行	发行	股息条款设计	股数	募集资金总额	募集资金用途
9	601668	中国建筑	2014/8/21	2014-11-15 修订稿	非公开	每股票面100元，平价发行	分次	附单次跳息安排的固定股息率、可累积、非参与、可逆延支付、不可回售	不超3亿	不超300亿元	基础设施及其他投资项目、补充境内外重大工程承包项目营运资金和补充一般流动资金
10	600020	中原高速	2014/9/24	—	非公开	每股票面100元，平价发行	分次	固定股息率、可累积、可参与、不设回售条款、不可转换的	不超3 400万	不超34亿元	用于偿还银行贷款及其他有息负债26亿元、补充流动资金8亿元
11	601669	中国电建	2014/9/30	—	非公开	每股票面100元，平价发行	分次	附单次跳息安排的固定股息率、可逆延、强制付息、可累积、非参与、有条件赎回、不可回售	不超2 000万	不超20亿	发行优先股是重组的募集配套资金，拟用于补充公司流动资金
12	002142	宁波银行	2014/10/22	—	非公开	每股票面100元，平价发行	分次	分阶段调整的票面股息率、非累积、非参与、可赎回、不可回售、有条件强制转股	不超0.5亿	不超50亿	用于补充公司一级资本

续表 3-4

序号	代码	简称	预案	核准	方式	票面及发行	发行	股息条款设计	股数	募集资金总额	募集资金用途
13	601818	光大银行	2014/11/1	—	非公开	每股票面100元，平价发行	分次	可分阶段重路的票面股息率、不可累积、非参与、可赎回、不可回售、强制转股	不超3亿	不超300亿元	全部用于补充本行其他一级资本
14	600016	民生银行	2014/11/8	—	非公开	每股票面100元，平价发行	分次	可分阶段调整的股息率、不可累积、非参与、有条件赎回、不可回售、强制转股	不超2亿	不超200亿元	补充本行其他一级资本
15	601800	中国交建	2011/11/25	—	非公开	每股票面100元，平价发行	分次	用附单次跳息安排的固定股息率、不可累积、非参与、不可赎回、可回售	不超1.45亿	不超145亿元	用于基础设施投资项目、补充重大工程承包项目营运资金和补充一般流动资金

以上可以看出,《优先股试点管理办法》以及两所《试点办法》为试点期间优先股的交易和转让提供了交易平台和制度机制。目前,表3-4中所列示的15家企业都发布了优先股发行预案,其中浦发银行、农业银行等7家企业的预案也已获股东大会核准通过。

由上表分析可以看出,试点期间发行优先股的企业大多为商业银行,且均采用平价发行的方式,每股票面均为100元。

从募集资金的用途来看,一方面优先股作为银行补充资本金以及一般企业满足融资需求的重要工具,在当下我国不利的资本市场环境(多数蓝筹企业破净、企业债务融资空间下降、局部风险凸显等)以及产业升级转型和国企改革的关键时期,有较好的应用前景;另一方面,优先股对于满足不同风险偏好、追求绝对收益、分散组合风险等差异化投资诉求,无论是对于基金、保险、券商自营还是各类资管产品,优先股均具有特殊的大类资产配置需求。①

从发行方式上看,尽管三类上市公司(上证50、并购和回购普通股需求的公司)可以公开发行优先股,但是试点期间的优先股发行仍然以非公开发行为主。这是因为,一方面作为最重要的发行主体,商业银行发行优先股已定为非公开发行模式;另一方面,以并购与回购为目标的优先股发行在试点初期面临一定制度障碍。非公开发行的优先股,无论在发行条件方面还是在股息率和利润分配等方面,与公开发行相比都显得更为宽松、灵活,其股性特征也更为明显。同时,对于非公开发行的优先股,目前可以通过交易所平台以大宗交易方式进行转让。② 不过,非公开发行的优先股转让受200个合格机构投资者的数量限制,这为优先股流动性进一步设置障碍,与国际通常采取公开发行且提供做市服务的方式相比,试点期间我国优先股流动性可能

① 申银万国证券.优先股市场发展现状点评:交易所优先股试点管理办法出齐,但仍存多种市场发展阻碍[N].研报,2014-6-24.

② 窦红梅.优先股募资不少于5000万元[N].北京日报,2014-6-13.

更低。[①]

从具体的股息条款设置上看，我们发现已经发布的三单非银行优先股发行预案中的合同条款设置并不符合国际惯例。一是合同条款过多顾及了发行企业的利益，没有考虑投资者风险偏好与投资需求，主要体现在与国际通常使用的可累积、五年赎回及固定股息率的常规条款设置差异较大；二是对于赎回（回售）等期权没有对应溢价条款；三是相对于国际多为公开发行且提供做市服务的优先股发行，试点期间我国优先股流动性相对较低。

不可否认，现阶段我国优先股市场的不成熟以及相关交易配套制度的不完善，暂时阻碍了优先股在我国的大范围发行。具体来说，首先，非公开发行的优先股具有约束性，对发行对象增加了发行的难度，对交易对象降低了交易的流动性；其次，优先股相关的税收制度以及做市商制度尚未确立，因此短期内优先股交易量难以提升，流动性较差；再次，优先股质押回购业务和融资融券担保功能不够完善也对优先股的发行产生负面影响；最后，优先股风险溢价无法衡量，股息率难以确定。目前我国对信用风险的估计，主要参照发行主体评级和债项评级来确定信用风险，因为国内的优先股评级体系还没有建立。更为重要的原因是，目前我国的优先股市场尚未建立，在这种比较尴尬的情况下，我们对未来优先股流动性及其流动性风险既不得而知也无法准确计量，尽管可以参照股价估计优先股的期限溢价，但对其在赎回和转换方面的特性也是难以完全刻画出来的。总体而言，目前准确估计优先股的风险还无法做到，这也是阻碍优先股顺利发行的一个重要原因。不过，随着我国相关法律制度以及投资者利益保护机制的进一步完善，可以预见，优先股制度在我国资本市场的应用前景还是相当光明的。

---

① 申银万国证券.优先股市场发展现状点评：交易所优先股试点管理办法出齐，但仍存多种市场发展阻碍[N].研报，2014-6-24.

第三节　我国建立优先股法律制度的相关问题

一、国外优先股制度立法模式的比较与启示

1. 发达国家优先股制度立法模式的比较

（1）美国优先股制度的立法模式

美国是采取授权式立法模式的典型国家，授权立法模式体现了契约自由的精神，他们认为公司是一系列合同规则，是很多愿意达成共同意志的当事人之间的合约，这些当事人包括公司的股东、董事、经理、债权人、客户等，自由主义是美国公司法的精髓和灵魂。[①] 在优先股发行和种类上，根据美国《标准商事公司法》规定，由董事会决定优先股的发行及发行条件。若未规定优先股可累积，则法律推断不可累积。优先股股东在一些有关自身利益的特殊决策中具有表决权。在优先股股东权益保护上：一是尊重意思自治原则，通过合同中意思自治的效力，保护该股东的权利；二是以司法调查的标准确定合理干预，美国的司法判例采纳了以司法调查的标准确定对优先股的干预是否为立权授法，判断公司的行为是否合法，是否损害了优先股股东的权益。在优先股回购问题上用两个标准来评判是否公平。在《特拉华州普通公司法》中有关优先股制度的法律规定，也体现了自由主义的思想，它以简化公司设立程序、放宽限制为宗旨。如《特拉华州普通公司法》第五章“股份与股利”第 151 条中规定，种类股是一种由公司自主发行的种类股类别，这种种类股在许多方面可以有别于普通股，比如在选择权、参与权和其他特别权利等方面。[②] 该《公司法》第八章对种

① 汤欣.论公司法的性格——强行法抑或任意法[J].中国法学，2001(1).

② 徐文彬，等译.特拉华州普通公司法[M].北京：中国法制出版社，2010.

类股，包括优先股在公司章程规定的、影响自身权益的事项可以行使表决权的权利。[①] 以上所说的种类股自然包括优先股在内。在设置优先股的问题上《特拉华州普通公司法》给予了公司很大的自由，只要得到公司章程授权，公司董事会可以创设、发行优先股，而不必经过股东会的同意，董事会也可以考虑到市场和公司的变化之后，实时改变优先股的实质条款。[②]

由此可见，美国的优先股法律制度的规定，大多采用了授权式规范，给公司自治留下了广阔的自由空间。

(2) 英国优先股制度的立法模式

英国的优先股制度属于典型的授权式立法，以公司章程及其附属的备忘录作为优先股权利以及优先股种类的法律依据，这点与美国的判例实践有异曲同工之妙。在英国，其普通法和成文法是并用的，英国优先股法律制度主要规定在其普通法判例和成文法之中。英国公司法具有明显的授权式立法的特征，其优先股法律制度主要以公司备忘录或者公司章程的规定为准，如果备忘录或者公司章程中没有优先股制度的规定，公司还可以通过修改公司章程授权董事会发行优先股。[③] 自 1856 年英国的《股份公司法》之后，经过 150 多年的发展，历经几次修改，英国《2006 年公司法》对以往的公司法进行的修改最为全面。[④] 它成为了优先股法律制度在英国的主要成文法渊源。如该法的第九章专门规定了股份类别和类别股，其中第 629 条规定了优先股的股权内容和发行条件，第 630 条和 631 条规定了优先股变动的情形，第 633 条和 634 条规定了优先股股东对权利变动异议的表决。[⑤] 上述条文的规定体现了《2006 年公司法》对优先股股东的保护。

① 任尔昕.关于我国设置公司种类股的思考[J].中国法学，2010(6).

② [美]罗伯特.W.汉密尔顿.美国公司法[M].齐东祥，等译.北京：法律出版社，2008.

③ 葛伟军.英国公司法原理与判例[M].北京：中国法制出版社，2007:80.

④ 张宏伟.论我国公司法任意性规范的完善[D].江苏：南京航空航天大学，2011.

⑤ 葛伟军.英国 2006 年公司法[M].北京：中国法律出版社，2008:7.

除此《2006 年公司法》之外，英国的其他成文法和判例法也有优先股制度的内容。比如对于优先股的发行和种类，主要以公司章程的规定为基准，如果公司章程没有规定优先股的种类，则推定该优先股属于累积优先股。从优先股的权利上讲，按照规定，优先股股东在分取公司红利和公司清算返还出资方面，始终享有优先于普通股股东的权利。

总之，从大体上来看，英国法律中对优先股制度的规定给公司的自治留有充分的空间，笼罩了自由的气息。

(3) 德国优先股制度的立法模式

德国属于大陆法系，其法定式的立法模式是大陆法系国家的代表。有关对优先股的股东权利与限制、种类与发行等方面的规定主要体现在《德国股份公司法》中，其发行无表决权优先股的最大动机是保持公司控制权并达到融资的目的。如该法的第四部分“股份公司的组织法”中的第四章第六节“没有表决权的优先股票”中对优先股制度做了具体详细的规定。根据《德国股份公司法》的规定，不是所有股份持有人的权利都必须相同，成员权利的内容可以根据股份的不同而有所差别。该法的 139 条和 141 条第(3)款中规定了优先股发行的条件，根据该规定，公司发行没有表决权的优先股，要符合以下条件：A. 优先股的票面价值总额达到了其他股票的票面价值总额；B. 要争得公司 3/4 以上股东的同意；C. 公司的管理层决定发行优先股时，要有公司章程的授权，或者经过股东大会的同意；D. 如果公司想要再发行优先股，并且本次发行的优先股比之前的优先股还要有优先权利时，要经过原有优先股东 3/4 多数同意。对于优先股股东权利的保护，主要规定在该法的第 139 条至第 141 条中，对优先股股东权利的保护条款主要有以下内容：A. 公司法允许公司发行优先股，该优先股享有优先分配股利的权利；B. 无表决权的优先股股东除了在表决权方面不同于普通股股东之外，其享有普通股股东享有的其他各项权利；C. 公司超过两年无法支付优先股股利的情况下，优先股股东的表决权会自动复活;D. 如果公司欲限制或者取消优先股的优先权,必须获得优先股股东 3/4 多数同意。关于优先股的种类,《德国公司法》第 12 条规定了没有表决权的优先股,还有如前所述的第 140 条规定的可以转化为有表决权的情形,同时根据第 104 条的规定,公司章程中没有明确规定优先股的种类,则默认为该优先股为非累积优先股。①

(4) 法国优先股制度的立法模式

法国作为典型的大陆法系国家,其优先股制度采取法定立法模式,主要规定在《法国商事公司法》之中。该法属于法国《商法典》的一部分。法国《商法典》为种类股的存在奠定了法律基础,它认为同一个公司可以存在享有不同权利的不同类型的股东。

关于优先股的发行,《法国商事公司法》第 228 条和第 225 条从优先股的发行方式、发行的内部程序、发行数量的限制到优先股持股人的限制都做了具体的规定。公司可以通过增加资本或者将已经发行的普通股转化为优先股的方式发行优先股;公司发行优先股时应该经过特别股东大会或者特别股东大会授权的董事会或者管理委员会审议通过;没有表决权的优先股不能占到公司资本的一半以上,对准许其股票在规范市场交易的公司,没有表决权的优先股不得占到公司资本的 1/4;公司的董事会成员、管理委员会成员、经理人和他们的配偶、子女不得持有该公司的优先股。

对于优先股的种类,该《法国商事公司法》第 228-11 条、第 228-35-1 条和第 228-14 条规定的有表决权的优先股和无表决权的优先股、可转换的优先股。比如第 228-14 条规定,优先股可以转换为普通股或者另外一种类型的优先股。②

在优先股的权利规定方面,该法的第 228-35-4 条、第 228-35-7 条、第 239-30 条、第 228-35-5 条分别规定了优先股享有以下几项权

① [法]伊夫·居荣. 法国商法(第 1 卷)[M]. 罗洁珍,等译. 北京:法律出版社,2004.

② 于敏,等译. 最新日本公司法[M]. 北京:法律出版社,2006.

利：优先分配股息的权利，股息的累积和延续的权利，公司增加资产时优先认购的权利，对公司破产时的优先清算权，在特定条件下表决权取得的权利。

除以上的规定外，该《公司法》还专门设置了类别股东专门大会，以维护优先股股东的合法权益。同时对优先股的回购制度也做出了细致规定。例如第228-35-10条规定了回购优先股的前提是公司章程中已经有特别条款在无表决权优先股发行之前做出了规定，并且在以前的会计年度以及本会计年度内公司所欠的优先股股息已将全部发放完毕；优先股回购的价格按照优先股股东专门大会与公司达成的协议价格来确定。

（5）日本优先股制度的立法模式

日本的公司法最早是在借鉴德国公司法的基础上制定的，后来日本又向美国学习对其公司法进行了修改，使其兼具大陆法系与英美法系的法律特点，既有成文法的保护又注重公司章程效力，符合当时的经济发展趋势和国内外形势。

《日本公司法典》没有用"优先股"这一词汇，而是采用了"不同种类的股份"这一称呼。其关于优先股法律制度的规定主要在《日本公司法典》第二编"股份有限公司"第二章"股份"中。该《日本公司法典》第115条规定了不同类别股份的发行：当股份公司发行的特别股，其中包括优先股时，和表决权限制类股，即无表决权优先股和限制表决权优先股的总数占到该公司已发行股份总数一半以上时，该公司应该立即采取有效措施，把表决权限制类股份数量控制在已经发行股票总数的一半以下。[1] 该《法典》第108条对种类股股东的权利进行了八项列举，比如公司盈余的分配、剩余财产的分配、种类股的转让、种类股股东的表决权等，这些权利可以由股份公司的章程进行规定，但是法律对优先股股东被任命为优先股股东大会的董事和监事事项做出了

① 于敏，等译. 最新日本公司法[M]. 北京：法律出版社，2006.

禁止规定。第 108 条还规定了优先股的种类，比如累积优先股和非累积优先股、参与优先股和非参与优先股，以上的分类只是参考，还可以有不同组合的分类，如累计参与优先股。该《法典》还专门规定了设置类别股东大会制度：对类别股东大会的权限做出了说明，对必须经过类别股东大会决议的事项和章程规定不需要决议的事项做出了规定；对大会的普通决议、特别决议和特殊决议的事项做出了程序性规定。

2. 发达国家优先股制度立法模式的启示

（1）建立优先股法律制度，不仅是契合市场经济发展的需要，也是适应时代的发展要求。优先股制度在国外已经有上百年的历史了，发展得比较成熟，运用达尔文的“物竞天择，适者生存”理念，优先股制度从最初的产生，到能够在资本市场上发展、壮大，说明它是一种适应时代的产物。优先股制度适应股权多样化的特征，能够满足不同投资者的投资要求，也契合公司融资的需要。[①] 我国正处于企业改革、市场开放的环境之下，如果我们适应资本市场的需求，建立优先股法律制度，无疑会给我国的企业和广大投资者带来福利，也能够对资本市场产品的分类和结构起到完善作用。

（2）两种立法模式各有优劣，无论是在英美法系，还是在大陆法系，其都不失为一种成熟的法律制度。从总体上来看，法定立法模式体系严谨操作性强，但缺乏灵活性容易出现法律漏洞；授权立法模式充分尊重意思自治，但容易导致强势一方对弱势一方利益的侵害。对于两种立法模式的区分是根据一国优先股制度中强制性规范与任意性规范的比例，这种比例反映了一国优先股制度所追求的法律精神。法定立法模式体现了一种理性主义精神，授权立法模式体现了一种自由主义精神。作为一种成熟的法律制度，两种立法模式现在已经呈现一种相互渗透的趋势。美国优先股制度虽然是授权立法模式，但是其通过强制性规范授权优先股股东在特定条件下可以组成投票团体对

① 王新欣，魏现州．在我国公司法中设置优先股制度初探[J]．法律适用，2010(10)．

特定事项进行表决。法国优先股制度虽然是法定立法模式，但是在其公司法修改后其减少强制性规范赋予公司章程更多的权利。我国在优先股制度立法过程中，需要注重这种融合的趋势。

(3) 优先股法律制度应适应我国的语境。对于任何制度的引进，我们都应该强调我国具体的社会生产方式和受该制度制约的社会生活的各个方面对制度的塑造和制约。① 优先股法律制度在我国的构建应该满足我国社会的特定需要，能够有效地推进我国的企业改革和推动我国资本市场的发展、成熟。不同国家采用优先股的条件和目的是有差别的，同一国家在不同时期采用优先股的条件和目的也是不同的。英美法系和大陆法系国家对于优先股制度有侧重点不同的规定，而且各个国家的这种规定又经过了多年的改进和完善，都是为了适应各自的历史和现实。我们在构建优先股制度时，应该考虑到我国的国情，比如国家股、国有法人股转变为优先股的问题。总之，结合我国的具体语境，才能使优先股法律制度在我国能够长久发展。

二、我国优先股法律制度的现状与建议

1. 我国优先股法律制度的现状

首先，优先股制度缺乏法律层面的保障。我国优先股制度的现行立法框架中，只有行政法规和部门规章层面的立法，缺乏如《公司法》和《证券法》等法律层面的确认和保护，《公司法》等法律并没有明确规定优先股制度。《公司法》第 132 规定，国务院可以对公司发行本法规定以外的其他种类的股份，另行做出规定。该条规定只是为日后设立优先股制度提供了空间，但并没有对优先股的含义、利润分配、剩余财产分配请求权做出规定，也没有明确优先股股东行使表决权的期限、程序以及什么情形下应该恢复表决权等内容，导致优先股制度缺乏法律层面的保障。不可否认的是，如此规定的合理性：以暂行条例或办

① 苏力．论语境——一种法律制度研究的路径和方法[J]．中外法学，2000(1)．

法的形式先行加以规范，等时机成熟之后再以法律的形式进行确认。这种渐进式的做法可以有效地减少制度试错的成本，提高立法制度的完备性和认同度。但具体到优先股制度中，这种做法并不适用。原因在于，创新和扩展股份种类不仅仅是出台几个暂行条例和办法就可以解决的问题，而是关系到多项公司法基本制度的修改，而且用行政法规和部门规章的形式加以规范，容易出现下位法违反上位法无效的情形，难以在制度构建上取得创新。

其次，优先股的现行立法与《公司法》相抵触。刚刚颁布的《指导意见》和《管理办法》，除以下情况外，优先股股东不出席股东大会会议，所持股份没有表决权：(1)修改公司章程中与优先股相关的内容；(2)一次或累计减少公司注册资本超过10%；(3)公司合并、分立、解散或变更公司形式；(4)发行优先股；(5)公司章程规定的其他情形。上述事项的决议，除须经出席会议的普通股股东(含表决权恢复的优先股股东)所持表决权的1/3以上通过之外，还须经出席会议的优先股股东(不含表决权恢复的优先股股东)所持表决权的1/3以上通过。该条文存在两处与《公司法》第103条相抵触的部分：其一，《公司法》明确规定了一股一权制度，而《指导意见》和《管理办法》却规定只有五种情况下，优先股股东才有表决权，才能出席股东大会会议。其二，《公司法》对股东大会的特别决议事项作了限定，但并未授予其他形式的立法和公司章程可以做出其他扩展性规定。很明显，《试点指导意见》和《管理办法》中的(4)(5)项情形违反了《公司法》第103条的规定。

再次，《公司法》的很多条款并没有考虑到发行优先股的特殊情况，会造成法律适用上的模糊和冲突。比如第4条规定，公司股东依法享有资产收益、参与重大决策和选择管理者等权利。第98条规定，股份有限公司股东大会由全体股东组成。事实上，以上规定主要是针对普通股股东而设置，并未考虑到优先股股东的特殊性。优先股股东的表决权和参与股东大会的权利都受到一定的限制，所以以上条款并不完全适用优先股股东，但是《公司法》并没有说明如何解决这种法律适用方面的冲突。

2. 我国优先股法律制度的建设

(1) 借鉴发达国家的立法理念，完善优先股制度的立法模式

我国属于大陆法系国家，注重成文法制定和法律的规范性。与其他一些国家对于优先股制度的规定分散在《公司法》及一些司法判例中相比，我国目前对优先股制度的规定，主要集中体现在《优先股试点管理办法》中，包括"总则、优先股股东权利行使、上市公司发行优先股、非上市公众公司非公开发行优先股、交易转让及登记计算、信息披露、回购与并购重组、监管措施和法律责任、负责"。立法主体通过强制性规范的形式对优先股制度的实体和程序性问题进行规定。

我国优先股制度也考虑到契约自由，对于特定事项允许公司章程进行规定，强调章程自治。如《管理办法》第 6 条规定"允许发行在其他条款上具有不同设置的优先股"，其赋予公司在优先股种类配置上的自由，除在试点期间不得发行在股息分配和剩余财产分配上具有不同优先顺序的优先股，公司可以发行在其他方面不同顺序的优先股。第 9 条规定"优先股股东按照约定的股息分配股息后，有权同普通股股东一起参加剩余利润分配的，公司章程应明确……"，该条涉及参与优先股的设置，公司章程可以对哪些优先股股东为参与优先股，及参与分配的比例、条件进行设置。第 10 条第 1 节第 5 项规定"公司章程规定的其他情形"，本条涉及优先股股东在什么条件下可以行使表决权，立法者采用的是列举加兜底模式，允许公司章程对于兜底条款进行设置。这是一项非常重要的授权，因为其关系到优先股股东是否能够行使自己的表决权来维护自己合法权益。第 12 条第 1 节规定"……优先股股东有权出席股东大会与普通股股东共同表决，每股优先股股份享有公司章程规定的比例表决权"；第 2 节规定"公司章程可以规定优先股表决权恢复的其他情形"，本条涉及优先股股东表决权的恢复，法律授权公司章程可以对优先股股

东表决权恢复后每股的表决比例和表决权恢复的其他情形进行规定。本条也是一条非常重要的授权，因为其关系到优先股股东表决权恢复以后的投票权。第16条规定，优先股股息分配采取何种股息率可以通过公司章程规定。①

我国目前采取的这种立法模式，虽然一方面保证了规范的完整性、稳定性和可操作性，另一方面又体现了契约自由、章程自治，但这种契约自由并不能实现实质正义，实现对弱势的优先股股东的保护。立法者对于强制性规范和授权性规范的分配并不能实现实质上的契约自由，实现实质正义。面对这一困境，我们可以适当借鉴美国自由立法理念，在设计优先股法律制度中，扩大意思自治的范围，在关于股东权利和优先股是否可转换等方面授权于公司章程，增强优先股制度的灵活性，尽量避免由于法律的过多干预而造成妨碍公司灵活运用优先股制度的问题发生，以弥补法定式立法模式所存在的一些法律漏洞。

(2) 修改《公司法》相关条款，完善现行法律的相关条文

《公司法》是目前我国具有法律效能的法律文件，也是规定优先股制度所应遵循的法律文件，但《公司法》现有的某些条款与优先股制度的基本精神和原则相违背，也应该进行调整和修改，通过修改完善相关内容使得优先股具有合法地位。具体建议做如下主要修改：

其一，在《公司法》原有第4条关于股东权利的规定中增加“优先股股东依照本法和公司章程的规定行使权利。”

其二，在《公司法》原有第82条关于公司章程的规定中增加“股份种类”、“优先股股东的姓名或名称。”

其三，将《公司法》第99条、第103条、第122条中的“股东”修改为“有表决权的股东”。

① 本段法律条文出自《优先股试点管理办法》，2013年12月由证监会出台。

其四，将《公司法》第 104 条关于股东表决权与大会议事规则中的第一款修改为“有表决权股东出席股东大会会议，所持每一股份有一表决权。优先股股东的表决权依照本法和公司章程确定。但是，公司持有的本公司的股份没有表决权。”将该条第二款的“股东”修改为“有表决权的股东”。

其五，将《公司法》第 107 条关于股东表决权的代理修改为“有表决权的股东可以委托代理人出席股东大会会议，代理人应当向公司提交股东授权委托书，并在授权范围内行使表决权。优先股股东依照本法和公司章程规定行使表决权时委托代理人的，参照本条适用”。

其六，在《公司法》第 131 条中增加“股东所持的股份种类”。

其七，将《公司法》第 167 条第 4 款修改为“公司弥补亏损和提取公积金后所余税后利润，有限责任公司依照本法第三十五条的规定分配；股份有限公司应当先向优先股股东按照公司章程的约定分配股息，再向普通股股东按照持股比例分配利润，但普通股股东在公司章程中规定不按持股比例分配的除外。”

其八，将《公司法》第 187 条第 2 款修改为“公司财产在分别支付清算费用、职工的工资、社会保险费用和法定补偿金，缴纳所欠税款，清偿公司债务后剩余的财产，有限责任公司按照股东的出资比例分配，股份有限公司先向优先股股东按照公司章程的约定分配，再向普通股股东按照持有的股份比例分配。”

3. 依法规范优先股的规定，完善优先股的设置内容

(1) 优先股的设置

A. 优先股设置的方法和种类。优先股的种类繁多，在实际应用中结合股利的分配和补偿、股权的行使和回购等情况还会有更多的种类出现，同时由于公司治理情况也千差万别，优先股的设置方法也不宜由法律统一规定，因此，优先股设置的方法和种类应授权于公司章程。这种将优先股设置方法和种类赋予公司章程规定也是很多通过

法律规范优先股的国家通行的做法。①

我国1992年的《股份有限公司规范意见》第23条规定“普通股的股利在支付优先股股利之后分配。公司对优先股的股利须按约定的股利率支付。优先股不享有公司公积金权益。当年可供分配股利的利润不足以按约定的股利率支付优先股股利的,由以后年度的可供分配股利的利润补足。公司章程中可对优先股的其他权益作出具体规定。公司终止清算时,优先股股东先于普通股股东取得公司剩余财产。”为此,我国《公司法》在规制优先股时宜吸收该《意见》中的相关规定,将优先股的基本概念和权益予以规定,把优先股设立的方式和种类授权给公司章程规定。

B. 优先股的比例设置。在公司中存在普通股股东与优先股股东之间的利益冲突。如果在一个公司中优先股的比例过高,普通股股东在决策时就有可能置优先股股东利益于不顾,从事高风险高收益的投资。因此股份公司中优先股的最高限额和设置比例应该由法律规范给予强制性规定,设置一个最高上限,以消除可能出现的消极因素。我国在有关优先股的规定中,应借鉴国外发达国家的立法经验,并结合我国股份公司股权结构的实际,对公司的优先股总额或所占股本比例上限作出适当的限制。②

---

① 美国《修正标准公司法》第§6.01C(1)、(3)条规定,公司组织章程可将公司股份分为“除法律予以禁止外的具有特殊的、有条件的或有限制的投票权或没有投票权的股份”,使股份持有人取得“以任何方式计算的分配,包含可以累计的红利、不可累计的红利或可以部分累计的红利”。日本《商法典》第222条第1款规定:公司可以就盈余分配、股息分配、剩余财产分配、以盈余消除股份等,发行内容不同的数种股份。第242条第1款规定:公司发行数种股份时,可以以章程规定就盈余分配有优先内容的股份,其股东无表决权。我国台湾地区“公司法”第157条规定:公司发行特别股时,应就下列各款于章程中订定之:(1)特别股分派股息及红利之顺序、定额或定率;(2)特别股分派公司剩余财产之顺序、定额或定率;(3)特别股股东行使表决权之顺序、限制或无表决权;(4)特别股权利、义务之其他事项。转引自赵志钢.少数股东保护的新进路:少数股东股份的优先股化[J].法治论丛,2006(3).

② 西方各国公司法对优先股的数量限制一般以公司股本总额的比例为参照,法国法律规定优先股占股本总额的比例不得超过3/4,意大利规定不得超过1/2。《日本商法典》规定1/2。参见李萍译:《法国公司法规范》[M].北京:法律出版社,1999:204-205.

（2）优先股的发行制度

发行程序。在正式发行优先股之前，发行公司应召集股东会对公司章程进行相应的修改，在修改后的章程中明确规定优先股的发行数量、发行条件等，而且在章程修改完毕之后需要向公司登记机关进行备案。上市公司的股东会有权决定是否上市发行优先股，而且要想股东会同意发行，就必须取得出席股东大会的股东所持有表决权的 2/3 以上多数同意。上市公司应当将发行优先股的有关情况及时以书面形式通知中国证监会和相关的证券交易所。

发行规模。优先股的设置比例基本取决于公司对于控制权的安排以及公司可以承受多大规模的优先股股息的现金流出。《管理办法》规定上市公司已发行的优先股不得超过公司普通股股份总数的 50％，且筹资金额不得超过发行前净资产的 50％，已回购、转换的优先股不纳入计算。

（3）优先股股东的权利保护

A. 设立和完善优先股股东会。优先股股东会在组织形式、召集方式等形式内容上可以参照股东会办理。为了保护优先股股东权益，应规定优先股股东会可由董事会建议召开，也应允许由代表一定优先股股份比例和一定数量的优先股股东共同请求而召开。同时法律还应该规定优先股股东会对涉及优先股权益的保护问题，如优先权是否变更或废止，更为优先的股票是否发行等，有权作出决议，该决议对公司有约束性。

B. 优先股股权“复活”。优先股股权“复活”是指当特定条件成就时，将某些普通股股东的权利赋予优先股股东。应当由法律统一规定优先股股东所享有的该类型权利的类别和期限。首先需要明确的是该期限的起止时间。这一点可以借鉴《德国股份法》第 140 条（2）的规定。[①] 我国法律可以将期限的开始时间限定为第二年应付股票收益期

① 《德国股份法》第 140 条（2）规定：“如果在一个年度没有或者没有完全支付优先股息，并且在下一年度除了该年度的全部优先股息之外不能补交余额。那么，优先股股东在余额补交之前有表决权。”

间届满时。此外，由于优先股股东的目的在于获取固定的投资收益，因此法律应规定当公司全额偿付了其拖欠的股票收益时，优先股股东所享有的普通股东的权利应当自动丧失。

(4) 优先股股东的有关权利和义务

A. 优先股利分配。国务院《指导意见》规定，优先股股东按照约定的票面股息率，优先于普通股股东分配公司利润。公司应当以现金的形式向优先股股东支付股息，在完全支付约定的股息之前，不得向普通股股东分配利润。

B. 优先剩余财产分配。国务院《指导意见》规定，公司因解散、破产等原因进行清算时，公司财产在按照《公司法》和《破产法》有关规定进行清偿后的剩余财产，应当优先向优先股股东支付未派发的股息和公司章程约定的清算金额，不足以支付的按照优先股股东持股比例分配。优先股股东按照约定的股息率分配股息后，是否有权同普通股股东一起参加剩余利润分配事宜需在公司章程中约定。

C. 表决权限制。国务院《指导意见》规定，除以下情况外，优先股股东不出席股东大会会议，所持股份没有表决权：修改公司章程中与优先股相关的内容；一次或累计减少公司注册资本超过10%；公司合并、分立、解散或变更公司形式；发行优先股；公司章程规定的其他情形。国务院《指导意见》还特别规定了表决权恢复的情形。公司累计3个会计年度或连续2个会计年度未按约定支付优先股股息的，优先股股东有权出席股东大会，每股优先股股份享有公司章程规定的表决权。对于股息可累积到下一会计年度的优先股，表决权恢复直至公司全额支付所欠股息。对于股息不可累积的优先股，表决权恢复直至公司全额支付当年股息。

D. 知情权。《管理办法》规定优先股股东亦有权查阅公司章程、股东名册、公司债券存根、股东大会会议记录、董事会会议决议、监事会会议决议、财务会计报告。

4. 正确处理好优先股立法中的各种关系，完善优先股的保护

体系

在建立我国优先股法律制度的过程中，当前需要正确处理好以下四个方面关系：

(1) 正确处理公开发行与非公开发行之间的关系

根据《管理办法》可以发现优先股公开与非公开发行的最大区别是：在非公开发行的情况下存在"附条件生效的优先股合同"。合同即"契约"，是平等主体之间在诚实守信、公平自愿基础上达成的意思表示的合意。合同关系体现了一种平等和契约自由精神。"附条件生效的优先股认购合同"在《管理办法》第35条、第37条、第44条中都有规定"附条件生效的优先股认购合同"是投资者(即潜在的优先股股东)与公司之间对于认购优先股达成的合意，合同条款是在平等协商的基础上达成的，其合同条款涉及《管理办法》允许公司进行公司章程自治的事项。这种合同是一种非标准格式合同。我国《公司法》规定，"格式合同是当事人为重复使用而事先拟定，并对方订立合同时未与对方协商的条款"，格式合同的订立未经过双方协商容易出现"霸王条款"，导致合同关系中强势一方合法而非合理的侵害另一方利益。《管理办法》中上市公司的公开发行并没有"附条件生效的优先股认购合同"的规定，第37条规定"上市公司股东大会就发行优先股进行市议"，其表决事项包括"公司章程中关于优先股相关政策的修订方案"对于公开发行优先股的条款是有上市公司股东大会表决通过。虽然《管理办法》第37条规定"具有表决权或表决权恢复的股东可以参与股东大会行使表决权"，但是在上市公司首次公开发行优先股的情况下并不存在这类优先股股东上市公司公开发行时，公司与投资者之间的"优先股认购合同"是一个格式合同，合同条款是有上市公司股东大会事先表决通过的投资者(即潜在优先股股东)对于"优先股条款"只能做出"选择"和"小选择"两种反应。有学者认为在公开发行时，投资人可以对该优先股的股息率、转换和赎回条款等进行研究，如果认为该公司存在较大经营风险，或者优先股条款不符合自己的投资意图，可以决定不认购从而避免风险。投资者这种“被动选择”实际上是对其权益的一种损害，是公司章程自治的异化。基于普通股股东与优先股股东之间的矛盾和普通股股东的强势地位，存在对于优先股股东权益损害的“道德风险”。《管理办法》授权的公司章程自治并不能达到预期的效果，没有实现实质的正义。

(2) 正确处理立法模式选择与优先股股东保护之间的关系

优先股制度立法模式的选择影响优先股股东的保护。立法主体通过法律规范对法律关系主体的权利、义务、责任进行分配，法律关系主体需要遵从法律规范。立法主体对优先股制度立法模式选择影响法律关系主体的权利、义务分配。法定立法模式强调强制性和法律严谨性，法律多强制性规范，法律关系主体必须严格遵守法律规范，根据法律规定行使权利、履行义务。这种模式下对于优先股股东权利的损害主要来自于法律的漏洞以及其他直接侵权行为。授权立法模式下强调契约自由，法律多授权性规范，对于权利、义务的分配是通过法律关系主体之间的协商达成合意。在这种模式下，容易出现一方利用自己的强势地位“合法”的侵害另一方的利益，从而使契约自由变成一种形式上的正义。优先股股东与公司、普通股股东之间相比，处于弱势地位，优先股股东很容易受这种“合法”的侵害。所以立法主体对于立法模式的选择，以及在立法中强制性规范和授权性规范的分配影响优先股股东权益的保护。

(3) 正确处理优先股回购与《公司法》相关规定之间的关系

根据在公司发行优先股一段时间后能否按约定的特定价格将优先股回购，优先股可分为可回购优先股和不可回购优先股。再根据公司是否享有回购与否的选择权，把可回购优先股分为强制回购优先股和任意回购优先股。尽管优先股回购设置理念违背了我国现行《公司法》的资本维持原则，也不属于《公司法》规定的公司不得收购本公司股份的例外规定，但是优先股回购是类别股表现之一，在公司盈利状况不佳或者市场利率大幅下调时，优先股的固定股息支付将给公司带来财务负担，因此在发行优先股时，公司大多会设计回购条款。

我国优先股的试点发行一定要参照《公司法》的规定，国务院《指导意见》中也明确强调了这一点。对此不可回避的问题是《公司法》与章程的关系。有学者认为："创设行为本身应循法律之规范，而创设行为之结果乃约定之产物。就好比司机可以自己选择行车路线，但行车过程必须遵守交通规则。"①那么，如果将优先股的回购条款写入《公司法》，则必须对《公司法》的资本维持原则进行重新界定。优先股回购条款作为公司不得收购本公司股份的例外规定，虽然在现行的《公司法》中较多地体现了契约自由主义，但仍是强制性的规定较多，授权性的规定较少。而今后《公司法》会朝着何种方向发展，是否是授权性规定为主，强制性规定为辅，多授权于公司章程，则仍需学者进行考量。

国外优先股回购条款的设置通常附有可转换条款，这可以方便投资者选择接受回购及补偿或选择将优先股转换成普通股。对于我国优先股回购条款设置，可回购优先股的结构设计不能违反法律的强制性规定以及《公司法》法理。对于可回购优先股，法律应明确限定回购资金的来源，除法律明确规定的例外情形，原则上应禁止以公司资本赎回股份，避免侵害债权人的利益。公司章程若约定优先股的回购价格，应按章程规定的回购价回购优先股，如果没有约定则由公司与优先股持有人协商确定优先股回购价格。协商不成的，可以请求法院给予异议股东以确定公平价格的权利，法院的裁定双方当事人必须执行。另外，章程应明确回购价格的确定方法。一般情况下应给予优先股股东一定的补偿，回购价应高于发行价格，若优先股已经上市交易，也可按一定时间的平均收盘价加一定溢价确定回购价格。② 此外，国外发达国家的法院一般都遵循着信息充分披露和交易是否完全自愿这两个标准，以此判断优先股回购是否公平。因此，我国在优先

① 王光东．类别股份法理研究[J]．法学，2013(3)：122．

② 曹立．权利的平衡——优先股与公司制度创新[M]．北京：中国财政经济出版社，2014：167．

股回购条款的设置上，要注意对公司回购优先股进行严格规范和限制。

（4）正确处理优先股股东与普通股股东之间的关系

优先股股东与普通股股东之间的关系既存在一致性，又存在冲突，构成一种悖论。首先，优先股股东与普通股股东之间利益具有一致性。优先股股东通常被称为公司剩余价值的拥有人，其享有对于与公司剩余价值的分配请求权。优先股股东享有公司利润和剩余价值的优先分配权。两者财产权益的有效获得都需要公司价值的稳定增长，所以两者有共同的价值目标。其次，两者之间存在矛盾。一方面，优先股股东与普通股股东在利益分配方面存在冲突，优先股股东享有财产利益分配的优先权，其影响普通股股东财产权益的取得，如累积优先股，若当年可分配利润不足于支付优先股股东股息，可以用下年可分配利润弥补；或者是参与优先股，优先股股东分配股息以后仍可以参与剩余利润的分配。另一方面，普通股股东拥有对于公司的控制权，其可以通过控制董事会的决策来影响优先股股东的利益。虽然在特定情况下，优先股股东享有表决权或表决权恢复，但是对于利润分配事项或公司经营策略的决策，其没有表决权。普通股股东可以利用对公司的控制权来影响优先股股东。所以与普通股股东相比，优先股股东处于弱势地位，需要给予保护。

第四节　本章小结

综上所述，作为一种重要的经济组成方式，优先股制度的经济运行方式在西方发达国家已经有了很长的历史，并在资本市场中发挥着极为重要的作用，至今仍被广泛应用。我国引进优先股制度较晚，在上世纪 90 年代才有了雏形，其中也经历了一个漫长的曲折过程，但实践证明优先股制度的应用，可以有效地为我国的金融机构提供多种多样的融资方式，也可以为投资者提供更多的投资渠道。目前，我国应用优先股存在的主要问题是一直以来并未有针对优先股制度建立健全一个完善的法律法规，这就导致优先股制度在我国的金融市场的推广并不是很顺利。随着我国国务院颁布的针对优先股制度的相关指导意见的出台，尤其是优先股法律制度的完善，进一步明确优先股的地位和作用，规范优先股的概念和种类、优先股股东的权利和义务、优先股转让股份的条件、优先股股票的赎回以及优先股股东权益受损的救济途径和方法等具体法规，可以预见，优先股制度必将会为促进我国经济的持续快速健康发展发挥积极作用。

第四章 优先股在我国的应用前景

2013 年 11 月国务院《关于开展优先股试点的指导意见》(简称《指导意见》)和 2014 年 3 月证监会关于《优先股试点管理办法》(简称《管理办法》)的相继颁布，标志着我国优先股试点正式启动。在此背景下，优先股在我国的应用前景会怎样，尤其是优先股的发行容量、中小股东的利益保护以及优先股的制度设计等问题，是需要我们进行研究的。

第一节 优先股的发行预测

一、优先股市场的潜在容量

作为资本市场的重要组成部分——优先股在以欧盟和美国为代表的市场经济较为发达的国家或地区中，已经成为一种普遍使用的融资工具，从他们的实践经验来看，优先股应用的主要方向为补充金融业核心资本、房地产融资、并购重组及创业投资。据此，我们对中国的相对应行业进行发行预测。

1. 金融行业优先股潜在容量测算

据银监会对商业银行2013—2018年份年度资本充足率过渡期的安排，要求最终达到11.5%(重要系统性银行)和10.5%(其他银行)的资本监管目标。在商业银行风险加权资产增速仍快于资本形成(包括银行内源积累和外源融资)速度的现实情况下，商业银行普遍存在着多渠道补充资本的压力；保险业对多渠道补充资本金也存在着较为强烈的需求，但保监会2013年3月《中国第二代偿付能力监管制度体系整体框架(征求意见稿)》(C-ROSS)中尚未涉及具体量化指标，因此紧迫性不如商业银行，出于业务拓展和增强经营稳健性增加资本金是保险公司未来的主要诉求；和银行、保险业相比，证券公司、信托公司、融资租赁公司等其他非银金融机构经营波动性较大，周期性特点强，会更倾向以普通股融资方式增强长期资本结构的稳定性，因此对于发行优先股的需求可能相对偏弱。

而根据国泰君安证券的研究和测算，[①]商业银行体系为满足监管要求，在2016年左右会出现较为集中的资本需求，至2018年资本缺口累积约11 529亿元，核心资本缺口累计约7 746亿元。目前，各商业银行资本充足程度不均，因此测算结果是相对保守的。由于新办法2013年1月实施后对商业银行现已发行的不含有减记或转股条款的次级债认定为不合格资本工具，目前这部分存量约为8 500亿元，须在十年内退出——按年均退出10%计算，至2018年，银行业的资本缺口将进一步扩大至1.67万亿。

由此可见，商业银行发行优先股的潜在规模较大，如果参考美国银行业优先股占权益资本比例(1990—2007年，稳定在5%)，那么我国优先股发行市场的潜在规模约为7 200亿元。

① 主要假设：(1)2013—2018年，商业银行体系净利润增速(加权)由2013年的13.10%，逐年下降0.5个百分点；(2)商业银行分红率稳定在35%；(3)风险加权资产增速由2013年的20%，逐年下降1个百分点。

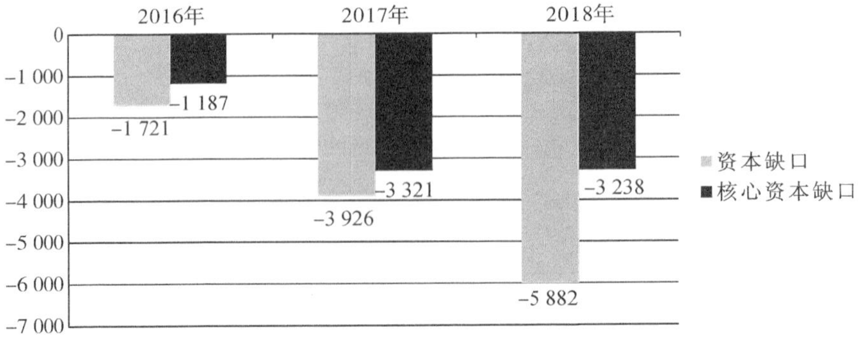

图 4-1 2016—2018 年商业银行资本缺口估算(亿元)

来源:国泰君安证券研究 尽管银监会的《过渡期内分年资本充足率要求》缓和了商业银行的再融资压力,但在整个银行体系(尤其是非上市城商和农商行)在过渡期内的资本金补充的压力仍将是逐年递增的。

2. 房地产行业优先股潜在容量测算

由于我国宏观调控政策持续收紧,国内开发商难以获得低成本资金,信托融资因此成为房地产业现阶段的主要融资手段。根据信托业协会披露的数据,截止 2013 年一季度末,房地产信托存量约为 7701 亿元;根据用益信托的统计,2013 年 1—6 月成立的 420 款房地产集合信托产品平均预期年化收益率已达到 9.6%,位居各主要类型信托产品之首。①

相比信托融资,在房地产项目预期回报稳定的前提下,优先股融资在缓释偿债压力、资本稳定性和节省融资成本等方面存在相对优势。优先股制度在我国确立后,房地产行业使用优先股融资替代信托的意愿将会逐渐增强,在公募发行仍然从紧的环境下,私募形式的信托优先股将成为房地产融资的主流模式,其市场容量约占到目前信托融资的 1/4,即 2 000 亿元左右。

3. 并购市场的优先股潜在容量

在香港,以并购融资目的而发行的优先股占比超过 50%;发行人为内资背景的上市公司数量也超过了 50%,国内企业在海外市场采用优先股融资模式积累了一定的经验。从国内的情况来看,中国经济

① 林采宜.我国优先股市场容量有多大?首席经济学家论坛.2014-3-22.

增速放缓，处于产业结构调整和转型升级的关键时期，产业整合与并购活动将进一步活跃，据汤森路透的数据显示，截至 2015 年 12 月 21 日，中国境内并购总额再创新高，升至 5 688 亿美元，同比增长 63.7%；中国企业参与的并购交易总金额达 8 060.2 亿美元，同比增长 78.3%。[①] 预计 2016—2018 年境内并购交易额将进一步加快，年均增速达到 12%，假设使用优先股作为配套融资工具的发行规模约占到并购交易额的 2%～3%，按此计算，至 2018 年末并购市场的优先股市场存量市值规模约为 1 200～1 800 亿元。

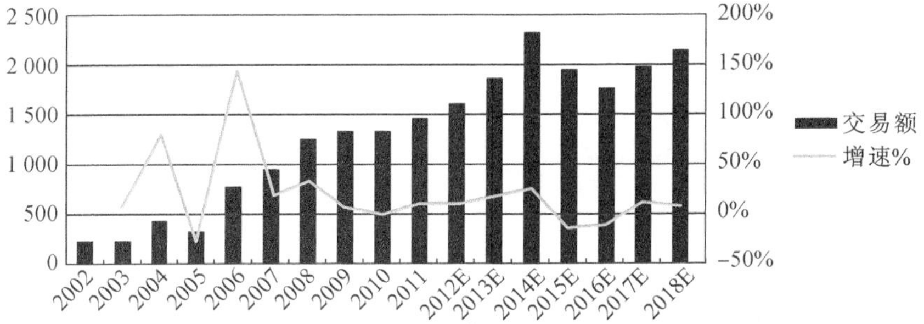

图 4-2　2002—2018 年境内并购交易额及增速预测[②]（亿美元）

资料来源：Dealogic 国泰君安证券研究

4. 创投企业优先股定向融资潜在规模

美国的一项实证研究显示，约 95% 的创业企业使用可转换优先股作为融资工具，[③]优先股对于改善创业企业的公司治理结构，迎合不同投资偏好、激励创业企业管理层以及最大程度方面保障投资人权益具有极为重要的作用。反观国内创投市场，由于优先股的法律地位未被明确，国内创投基金对于创业企业的投资往往采用较为直接普通股入股方式并附以复杂的法律条款进行约束，对于双方权利保护和义务

① 苏诗钰. 2015 年中国境内并购总额同比增逾六成[N]. 证券日报，2016-1-16.

② 2002—2011 为 Dealogic 统计数字，2012—2018 的并购交易额按并购活动与宏观经济周期波动相关性进行预测。

③ 于莹，潘林. 优先股制度与创业企业——以美国风险投资为背景的研究[J]. 当代法学，2011(4).

的约束力不足，对创投行业发展和中小企业融资效率形成了一定的负面影响。假设2015年优先股制度正式在国内确立，考虑到风险投资基金可能会对原以普通股形式的投资转化为优先股投资、未来风险投资市场保持10%的增速以及优先股占风险投资总额的比重达到80%来估计：风险投资优先股投资规模的潜在容量在3 000亿元左右。①

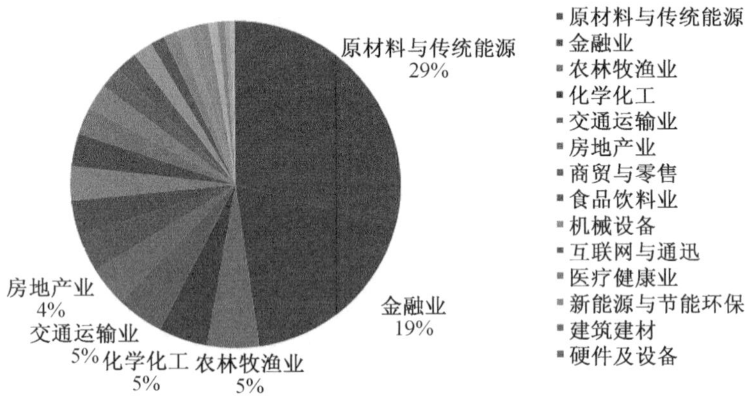

图4-3　2010—2013.6年风险投资基金人民币投资行业分布

资料来源：大智慧金融终端　国泰君安证券研究

5. 从需求端看优先股存在容量空间

国内居民存款已由2007年年初的16.47万亿增长到2014年底的50.3万亿，规模庞大；2015年又新增储蓄的存款已超过4万亿人民币；2008年以来中国居民储蓄累计增加了35万亿人民币，这是中国扩大消费和有效投资的充分条件。② 在通胀背景下银行存款面临贬值的风险，巨量的居民财富与较低的资产配置效率之间矛盾凸显。但从发展的角度讲，国内居民潜在投资需求空间也非常广阔，其中关键点仍是金融市场的发展以及金融产品的创新。透过中国大妈抄底黄金及人们购买余额宝货币基金疯狂，我们可以看出：只要市场上有恰当

① 林采宜.我国优先股市场容量有多大？首席经济学家论坛.2014-3-22.

② 李源潮.2016年冬季达沃沃斯论坛主旨演讲[N].凤凰财经，2016-1-21.

的金融工具，国内居民所蕴藏的巨大资产配置需求就会以令人震惊的数量级显现出来。

国内优先股股息率预估为6%～9%之间，进一步构建金融产品的多层次结构，优先股将弥补高门槛的信托以及低门槛的余额宝、银行理财之间6%～9%段的收益空挡。在风险方面，不同企业发行的优先股其风险也将不一样，在国内优先股试点的背景下，预计以大型企业和大型金融公司发行优先股为主，其风险较小，对充分挖掘一般居民的投资需求作用明显。

虽然个人直接参与优先股的发行还受到一定的限制（目前要求个人投资者参与优先股的条件：名下各类证券账户、资金账户、资产管理账户的资产总额不低于500万元），但仍然可以将资金交由专业机构进行投资，通过专业投资机构参与优先股的发行和投资；或者可以投资以优先股为基础资产设计的金融产品，以及在二级市场中参与优先股投资。

二、优先股市场潜在容量测算结果

按优先股主要发行部门的分项测算结果，至2018年底，国内优先股市场的潜在市场容量预计在1.37万亿元左右，是2013年6月底沪深交易所上市公司普通股总市值24.4万亿的5.5%。①

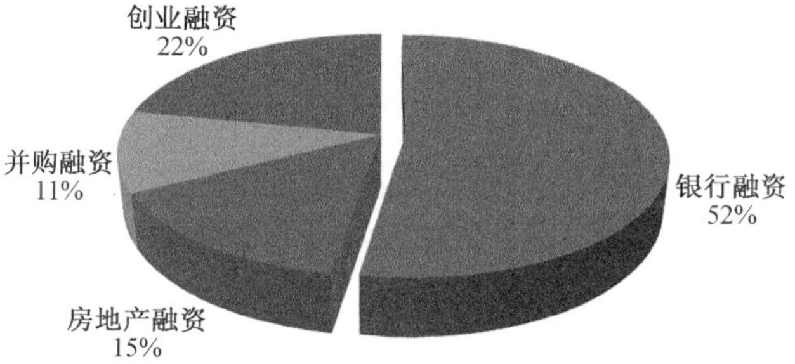

图4-4　2018年国内优先股市场容量与融资占比

资料来源：国泰君安证券研究

① 林采宜.我国优先股市场容量有多大？首席经济学家论坛.2014-3-22.

三、优先股的发行限制

从目前的情况来看，无论发行何种优先股，除了需要得到公司章程或股东大会决议之发行授权外，还会受到特定发行条件的制约，这在大陆法系国家或地区尤为明显。这种限制主要包括：发行优先股的公司需满足特定的财务指标、优先股发行规模需满足特定股权比例的要求、优先股发行目的或者发行时期的限制，对此《管理办法》几乎照单全收，这是否妥适，值得研究。

1. 优先股发行的财务限制

《管理办法》第19条要求“上市公司发行优先股，最近三个会计年度实现的年均可分配利润应当不少于优先股一年的股息”。此外，类似条款还被应用公司公开发行公司债的情形(《证券法》第16条第1款)。对发行优先股的上市公司提出财务方面的限制，不仅在规范意旨上具有正当性，而且具有比较法的基础，且符合法体系的秩序要求，其正当性似乎无可厚非。然而，这一限制是否妥适仍值得思考。

首先，公司较佳的财务状况只具有历史的意义，[①]因此，这一限制具有极大的误导性。实际上，(1)法律规定的是公司最近三个会计年度实现的年均可分配利润，并未显示出公司持续营利、获取利润的能力；(2)即便公司最近三年持续营利(《管理办法》第27条对公开发行提出的特别要求)，公司能否继续营利仍受诸多因素的影响；(3)公司既有的利润，在未分配前属于公司的财产，这意味着公司即便有再多的利润，只要公司未分派给优先股股东，这些利润都要承受公司经营失败的风险，而经营的一次失败有时足以让既有的利润损失殆尽。因此，这一规定虽然有助于优先股股东股利的实现，但是却无法为优先股投资者提供确实的保证。

---

① 英美学者认为注册资本仅仅是一个“历史数字”而已。see Roman Tomasic, Stephen Bottomley & Rob Mc(2ueen, Corporations Law inAustralia (second edition), The Federation Press, 2002, p442.

其次，这种对财务条件的限制，还将大部分融资困境中的公司从优先股市场排除出去，使这些陷入融资困境的公司更加难以自拔，很可能过早地走向毁灭。而这种限制的广泛存在(也适用于公司债)将使得这一问题更加严重，因此，修法废弃该种做法实有必要。实际上，早有学者建议，为了便于财务困境中的公司融资、摆脱困境，应不再以盈利作为股份公司发行新股或者公司债的条件，[①]只可惜并未引起足够的重视。从企业维持原则的精神来看，立法应对融资困境中的公司提供制度救助，这同样要求取消这一不合理的限制。

再次，这种对财务条件的限制，不利于体现该条款的规范意旨——保护投资者，这也是《公司法》、《证券法》的永恒主题。问题是，法律究竟应如何保护投资者，这在《证券法》领域已经基本形成共识，即通过信息披露保护投资者，信息披露(信息公开)原则更成为《证券法》的基本原则。就优先股而言《指导意见》第12条、《管理办法》第7章有专门规定，其中，前者对优先股发行中的投资者保护更具意义，其规定"公司应当在发行文件中详尽说明优先股股东的权利义务，充分揭示风险。同时，应按规定真实、准确、完整、及时、公平地披露或者提供信息，不得有虚假记载、误导性陈述或重大遗漏。"实际上，公司最近三个会计年度实现的年均可分配利润与优先股股利分配之间的关系对于优先股投资是一项重要信息，只要公司对此进行了符合法律要求的披露，哪怕公司连年亏损，但只要公司和盘托出，并以显著方式"充分揭示风险"，那么，投资者自主决定是否投资该特定公司并不会因此而受损害。这意味着，这一规定保护投资者的目的完全可以被信息披露制度所涵盖。

最后，该限制涉及到私法自治与法律管制的边界问题。在私法领域内，原则上奉行私法自治原则，如果法律意图管制，则需要足够正当且充分的理由。如上所述，保护投资者是一个很好的理由，但是，既有的信息披露制度不仅足以保护投资者，而且充分尊重了投资者的理性

① 邱海洋.《公司法》阻碍了财务困境中公司的融资[J].金融研究，2004(7):132-137.

决策能力，这意味着以信息披露为中心的投资者保护制度不仅符合立法目的，而且符合私法自治原则，以其淘汰财务限制规则具有法理上的正当性。另外，财务限制规则的存在还容易造成投资者对法律和发行审核部门的信赖，遭受损失的优先股投资者易将原因归责于法律和发行审核部门，这也不利于成熟投资者的养成。

2. 优先股发行的规模限制

《指导意见》第 9 条前段和《管理办法》第 23 条明确规定：公司已发行的优先股不得超过公司普通股股份总数的 50%，且筹资金额不得超过发行前净资产的 50%，已回购、转换的优先股不纳入计算。可以说，我国完全沿袭了大陆法系国家的传统做法，其特点是在股份和股本额两方面进行限制，而如上的大多数国家则只采取股本额进行限制，即便该做法的规制理由能够成立，这可能也会导致我国比其他国家更严格的限制，如果再考虑《管理办法》第 32 条规定优先股每股票面金额为 100，诸多因素的限制使得我国公司以发行优先股方式融资的额度大为受限。

这一规定虽然具有一定的合理性，但并不具有充分的合理性和普遍的适用性。比如美国的做法与大陆法系国家截然不同，对优先股的发行规模无任何限制。美国的优先股不仅发行历史悠久，而且其优先股市场规模庞大、发行例多而活跃，实践中亦曾出现优先股股本超过普通股股本的情形。事实上，对于优先股股东而言，“优先”的意义与优先股股票的多少无关，其关键在于公司的利润多少和分红情况；对普通股股东而言，优先股股份的多少并非越少越好，这取决于公司的融资目的和融资环境，普通股股东最关心的并非优先股股份的多少，而是一定数量的优先股股份能够给公司、给普通股股东带来多少利益。因此，发行多少优先股方为妥当，并非立法所能决定，相反，这主要取决于公司自身。公司是商人，是自身利益的最佳判断者，最了解公司需要什么样的、需要多少优先股，法律不宜对此作出限制性规定。此外，对优先股发行比例的限制还容易导致优先股发行数量少、股本规模小，上市困难，这足以影响优先股功能的正常发挥，其不仅被证实为构成优先股不受青睐的原因之一，而且还阻止了公司的进一步融资。当前，无论从推动优先股投资，促进优先股市场的形成来看，抑或是促进公司融资，鼓励公司发展来看，均不宜由立法设定无表决权优先股的发行上限。

3. 优先股发行的时期限制

公司何时可以发行优先股，这是一个问题，其常常与优先股发行的目的纠缠在一起。总体来看，优先股发行经历了目的限制到目的自由、增资发行到初始发行的转变，法律的管制渐次消失。

《指导意见》第 8 条规定，公开发行优先股的发行人限于证监会规定的上市公司，而《管理办法》第 26 条更是将此明定为三种情形，其实质是限制了发行时间、发行目的、发行主体。由于公开发行限于上市公司，那么优先股的发行就只能是增资发行，这意味着试点期间并不允许优先股的初始发行。由于普通股为上证 50 指数成分股的公司寥寥可数，而唯有这些公司发行优先股不受目的限制，其他上市公司仅能在并购其他上市公司或者回购减资时方能发行优先股，这意味着优先股的其他功用难以有效发挥；至于融资困境的情形几乎完全被排除在优先股的发行可能范围内，这使得优先股的融资功能大打折扣。在如上诸多限制的情况下，优先股的发行将主要被用于三种情形：一是存在资本充足率监管要求的银行业。上世纪 80 年代末深圳发展银行发行优先股即是为了“适应本行人民币业务和外汇业务发展需要，增加实有资本额，以达到人民银行规定之资本资产比例”；如今，普通股为上证 50 指数成分股的银行拟增资优先股亦是为了满足《商业银行资本管理办法（试行）》对资本充足率提出的新要求。二是作为并购工具。我国香港特别行政区的优先股主要被用作并购工具，我国正处于经济转型期，企业并购市场空间广阔，预计优先股在这一领域将大有可为。三是用于回购减资的替代工具。该种情形如果被用于中小股东保护，效果甚佳；不过《管理办法》第 66 条允许非上市公众公司首次公开发行普通股并同时"非公开"发行优先股，[①]在公司自治的情况下这一做法难以期待；而尤其应予避免的则是公司回购普通股，再发行优先股，将重大投资风险转嫁给优先股投资者的行为，这种风险在普通股股本占公司资产比例较低的情况下同样容易发生，对此如何防范并保护优先股股东或债权人的合法权益，值得进一步的研究。

综上所述，《管理办法》在规模、比例、时期和目的方面对优先股发行做出了限制，尽管这些限制具有比较法基础且立法目的良善，但由于这种限制要么过于武断、要么无法达到目的、要么本无必要，其不仅与私法自治精神有违，缺少法理上的正当性，而且过度限制了公司融资的自主性甚至间接毁灭融资困境中的公司。因此，这些限制应予取消，但同时应强化信息披露机制，以充分揭示风险，这不仅可以保护优先股投资者，而且有助于成熟投资者的形成。

第二节　优先股的股东利益保护预测

一、我国优先股股东权利的保护机制规定

目前我国的优先股制度建设以国务院下发的《指导意见》和国证监会发布的《管理办法》为基础，二者对优先股股东的权利保护机制提供了总体的框架，从发行机制、表决机制和退出机制等方面做了初步规定。

1. 发行机制对股东权利的保护

《指导意见》第 8 条首先对我国优先股的发行人范围做出了限制，而《管理办法》第 26 条将上市公司公开发行优先股的主体资格限定在了

① 有学者主张，为了保护中小股东可以将中小股东持有的普通股转化为优先股。参见赵志钢.少数股东保护的新进路：少数股东股份的优先股化[J].政法论丛，2006(3)：57-62.

普通股为上证50指数成分股,或者上市公司将优先股作为支付手段时可以公开发行。不难看出,目前我国对优先股的公开发行资格做出了严格的限制,通过对公开发行主体的筛选可以从发行阶段就对优先股的投资者形成保护。普通股为上证50指数成分股的公司的稳定性强,其普通股及优先股的投资者利益在很大程度上能够得到保障。这种公司发行的优先股通常被认为是质地优良的优先股,即相对成熟的股票,这种股票具有类债性,因此其投资者的利益能够得到有效保障。[①] 同时,我国通过对公开发行优先股的用途加以限制,使优先股的公开发行规模限制在一定的范围之内。这样就使优先股市场的规模限制在可控的范围之内,不致因为优先股的发行量过大对资本市场造成冲击。

除此之外,《指导意见》和《管理办法》对优先股的发行比例进行了限制,二者均规定:"公司已发行的优先股不得超过公司普通股股份总数的50%,且筹集资金额不得超过发行前净资产的50%。"20世纪70年代巴西将无表决权的优先股发行比例提升至公司股本的2/3。大股东通过滥发无表决权优先股控制公司,进而损害中小股东以及优先股股东的利益,造成了巴西公司治理的极度混乱。[②] 优先股在通常情况下是不具有表决权的,我国通过对优先股的发行比例进行限制,可以稳定公司治理结构,防止大股东通过发行无表决权优先股控制公司损害其他股东的利益。

2. 表决机制对股东权利的保护

股东平等原则是现代公司法的一项重要原则,然而这一原则并不要求股东从形式上完全平等。尽管优先股在收入权和资本权方面优先于普通股,但是优先股股东是以让渡表决权为代价换取收入权和资本权的优先性。当优先股股东的收入权和资本权受到侵害时,应当恢复

---

① [美]本杰明·格雷厄姆,戴维·多德.证券分析(第六版,上)[M].巴曙松,陈剑,译.北京:中国人民大学出版社,2011:179.

② 埃德米尔·平托.作为社会行为人的世界交易所.载拉里·哈里斯主编.监管下的交易所——经济增长的强劲助推器[M].北京:中信出版社,2010:256.

优先股股东的表决权以实现股东平等原则。《指导意见》和《管理办法》对优先股股东表决权限制和表决权恢复都作出了规定。优先股股东不出席股东大会,持有的股份没有表决权。但是涉及到修改公司章程中与优先股相关的内容,一次或累计减少公司注明资本超过10%,合并、分立解散或变更公司形式,发行优先股,公司章程规定的其他情形的除了需要出席会议的普通股股东所持表决权2/3以上通过外,还需经出席会议的优先股股东所持表决权的2/3以上通过。不难看出我国对优先股股东的表决权行使,不仅从实体方面还从程序方面做出了具体规定。虽然我国对优先股股东的表决权进行了限制,但是在涉及到特定的事项时需要优先股股东大会的表决通过,以此保障优先股股东的根本利益。

优先股股东除了可以对与自身利益有关的重大事项行使表决权外,优先股股东还可以在一定条件下取得表决权,又被称为优先股表决权的复活。《指导意见》第6条和《管理办法》第11条均规定了我国优先股股东表决权复活的条件,即公司累计三个会计年度或连续两个会计年度未按约定支付优先股股息的,优先股股东有权出席股东大会。优先股股东通过让渡自身的表决权换取其在收入权和资本权方面的优势主要是基于股东平等原则的考虑,优先股股息长时期不能得到实现会使优先股股东的收入优先权落空,此时恢复优先股股东的表决权可以使其重新参与到公司治理之中,通过行使表决权保障自身的利益不会进一步受到损害。

3. 退出机制对股东权利的保护

优先股股东的退出是保护其自身利益的重要手段,而优先股的退出可以是主动的退出也可以是被动的退出,因此其退出路径具有多样性。在现代公众持股公司的财务实践中,优先股通常可以按事先确定的比率转换为公开交易的普通股。[①]《指导意见》第4条规定

① [美]罗伯特·W·汉密尔顿.美国公司法(第5版)[M].齐东祥组织翻译.北京:法律出版社,2008:450.

公司章程应当对优先股转换普通股的条件、价格、比例等做出规定，可以看出《指导意见》允许优先股转换为普通股。而《管理办法》第33条以及《深圳证券交易所优先股试点业务实施细则》[①]（以下简称《深交所实施细则》）第49条均明确不允许上市公司发行可转换为普通股的优先股。由此可见在具体操作层面《管理办法》和《深交所实施细则》更加倾向于上市公司优先股的不可转换性，以此保证市场的稳定性。

除了优先股转换为普通股之外，《指导意见》第4条以及《管理办法》第13条还对优先股的回购做出了规定。优先股回购权可以由发行公司或优先股股东行使，并且要求在公司章程中对回购的细节做出规定。这就赋予了我国优先股股东回购请求权，其可以通过行使回购请求权将优先股回售给发行公司。但是公司章程必须对优先股的回购有所规定，并且回购行动的具体细节应当在公司章程中有所体现。而发行人行使回购选择权的前提条件是完全支付所欠股息，这对保护累积优先股股东的收入权具有重要意义。我国《公司法》对异议股东收买请求权的规定主要集中在第74条和第141条之中，虽然《公司法》未明确优先股异议股东是否享有异议收买请求权，但《指导意见》以及《管理办法》并未对异议优先股东的保护做出明确规定。

二、我国优先股股东权利的保护机制缺陷

尽管《指导意见》和《管理办法》从总体上对优先股股东的权利保护做出了初步规定，但是我国的《公司法》和《证券法》并未根据优先股的特性对优先股股东的权利保护做出具体规定，二者甚至并未对优先股制度做出具体的法律规定。因此，优先股在实施过程中，其股东权

① 深圳证券交易所：《深圳证券交易所优先股试点业务实施细则》，资料来源：http://www.szse.cn/main/disclosure/bsgg_front/39752166.shtml，2014年11月10日访问.

利保护存在的机制缺陷也是可以预见的。

1. 发行机制对股东权利保护存在的缺陷

《指导意见》和《管理办法》都对上市公司公开发行优先股的资格做出了严格的限定,这对控制优先股市场规模保护投资者利益能够起到一定的作用。但是这一做法严格限制了优先股市场规模的发展,从而有可能导致我国优先股市场的流动性不足。目前许多国家对优先股的公开发行并未做出主体资格的限制,而是将同一公司公开发行优先股的条件与普通股的发行条件相关联。美国纽约证券交易所(New YorkStock Exchange,简称 NYSE)的《纽约证券交易所上市公司指南》(NYSE Listed Company Manual)甚至并未对优先股公开发行条件设定最低数值标准,只是设定了优先股退市的最低数值标准。虽然美国纳斯达克证券交易所(National Association of Securities Dealers Automated Quotations,简称 NASDAQ)优先股公开发行做出了限制,但是其主要是从最小买入报价、整手股票持有数量、做市商数量、公众持股数值、公众股数量等方面做出限制。可见 NYSE 与 NASDAQ 对优先股公开发行的要求是一样的,即保证优先股的发行规模和充足的市场流动性,使优先股股东不仅可以通过充分的市场流动获利,而且为优先股股东的退出创造了良好的市场环境。

我国将优先股发行比例的参照定为普通股和发行前净资产,主要目的是为了控制优先股对普通股分配权的影响,同时可以防止大股东通过发行大量优先股扩大其表决权效力控制公司。但是这一做法不仅进一步缩小了优先股的市场规模,而且使优先股股东的数量进一步减少。从总体上来看,我国目前对优先股发行比例的严格限制并不利于优先股的市场发展,更不利于优先股股东权利的保护。

2. 表决机制对股东权利保护存在的缺陷

虽然目前我国已经建立了优先股股东表决权复活机制,但是值得注意的是《指导意见》第 6 条规定每股优先股股份享有公司章程规定的表决权,而《管理办法》第 11 条规定了每股优先股股份享有公司章程规定的一定比例的表决权。也就是说公司章程可以对优先股表决权复活后的比例做出规定，复活后的每股优先股表决权有可能并不享有完全与普通股等同的表决权能。优先股表决权比例受到公司章程的限制在很大程度上削弱了优先股表决权复活的作用。《法国公司法典》第228-35-5条规定如果三个会计年度所欠的优先股股息未得到全额支付，相应股票的持有人可以按照这些股份所代表的资本份额比例，获得与其他股东权益相等的表决权，直至优先股股息得到全额支付的会计年度结束均告存在。[①] 可见《法国公司法典》在计算无表决权优先股股东权复活比例时，是按照这些股份所代表的资本份额比例计算而不是按照公司章程的规定计算。

3. 退出机制对股东权利保护存在的缺陷

目前《指导意见》与《管理办法》对优先股是否可以转换为普通股意见不一致，至少在操作层面上我国上市公司不得发行可转换优先股，这就直接减少了上市公司优先股股东的主要退出途径。事实上，优先股转换为普通股目前已被世界许多国家所承认，《法国公司法典》第228-14条甚至允许优先股可以转换为另一类型的优先股。[②] 从严格意义上来说，优先股的转换并未使优先股股东退出公司，尽管转换之后优先股股东的权利义务发生了重要改变，但是其资本仍是公司资本的一部分。从这个意义上来说，转换之后的优先股股东只是失去了公司优先股股东的身份而取得了普通股股东的身份，也即优先股股东退出了优先股的“行列”。允许优先股转换为普通股，不仅可以为优先股股东提供更多保护自身权利的选择，而且可以保证公司资本维持使公司不至于因为优先股的退出而发生重大改变。

如果说优先股转换为普通股仅仅使优先股股东退出了公司优先股的“行列”，那么优先股的回购则意味着优先股股东的退出。一般来

① 罗结珍，译.法国公司法典(上)[M].北京：中国法制出版社，2007：278.

② 罗结珍，译.法国公司法典(上)[M].北京：中国法制出版社，2007：262.

说为了保证公司的稳定性、维护资本维持原则，优先股的回购选择权大多归属于发行公司。而发行公司也更加了解自身经营状况，以融资成本为依据行使优先股的回购权。发行公司可以就优先股的回购与优先股股东达成协议并且在公司章程中有所体现。但是值得注意的是公司章程中的回购条款只能作为优先股回购的抽象法律依据，优先股回购的决定以及细节安排仍然需要通过股东大会的决议来确定。对回购条件等在公司章程中做事先安排会导致优先股股东出于相对被动的地位。《法国公司法典》第 228-35-10 条规定公司章程可以赋予公司回购优先股的权利。但是回购行动必须针对全部股票进行，且回购的决定以及细节的安排应当由股东大会做出决定。[①] 优先股的融资成本高于股权融资和债权融资，其定位对发行公司来说应当属于"困境融资"。因此当公司情况好转时，发行公司(除银行等金融机构外)大多急于回购优先股以降低其融资成本。当公司情况好转时部分优先股(如可转换优先股、浮动利率优先股等)的价格会随之上升，如果只是事先在公司章程中对优先股回购条件做出规定，那么这一部分优先股股东的利益很有可能受到损害。

4. 准备金制度规定对股东权利保护存在的缺陷

在我国目前国务院《关于开展优先股试点的指导意见》、证监会关于《优先股试点管理办法》、《深圳证券交易所优先股试点业务实施细则》都没有规定保障累积利益分配请求权和偿还权实现的两个准备金制度。由于公司的盈利并非总是充足的，当公司经营不理想，盈利不足，而累积利益分配请求权和偿还权介于行使期限时，因没有相关的财源，优先股股东权就有无法实现的危险。相反，设立准备金制度后，依公司章程规定，在公司有盈利时提取固定比例金额作为准备金，可以保障将来公司盈利不足时优先股股东累积利益分配请求权和偿还权的实现。因此，设立准备金制度对保障优先股股东权利十分有意

① 罗结珍，译. 法国公司法典(上)[M]. 北京：中国法制出版社，2007：281.

义。我国上述三个法规、规章在准备金制度上的欠缺,可能导致优先股股东丧失提高其累积利益分配可能性的手段,使其偿还权难以实现。在实践中,就目前已经发行的几家银行及医药公司等的章程,也没有设置任意性的准备金来保障累积利益分配的实现,使准备金制度的立法和实践在我国是一片空白。

5. 优先股股东大会制度规定对股东权利保护存在的缺陷

优先股股东权利保障方面,最重要的优先股股东大会制度同样乏善可陈。表决事项虽然在《管理办法》中涉及到,但仅仅涉及一些比较重要的事项,且这些事项的表决都是在股东大会中一起解决的。

从实践来看,目前已经发行优先股的一些银行与公司的章程中都没有专门设立优先股股东大会,而是把需要由优先股股东大会表决的事项列入股东大会表决事项中,让优先股参与该事项的表决,并规定以特别决议才能通过。该章程虽然没有设立优先股股东大会,有些遗憾,但是列举了一些影响优先股股东权利的具体事项,规定了更严格的表决要件,增强了该章程的可操作性,有一定的借鉴意义。从上述分析中可以看到,我国目前关于优先股股东权利及其保护的立法和实践都有缺陷以及实践的不足,更多是因为立法缺陷造成的。客观上讲,我们的理论研究不够深入,短短十几年的有关研究与外国上百年的立法与实践比,只能望洋兴叹。因此,我国优先股股东权利的立法应在加强我国公司法理论研究的前提下,借鉴外国立法和实践经验,逐步加以完善。

6. 优先股股东表决权对股东权利保护存在的缺陷

股东表决权是指股东就股东会议的议案的决议权。股东表决权作为股东参加公司经营管理的一项重要权利,它的行使与股东的经济利益有密切联系。优先股股东作为公司的股东,理所当然地应该享有表决权。但是我国目前《管理办法》仅仅第 10 条规定了优先股股东在五项特殊情形下享有表决权。该五项内容是:(1)修改公司章程中与优先股相关的内容;(2)一次或累计减少公司注册资本超过 10%;(3)

公司合并、分立、解散或变更公司形式；(4)发行优先股；(5)公司章程规定的其他情形。在股东权益中，对优先股股东权益保护最有价值的就是股利分配请求权和董事、监事的选举权。倘若获得上述两种权利，不仅在经济利益的满足上获取了更多的便利，同时对于公司的实际控制可以通过人事安排得以实现。然而，我国目前的法规与规章都没有规定优先股股东享有股利分配请求权与董事、监事的选举权。由于优先股股东对很多事项都没有表决权，比如选举董事与监事的权力，导致优先股股东的意志无法通过表决机制转换为公司的意志，无法对公司的经营决策产生实际的影响。尤其是一些关涉到优先股股东利益的事情，尤为明显。

第三节　优先股制度设计的前景分析

到目前为止，我国还没有正式实施的优先股法律法规或政策文件。我国未来优先股的制度设计，目前主要体现在国务院下发的《指导意见》及中国证监会发布的《管理办法》中。因此，对我国优先股制度设计的前景进行分析，就只能也只需以这两个文件为标的了。

一、《指导意见》及《管理办法》的制度规定

1.《指导意见》的制度规定

《指导意见》中对未来优先股的制度设计，有以下几个方面的关键规定：(1)优先股可以公开发行也可以非公开发行；(2)发行优先股不得超过普通股总数的50%，且筹资金额不得超过发行前净资产的50%，已回购、转换的优先股不纳入计算；(3)优先股采取固定股息率；(4)优先股在有可分配税后利润的情况下必须向优先股股东分配股息；(5)未向优先股股东足额派发股息的差额部分应当累积到下一会

计年度；(6)优先股股东按照约定的股息率分配股息后，不再同普通股股东一起参加剩余利润分配；(7)优先股可以作为并购重组支付手段；(8)企业投资优先股的投资收益，符合条件的免税。

2.《管理办法》的制度规定

《管理办法》共9章70条。内容包括股东权利的行使、上市公司发行优先股、非上市公司发行优先股、交易转让、信息披露、回购与并购重组等方面。对比《指导意见》，《管理办法》在指导精神上与其一脉相承，主要框架和内容基本保持一致，但在一些具体规定上有所细化，也有新意，具有以下几个特点：

(1) 明确了上市公司公开试点发行优先股的条件

《管理办法》要求，上市公司公开发行优先股，应当符合以下情形之一：首先，其普通股为上证50指数成分股；其次，以公开发行优先股作为支付手段收购或吸收合并其他上市公司；再次，以减少注册资本为目的回购普通股的，可以公开发行优先股作为支付手段，或者在回购方案实施完毕后，可公开发行不超过回购减资总额的优先股。

《管理办法》同时对回购与并购重组做出了具体规定。这些规定限制了公开发行的主体资格，确保试点期间公开发行主体的经营较为稳健，公司治理较为规范，这也有利于保护投资者的合法权益。特别值得注意的是，《管理办法》提出了上市公司可以回购普通股为目的发行优先股。考虑到蓝筹股的股价持续低迷，这将有助于价值被低估的大盘蓝筹股价值回归，同时也使得发行优先股回购B股成为可能。

(2) 注重对中小投资者权益的保护

《管理办法》的制定遵循保护投资者合法权益、市场化以及平稳起步原则，其中保护中小投资者权益尤为突出。比如《管理办法》对优先股转换为普通股在时间和价格上做出了限制。可转换优先股自发行结束之日起36个月后方可转换为普通股，上市公司公开发行优先股的，转换价格应不低于募集说明书公告日前20个交易日公司普通股股票均价和前一交易日的均价；非公开发行优先股的，转换价格应不低于董事会决议公告日前20个交易日公司普通股股票均价。

这些限制将有助于规避可转换优先股可能带来的利益输送，保障公平，保障投资者权益，防止优先股发行规模过大对普通股股东造成利益损害。《管理办法》还对合格投资者条件做出了规定，一方面“设置门槛”，范围包括经金融监管部门批准设立的金融机构及其发行的理财产品，QFII与RQFII以及企业法人、合伙企业、符合条件的个人投资者。另一方面“排除关联”，发行公司的董事、高管及其配偶排除在非公开发行的合格投资者范围之外。这既保证了投资者对优先股这样复杂的证券产品有所了解，同时也进一步防止了可能的利益输送。

(3) 操作设计相对灵活

一是发行程序更加简便。上市公司发行优先股的，发审委会议将按照比普通审核程序更为简便的特别程序进行审核；非公开公司发行优先股的，按照“简化程序、提高效率”的原则，根据《非上市公众公司监督管理办法》规定的程序审核。二是条款设计选择多样化。上市公司公开发行优先股必须为固定股息、在有可分配税后利润的情况下必须向优先股股东分配股息、可累积、不可参与剩余利润分配。但是，对非公开发行优先股可以灵活设置条款。

二、《指导意见》及《管理办法》的制度设计意义

《指导意见》及《管理办法》所体现的制度设计规定，其核心精神是满足投资者、发行者的多元化投融资需求，化解公司融资和投资者利益分配之间的矛盾，促进我国资本市场尤其是证券市场的健康发展。按照这个核心精神进行优先股的制度设计，将对我国经济和资本市场的发展产生重要的影响。

1. 有利于促进股市的健康发育和稳定运行

合理的优先股制度设计，将约束证券市场融资者的败德行为，可在一定程度上弥补现行新股发行制度的缺陷，从而使得投融资双方更加理性，对目前的市场扩容恐惧症也将有所缓解。

由于我国股票发行制度尚存在缺陷，目前我国证券市场上的投资者关注股价的波动往往要高于关注公司业绩，绝大多数股民购买股票的动因是想通过股票的溢价来获得差价收益，由此证券市场上普遍存在短期交易行为，使得本来就不成熟的证券市场表现出极度的不稳定性。之所以出现不稳定性，重要原因之一便是无论公司盈利还是亏损都有可能宣布年终对普通股股东不分红或者少分红。这就使得大多数的投资者紧盯股价的变动，与追求资本利得者一起在股票市场上对股票推波助澜，从而造成证券市场极度的不稳定。而优先股作为有固定收益的股票，可以为追求稳定收益的投资者提供较稳定的固定收益，而不是盲目地对证券市场进行投机。以上两个方面都将对证券市场的健康发育和稳定运行产生积极的影响。

2. 有利于对中小股东利益的保护

优先股可以作为对中小股东权利保护的一项积极性救济措施。优先股旨在从根本上调整大股东与中小股东之间的利益分配，从而减弱大股东损害中小股东利益的动机。在普通股融资中，大股东缺乏足够的激励来实现中小股东的利益最大化。对于大股东而言，一方面，即使其努力提高公司盈利状况，但仍要按照股份比例与没有任何付出的中小股东参与公司的利润分配；另一方面，其掌握着公司的管理控制权，完全可以通过关联交易等途径将本应属于股东的共同收益转移到其他公司而由大股东百分之百享有。所以，大股东很有可能会采取后者而损害中小股东的利益。而在优先股融资中，中小股东所分取的公司利润是一定的，这就意味着，大股东提高公司盈利后，除了分给中小股东固定的利润后，剩余利润均由其独占，因此，大股东将追求公司价值的最大化。于是，大股东在努力实现公司价值最大化以追求自身利益的同时，也实现了中小股东的利益最大化。

3. 有利于国有资产的保值增值

当前，在我国的上市公司里，国有股权的资产规模巨大，但股息收入远远低于国债收益或者银行存款利率，甚至很多国有股完全不分股息，这使得国有股权利不能得到保障。如果将国有股份从普通股转换成优先股的话，则使国有股权每年可以享受稳定的股息收入，实现国有资产的保值增值，而国有股由此可能丧失的表决权则可能更加有助于提升公司的经营效率。另外，优先股制度也为国有股的平稳退出提供了有效的途径，从而为国有资产管理的深化改革提供了新的思路。

4. 有助于完善公司法人治理结构

发行优先股将有利于改善公司的治理结构。由于优先股不具有表决权，所以将国有股转化为优先股，可以避免国有股“一股独大”的局面以及国有大股东操纵公司经营管理权，从而真正落实公司法人财产所有权和经营管理权的两权分离，为公司法人治理结构的完善奠定制度基础。

5. 有利于促进我国风险投资领域的发展

风险投资企业最青睐的投资工具是可转换优先股。首先由于优先股可以附带灵活的转换条款，风险投资家可根据创业企业的业绩来确定转换比例。若公司经营良好，则转换价提高，减少对管理者普通股的稀释；若公司业绩差，则转换价降低，优先股转成普通股数量多，管理者所拥有的普通股相对比例减少。灵活的转换可使风险投资家可以相机改变风险和收益的分配，防止创业企业家消极的“偷懒式敲竹杠”行为。其次，可转换优先股设定了优先的表决权。与普通公司发行无表决权优先股不同的是，风险投资企业发行给风险投资家的是有表决权的优先股。优先股股东有权选举董事，对一些双方约定的重大事项有一票否决权，这使得优先股股东可以通过行使表决权替换掉表现不佳的企业管理者（或提前进行同业出售或清算）。而优先股的发行则既可满足创业企业的融资需求，又可以满足创业者保留对企业控制权的需求。

三、《指导意见》及《管理办法》存在的制度缺陷

其一，《管理办法》对中小投资者权益的保护设置了很多条款，但

是忽视了发行企业发行必要性的审核及可转换优先股转换成债券的选择条款设计。这两者的忽视都可能导致优先股发行企业的重大败德行为，从而构成对中小投资者利益的重大损害。

其二，在《指导意见》及《管理办法》的大量规范中含有“应当”、“必须”、“不得”等表明当事方不得变通、政策规则凛然不可侵犯的字眼，这说明我国目前出台的优先股政策文件充斥着国家干预色彩，这与市场经济所倡导的尊重交易主体自由决定及契约精神仍有相当距离，当然这与我国目前市场机制还不健全、交易主体契约精神不够强烈有一定关系。但是，基于市场机制的自由主义和契约尊重，应该是我们未来不断完善优先股政策所应该追求的。

其三，《指导意见》及《管理办法》都没有考虑到优先股的合法发行需要在法律层面上予以相关配套，从而没有提请相关法律修改的条款。

第四节　优先股在我国的应用方案

基于上述对优先股发行、股东利益保护和制度设计前景的预测与分析，优先股在中国究竟应当选择怎样的应用方案，这是我们需要认真思考的问题。

一、优先股的发行完善

在我国当前的资本市场环境下，针对优先股的发行缺陷，可从以下几个方面完善：

1. 将国有股转化为优先股

由于制度性原因，我国国有企业或国有控股公司在经济体系中占有主导地位，在一些重大行业或关系国民生计的行业则处于绝对的垄断地位。国有企业名义上的所有人是全国人民，但实际上所有人却是各级政府。长期以来，决策低效和“一股独大”的问题普遍存在于国有企业和上市公司中。股权分置改革完成后，国有第一大股东平均持股比例仍然较高，“一股独大”现象只是缓解，而没有得到根本转变。股权分置改革的不完整性又继续产生新的决策低效和“一股独大”问题。作为全民财产的主要部分，国家股权的保值增值历来是我国国有资产管理的基本目标，而其中保值甚至优先于增值。国家作为投资者，应当依存审慎性原则，尽可能获得长期的、稳定的收益，把投资风险降到最低。这一投资特点恰恰与优先股特征不谋而合，将国有股转化为优先股可以有效解决这些问题。将国有股转化为优先股，并非放弃所有权换取部分收益权，而是放弃部分投票权换取长期和稳定收益权。

将国有股转化为优先股，在国有资产保护、公司治理优化和弥补资金缺口三方面具有重要意义。首先是国有资产保值增值。国有股转为优先股后，可以优先于普通股股东分配，获得固定股息率的股利。累积优先股可以累积往年未获取的收益，在某个盈利年度一并获得弥补和支付。这样国有股权的收益优先得到保值，而风险优先得以剔除或降低。国有资产在低风险状况下进行了保值，国有资产流失状况得到一定程度的遏制。其次是企业自身发展正常化。作为普通股的国有股是具有表决权的，可以召集和参加股东大会，行使重大决策的表决权。由于国有股东的代表来自政府委派，并由政府决定其薪水标准和任免升迁，有些国有企业的管理者往往会充分迎合上级政府的意愿，置企业发展规律和长期利益于不顾，甚至滥用职权，损害企业利益。国有股转化为优先股后，优先股股东在企业正常情况下，可以列席股东大会，但无法干预公司的经营决策，企业的自身利益和长远发展得到了保值。再其次是补充社保基金。随着老年化社会的来临，我国每年的社会保障尤其是养老金支出将成为国家一个巨大的公共事务性负担，老年化社会扩大了养老保险基金的缺口，加剧了养老金的供需矛盾，成为一个长期面对且亟待解决的社会问题。为了扩充社保基金，弥补养老保险的巨大缺口，除了探讨延迟退休年龄的可行性方案外，可以重点考虑发行优先股来扩充社保基金的可行性。将国有股转化为优先股并拨付给社保基金，让社保基金分享长期的低风险收益，不仅可以解决国有股减持问题，也有利于社保基金自身的保值、增值，弥补其因为支出的周期性增大而造成的供给缺口，减轻国家财政部门的负担。

2. 银行等金融企业开放优先股融资

国际清算银行对资本充足率要求的日益严格是国际金融业安全与发展的趋势。目前，我国以规模驱动为特点的金融机构补充资本金的渠道，主要包括利润积累、增资扩股和发行次级债券，资本充足率不足的问题长期存在。优先股对金融机构补充资本金具有重要的意义。按照条款设置的不同，优先股可划入不同的资本层级。如可转换非累积永久性优先股具有较强的股票属性，可划入核心资本；累积可赎回优先股具有显著的债券属性，可划入附属资本。金融企业可以根据自身特点和安全性要求，选择发行不同类型的优先股。相比次级债券，优先股和普通股一样无需偿付本金，企业经营的特殊时期还能够适当延迟支付股息，从而有效减轻金融机构的偿付压力，降低次级债券的再发行成本。

3. 公用事业公司开放优先股融资

随着城镇化进程的加快，我国城市建设的巨大资金缺口开始显现。公用事业企业作为城市建设的主要担当者，资金来源于银行信贷资金和财政。由于城市公用事业的投入的盈利水平较低且回报期较长，银行信贷资金容易形成长期债务，降低银行自身的流动性。而财政资金大多以专款专用的形式存在，额度有限，不应当成为主要的投资来源。以优先股发行作为公用事业企业的融资来源，满足了市政基础设施建设的要求。优先股具有股本特征，满足了公用事业公司长期的融资需求；优先股又具有债券特征，决定了优先股收益稳定、价值稳定，是保险公司、社保基金等机构投资者重要的长期投资品种，不仅减轻了对证券市场的冲击，还能倡导价值投资理念，起到完善资本市场的作用。

4. 创业企业发行优先股募集资金

创业企业的前景具有较大的不确定性，投入的资金虽有高收益的预期，也同时面临目标无法实现的巨大风险。因此创业企业和项目融资的主要渠道为数额有限的风险基金。正常的或公开市场的融资不可能投入到市场和效益存在不确定性的创投企业。在科技日益成为社会发展主要推动力的今天，创业者需要更多的资金支持将创意转化为产品来证明最终的市场效益，也需要资金支持和帮助其快速发展。鉴于创业企业的高风险特点，通过普通股进行股权融资的方式并不能很好地满足创业企业和风险投资者的利益要求，而优先股特有的属性和其灵活性使投融资双方的权利和利益要求得到了充分的满足。

5. 给予优先股政策支持

优先股发行试点的初期，为激发投融资各方的积极性，必须将优先股实施过程的部分风险转化为政策性成本，以便在平衡各方利益的基础上启动优先股的投融资市场。因此政府应积极地进行优先股的政策扶植。首先，要为优先股投资者税务减负。税收成本是各国证券发行与投资人必须重点考虑的问题，因为成本高低直接影响发行人和投资人的决策。美国对优先股的税收优惠包括两种方式：一是税收改革方案直接规定，公司法人投资者获取的优先股股利可以享受70%的税收减免；二是美国税务署规定，母公司发行信托优先股所要支付的股利可以在税前进行抵扣，从而使信托优先股的避税方式合法化。为了鼓励优先股发行，我国可参照美国的经验，适当考虑投融资双方优先股股利的税收优惠。其次，应允许优先股条款创新。按照股本和债券特性的不同，优先股理论上可以根据需要进行多门类设置，包括是否可累积、是否可参与以及是否可转换等。不同的条款设置形成不同的股权或债券的权重，从而满足发行人和投资人的不同需要。因此，条款设置的灵活性可以极大地提高优先股在资本市场上的竞争力，同时对完善公司治理也发挥着积极的作用。对此，政府应当认可和鼓励优先股条款设置的灵活性，支持优先股设计的市场化创新。

二、优先股股东的权利完善

根据优先股制度的基本特征，优先股投资人虽然成为公司类别股股东，但一般不享有股份公司股东大会的表决权，其无意掌握公司控制权，只要能够获得固定股息作为投资回报。目前，我国信用体系尚未完全建立，企业规范运作意识还比较薄弱的情况下，仅允许发行优先股却不能在法律上对优先股股东提供必要保护，普通股股东可能会不当利用其对公司的控制权，侵害优先股股东的利益。同时，由于现行《公司法》对股份公司股东的权利规定都是针对普通股股东的，优先股股东什么情况下应当享有什么样的权利，法律应当如何保护优先股股东的合法利益，必须在我国引进和设置优先股制度时首先加以解决。

借鉴美、英、德、日等国家的公司法或商法关于优先股股东权利保护的制度设计，针对我国优先股股东权利保护的制度缺陷，应从如下几个方面完善。

1. 规定优先股发行的比例上限

股份公司如果既发行普通股，也发行优先股，那么，在该公司就可能存在普通股股东与优先股股东之间的利益冲突。由于公司决策权被普通股股东控制，如果一家公司发行优先股的比例过高，股本金主要是由优先股股东出资构成，普通股股东在决策时就有可能置优先股股东利益于不顾，从事高风险和高收益的投资，成功时可使普通股自身获得高额收益，失败时却主要危及的是优先股的股利甚至股本。为此，各国公司法一般对优先股占公司总股本的比例上限作有规定，以防止因股权比例失衡造成优先股股东可能受到侵害。我国在引进优先股制度时应对此予以考虑，建议《公司法》规定：已发行且未赎回、未转换的优先股不应超过公司股本总额的1/3。①

2. 优先股股东的表决权复活

优先股股东以不享有股东大会的表决权为原则，但这一原则是以优先股股东可以获得固定股利且股本有保障为前提的，如果因公司出现特定情况，致使优先股股东可能或者已经丧失优先权，这时因优先股与普通股的投资风险趋同，可能已无优先可言，故法律应当允许其表决权复活，从而使优先股股东有权参加股东大会，并行使与普通股权利相等的表决权。

参考国外立法例，结合我国公司运作实际，在下列情况发生时，应当允许优先股股东参加股东大会并行使投票表决权：(1)公司发行新的优先股，或者调整各类股份的优先顺序；(2)公司连续两年未全额支付优先股的股息，自该事实发生之日起至消除之日止；(3)公司修改章程涉及优先股股东权利内容发生变化；(4)公司合并、分立、解散、清算、破产；(5)致使优先股股东权利内容发生变化的其他情形。②

3. 优先股股东对公司经营和财务信息的知情权

优先股股东虽然一般情况下不享有普通股股东的表决权，但由于其处于公司股东的身份和法律性质，公司的经营成果好坏与其收益和风险具有直接关系。因此，《公司法》应当保障优先股股东从公司获得相关信息的权利。

现行《公司法》第34条第1款规定，普通股股东有权查阅和复制公司章程、财务会计报告、三会记录等。由于优先股股东不参与公司经营管理，正常情况下也不行使股东大会的投票表决权，为保证优先

---

① 法国规定这一比例不超过3/4，意大利规定不超过1/2，日本商法典最初规定不得超过1/4，之后又修改商法，把这一比例先后调整到1/3、1/2。我国在引进优先股初期，以优先股占1/3为宜，待实施一段时间后再考虑适当提高。

② 公司发行新的优先股将对原有优先股优先权的行使顺序产生影响，公司欠付股息时优先股的权利已受到侵害，公司修改章程、合并、分立、解散、清算、破产等公司运营的关键时刻，优先股的权利面临重大变化，这些特定情况发生时应当授予优先股股东表决权，以平衡不同类别股份之间公平、平等的权利义务。

股股东可以有效获取公司真实可靠的财务经营信息，公司法应规定发行优先股的公司，其年度财务会计报告应当经会计师事务所审计，无论当年是否分派优先股股息，公司均应当于股息分派日向优先股股东提交经审计的年度会计报告，优先股股东也有权向公司董事会和管理层随时了解公司经营和财务信息，并与普通股股东一样，享有《公司法》第 34 条第 1 款规定的查阅权、复制权。

4. 保障优先股股东的剩余财产分配优先权

优先股股东享有剩余财产分配优先权，这一优先权必须由法律给予保障。我国《公司法》第 187 条第 2 款规定，股份公司清算后的剩余财产按照股东持有的股份比例分配，在引进优先股制度后，该款应修改为："公司财产在分别支付清算费用、职工的工资、社会保险费用和法定补偿金、缴纳所欠税款、清偿公司债务后的剩余财产，由有限责任公司按照股东的出资比例，应当先向优先股股东分配，如有剩余再按股份比例向普通股股东进行分配。"

如果国务院按照《公司法》第 132 条制定优先股试行细则，则应进一步规定："优先股股东优先分配股份公司清偿债务后的剩余财产，以其股本金为限，不足分配时由优先股股东按比例分配。公司发行不同层次优先股的，由公司章程确定各层次优先股对剩余财产的分配顺序。"这样，通过不同层次的法律、法规，切实保障优先股股东能够享有剩余财产分配优先权，并对优先股剩余财产分配优先权的行使界限，明确不同层次优先股的财产分配顺序，既把优先股股东剩余财产分配优先权落到实处，又平衡不同种类股份之间、不同层次优先股之间的权利分配，起到法律应有的规范和调整作用。

5. 充分利用优先股合同、公司章程，保护优先股股东的利益

在国外应用优先股的实践当中，优先股的种类繁多，权利义务相当复杂，法律制定得再详细，也不可能调整到当事人具体的权利义务。另外，优先股发行和认购当中一些商业性的条款，是由当事人根据自己的投融资需要灵活设定，不需要法律对之进行过多干预。因此，我

国《公司法》设置优先股，除了上述必须由法律规定的保护措施外，优先股投资人还必须学会有效利用优先股合同、公司章程等契约和自治性条款，保护自身利益。

优先股认购人在投资优先股之前，拥有主动权和选择权，其可以在判断发行公司经营风险的基础上，对发行公司进行选择，如果认为发行人未来存在较大风险，可以不认购该公司优先股从而避免投资风险。在已上市公司公开发行优先股时，投资人可以对该优先股的股息率、转换和赎回条款等进行研究，如果认为该公司存在较大经营风险，或者优先股条款不符合自己的投资意图，可以决定不认购，从而避免风险。在非公开发行优先股的场合，投资人可以与发行人谈判，协商确定优先股的股息率、转换和赎回条款等重要的权利义务内容，把自己的意志充分体现在优先股合同条款当中。

总之，法律所能给予的总是普遍性的最低限度的保护，只有在合同保护不足时才需要法律给予强制性保障，优先股投资人仅仅依赖这种最低限度的保护是远远不够的，保护其合法利益的主渠道应该是体现当事人真实意愿的契约。因此，优先股投资人应当在对发行条款进行风险判断的基础上，与发行方平等协商谈判招股书条款，自主决定是否投资该优先股，把优先股投资人的权利和要求写入合同，通过优先股合同条款来保护投资人利益。并在认购和成为优先股股东后，有权要求将优先股条款写入公司章程，加强对发行人及其董事、监事、高级管理人员行为的约束，由发行公司及其管理机构通过遵守合同和章程，保护优先股股东应有的权利。

三、优先股的政策完善

针对目前我国优先股规范性文件所存在的缺陷，应从以下几个方面完善：

1. 优先股股利分配设置条款的完善

考察国外对优先股股利条款的设置会发现，这些国家对优先股股利分配都给予了肯定，但并没有对商业银行发行优先股作特别的法律规定。对于我国银监会与证监会联合发布的《关于商业银行发行优先股补充一级资本的指导意见》中规定的“商业银行应在发行合约中明确有权取消优先股的股息支付且不构成违约事件”，这一仅对商业银行的股利分配做出了特别规定的并对商业银行进行特别保护的条款，是否将投资者置于得不到股利情况下也无权要求商业银行承担违约责任的不利地位，这引发了我们的思考。尽管银监会和证监会针对商业银行优先股股利条款的设置，是在我国现阶段优先股试点的初期为保证商业银行平稳落地所给予的阶段性优先股的特别保护，但在我国优先股发展条件成熟并有更高位阶的法律对优先股进行规制的情况下，可否尝试取消对商业银行发行优先股的特别规定，并在条款设置时注意平衡商业银行和投资者之间的权利义务，以限制商业银行单方面改变合同的权利。优先分配股利是优先股的突出特点之一。法律应明确肯定优先股股东有按照约定的票面股息率优先于普通股股东分配公司利润的权利。此外，在优先股股利制度构建中，应更多地授权于章程规定，在规定股东享有股利分配权利的同时，对于股息率的设定和股利发放的具体条件也可以设计得更赋有可操作性和灵活性。章程是在股东意思自治基础上的共同意志的体现，在优先股股利设置上要尊重和保护优先股股东的权利，法律必须明确规定股利之变更必须征得优先股股东之同意，公司不得擅自变动。

2. 正确处理好优先股回购与《公司法》相关规定的关系

根据在公司发行优先股一段时间后能否按约定的特定价格将优先股回购，优先股可分为可回购优先股和不可回购优先股。再根据公司是否享有回购与否的选择权，把可回购优先股分为强制回购优先股和任意回购优先股。尽管优先股回购设置理念违背了我国现行《公司法》的资本维持原则，也不属于《公司法》规定的公司不得收购本公司股份的例外规定，但是优先股回购是类别股表现之一，在公司盈利状况不佳或者市场利率大幅下调时，优先股的固定股息支付将给公司带来财务负担，因此在发行优先股时，公司大多会设计回购条款。[①] 我国优先股的试点发行一定要参照《公司法》的规定，国务院《指导意见》中也明确强调了这一点。对此不可回避的问题是《公司法》与章程的关系。如果将优先股的回购条款写入《公司法》，则必须对《公司法》的资本维持原则进行重新界定。优先股回购条款作为公司不得收购本公司股份的例外规定，虽然在现行的《公司法》中较多地体现了契约自由主义，但仍是强制性的规定较多，授权性的规定较少。而今后《公司法》会朝着何种方向发展，是否是授权性规定为主，强制性规定为辅，多授权于公司章程，则仍需进行考量。

国外优先股回购条款的设置通常附有可转换条款，这可以方便投资者选择接受回购及补偿或选择将优先股转换成普通股。对于我国优先股回购条款设置，可回购优先股的结构设计不能违反法律的强制性规定以及《公司法》法理。对于可回购优先股，法律应明确限定回购资金的来源，除法律明确规定的例外情形，原则上应禁止以公司资本赎回股份，避免侵害债权人的利益。公司章程若约定优先股的回购价格，应按章程规定的回购价回购优先股，如果没有约定则由公司与优先股持有人协商确定优先股回购价格。协商不成的，可以请求法院给予异议股东以确定公平价格的权利，法院的裁定双方当事人必须执行。另外，章程应明确回购价格的确定方法。一般情况下应给予优先股股东一定的补偿，回购价应高于发行价格，若优先股已经上市交易，也可按一定时间的平均收盘价加一定溢价确定回购价格。[②] 另外，在美国，法院遵循着信息充分披露和交易是否完全自愿这两个标准，以此判断优先股回购是否公平。因此，我国在优先股回购条款的设置上

---

① Special Report of the Tri Bar Opinion Committee:Duly Au-thorized Opinions on Preferred Stock By the Tri Bar Opinion Committee The Business Lawyer; Vol. 63, May 2008 p924.

② 曹立.权利的平衡——优先股与公司制度创新[M].中国财政经济出版社，2014：167.

要注意对公司回购优先股进行严格规范和限制。

3. 慎重设置优先股转换条款

对于优先股是否可以转换成普通股，国务院规定为可以转换，但是证监会给予优先股试点的《管理办法》则规定："上市公司不得发行可转换为普通股的优先股。但商业银行可根据商业银行资本监管规定，非公开发行触发事件发生时强制转换为普通股的优先股，并遵守有关规定。"未来，随着我国进一步开放资本市场，接纳更多的国际成熟投资者，放宽银行业乃至允许各行业转股应是大势所趋。[①] 根据我国的实际情况，对于优先股转换条款设置可以参照美国授权于公司章程的做法，要求章程明确规定是强制性转换还是任意性转换、转换的条件及期限、在转换前是否清偿积欠的股息，转换价格或转换比例的确定方法。当然，在实践中对发行可转换优先股存有争议是可以理解的，优先股转换是福是祸难以说清，发行可转换优先股应当慎重，除了给予公司章程以自治权，《公司法》也应进行合理的规范。

4. 完善优先股的会计处理

企业应当按照金融工具准则的规定，根据所发行金融工具的合同条款及其所反映的经济实质而非仅以法律形式，结合金融资产、金融负债和权益工具的定义，在初始确认时将该金融工具或其组成部分分类为金融资产、金融负债或权益工具。发行方发行的优先股归类为债务工具并以摊余成本计量的，按实际收到的金额，借记"银行存款"等科目；按债务工具的面值，贷记"应付债券——优先股(面值)"科目；按其差额，借或贷记"应付债券——优先股(利息调整)"科目。如果发行方将发行的优先股归类为权益工具，按实际收到的金额，借记"银行存款"等科目，贷记"其他权益工具——优先股"科目。

在财务报表披露时，应在资产负债负债表"股本"和"资本公积"项目之间增设"其他权益工具"项目，反映企业发行的除普通股以外的分

① 蔡宗琦.优先股强制转股门槛不宜过低[N].中国证券报，2014-04-14.

类为权益工具的金融工具的账面价值，并在“其他权益工具”项目下增设“优先股”项目，反映企业发行的分类为权益工具的优先股和永续债的账面价值。在“应付债券”下增设“优先股”个项目，反映企业发行的分类为金融负债的优先股的账面价值。同时发行方应在所有者权益变动表“股本”和“资本公积”栏之间增设“其他权益工具”栏，并在该栏中增设明细科目“优先股”。对于持有优先股的一方，应在“可供出售金融资产”等相关财务报表附注中披露优先股的会计分类、账面价值等相关信息。

四、优先股的法规完善

为引入优先股制度，针对目前我国《公司法》、《证券法》存在的缺陷，应从以下几个方面完善：

1. 应以法律为根基，把优先股制度纳入法律规制的范畴

纵观世界各国对于优先股制度的立法，都是以法律为基础进行制度构建的。在大陆法系国家，比如德国的《德国股份公司法》，该法在第四部分股份公司组织法中股东大会一章中专门对优先股制度作了详尽的规定，主要包括优先股股东的权利义务、优先股的发行制度、优先股权利的限制和恢复等内容。同样是大陆法系的法国，在优先股制度的立法保障方面，既体现了大陆法系立法的严谨细致，又吸收了诸如美国等英美法系的自治精神，赋予了公司章程更大的自由和权利。体现在立法文件中，主要为《法国商事公司法》。

该法对优先股制度的股东权利和义务、优先股的发行和转换、优先股的回购等内容作了规定。而在日本，《日本公司法》中尽管没有明确使用优先股的概念，但用特别股来替代，更有利于股份公司的发展，以及股份种类体系的创新和完善。该法同样对优先股股东的权利义务、权利的限制、优先股的发行作了规定。而在英美法系国家，尽管该法系有以判例法为主的传统，但仍然在制定法中规定了优先股制度。美国是世界上优先股制度发展最为成熟、制度建构最为完善的国家。

美国律师协会公司法委员会于1950年颁布的《标准商事公司法》作为各州公司法的渊源和样本，对优先股制度作了原则性的规定，其他的交由各州立法、公司章程等规定。

而反观我国，现行的《公司法》并未对优先股制度进行规定，只是以行政法规和部门规章为基础进行构建，这种立法模式并不符合我国的制定法的立法传统和法律环境，建议应以《公司法》为基础，专列一节对优先股制度的主要方面进行规定，其他的细节性事宜交由行政法规和部门规章加以规定。进一步说，首先为实现法律法规层面的可操作性，建议在《公司法》第132条中引入优先股概念，规定公司除发行一般的普通股外，还可以发行优先股。其次，按照现代公司理论，公司事务应该给予公司的参与主体更多的自治区和选择权，而不应完全依靠法律的强制约束力来解决。所以，《公司法》对于优先股制度也应明确哪些属于法律应该规制的范畴，哪些应该赋予公司以及公司章程加以规定？这样做的优点在于，既可以保证优先股制度的社会认同度，节约立法成本，又可以结合制度运行实际，增强制度运行的灵活性和可操作性。

2. 修改《公司法》相关条款，调适法律冲突的条文

以上从总体上论述了《公司法》规定优先股制度应该注意的主要问题，但《公司法》现有的某些条款与优先股制度的基本精神和原则相违背，也应该进行调整和修改。首先，建议将《公司法》第4条增加一款，其他类型股份的股东权益，依照本法和公司章程确定。其次，将《公司法》原有第82条关于公司章程的规定中增加股份种类、优先股股东的姓名或名称。将《公司法》第98条、第102条、第121条中的"股东"修改为"除去无表决权的股东"。其次，修改有关表决权的规定，将《公司法》第104条"所持有每一股份有一份表决权"修改为"除非公司章程另有约定，否则所持有每一股份有一份表决权"，并加入优先股的分配红利的顺序以及在公司清算时优先股股东享有的优先清偿权。第三，将《公司法》第166条第4款改为："公司弥补亏损和提取

公积金后所余税后利润，股份有限公司应先按照公司章程的规定向优先股股东分配股息，然后再按照股东持有的股份比例分配，但股份有限公司章程规定不按持股比例分配的除外。”第四，将《公司法》186 条第 2 款改为：“公司财产在分别支付清算费用、职工的工资、社会保险费用和法定补偿金，缴纳所欠税款，清偿公司债务后的剩余财产，股份有限公司应先按照公司章程的规定向优先股股东分配，然后再按照股东持有的股份比例进行分配。”

3. 保障优先股股东的知情权，完善优先股股东权利保护体系

对优先股股东权利的限制，主要表现在表决权和剩余财产分配请求权上，这两种权利的完善，需要通过修改和调整《公司法》的原有条文。除以上限制之外，优先股股东和普通股股东在股东权利上并无不同，都应该平等地享有股东应有的权利，比如知情权等。在公司理论中，股东的知情权，是指法律赋予的股东大会出席权，查阅公司财务会计报告、会计账簿，了解公司运行、决策、管理等其他与之有关的公司情况，以便保障自身权益的实现，而且还关系到公司管理经营是否可以规范化和正常化。股东的知情权并不是一个简单的权利，而是一个权利体系，包括参与和出席股东大会、查阅公司章程、股东大会会议记录、财务会计报告等一系列权利构成。《管理办法》第 12 条规定了优先股股东的查阅权，比如查阅会计报告、公司章程和会议记录等。但忽略了优先权股东的出席股东大会的权利。尽管优先股股东对股东大会的大多事项没有表决权，但如果完全剥夺优先股股东的出席权利，势必会影响其股东权利的行使。所以，建议借鉴国外立法的经验，对该制度进行完善。《法国商事法》规定，公司章程可以允许优先股持有人派出一名或者多名代表人参加普通股股东大会，并在大会上发言。优先股持有人的意见将被记载于会议记录，供股东大会参考，但并不计入大会决议表决中。建议将该条款列入公司章程，既可以保障优先股持有人的知情权，又可以为我国公司股份持有人从普通股转为限制表决权的优先股提供缓冲。

第五节 本章小结

综上所述，通过对金融行业、房地产行业、并购市场、创投企业等优先股潜在容量和定向融资潜在规模的测算，我国优先股市场存在巨大潜在容量，优先股在我国的应用前景十分广阔。与国外相比，我国发行优先股除了承担常规的融资、企业并购、危机救助等功能外，还将承担更多的改革职能。但目前也存在一些明显的不足之处：一是限制过多，不利于优先股全面发展。根据《管理办法》规定，仅局限在上证50指数成分股被纳入优先股试点，低于此前上证180、沪深300的预期，适用范围显得狭窄。此外，《管理办法》严格限制了可转换优先股，规定“上市公司不得发行可转换为普通股的优先股”，也制约了优先股的用途。另外，关于个人合格投资者500万资产要求、票面利率等条款设置方面也过于保守，低于市场预期。二是发行规模可能有限。《管理办法》对优先股的票面利率、优先股与普通股的转换、优先股的发行方式和发行条件等限制较多，不利于优先股大规模发展。另外，《管理办法》对优先股定价过低，将会面临来自货币市场基金、理财产品、信托等资产类别的竞争，但是如果定价过高，可能面临超过ROE的风险，企业难以负担。三是首发行业大概率集中在银行、房地产、建筑等行业中，暂时难以大规模扩展到其他行业。因此，为拓展优先股的应用前景，当前需要我们通过完善相关规定，逐步取消限制，促进优先股大规模发展；通过进一步细化规定，使优先股更好的运作起来；同时还要继续做好法律上的衔接，在实践中平推式的完善优先股制度。

第五章 企业发行优先股对公司价值机制的影响

——基于“康美药业”案例研究

运用案例分析和实证研究相结合的方法，在考察我国特定资本市场和国情的基础上，研究优先股的发行对企业和投资者的影响，是本书实证研究的重点。这项实证研究，不仅可以验证融资理论和委托代理理论在优先股发行中的解释性，而且也能够进一步检验企业发行优先股的经济后果。

第一节　问 题 提 出

普通股和优先股，虽然都是投入公司的股本，但它们在承担风险与享受权益方面存在差异。优先股在利润分红以及剩余财产分配的权利方面，优先于普通股。在英美等资本发达国家，大量上市公司通过发行优先股来融资，以缓解普通股市场融资压力，降低资产负债率。

发行优先股可能通过多种机制影响企业的价值，一方面，根据融资理论，在现行债务融资方式下，发行优先股的公司可以避免可能出现的破产威胁。优先股计入权益类资产，降低了公司的资产负债率，减少了公司财务杠杆，有利于增加公司价值。另一方面，根据委托代理理论，发行优先股之后企业的自由现金流增加，可能导致控股股东薪酬激增、向关联方输出利益、过度投资等现象的出现，将会进一步加剧企业的代理问题，不利于公司价值的提高。

此外，自由现金流增加还可能诱发管理层的利益输出行为，导致可分配利润减少，而优先股股东在利润分红方面有优先权，这必然导致普通股股东利益摊薄，侵害中小股东利益。中小股东因为缺乏专业知识以及对自身维权意识的不足，在资本市场处于弱势。特别的，在我国资本市场中控股股东往往能对公司大事绝对控制，可能会发生利己行为，因此侵占小股东利益的情况时有发生。中小投资者保护是我国资本市场建设至关重要的一环。保护中小投资者的合法权益，不仅关系着资本市场运行稳定与健康，还关系着社会的公平正义。

在英美等资本发达国家，上市公司一般都通过发行优先股来融资，其结果都有效地缓解了普通股市场融资压力，降低了资产负债率。一方面不用担心发行普通股带来的股权稀释；另一方面也不用担心发行债券带来的财务杠杆增大，破产风险增加。由此可见，优先股兼具了债券和普通股的特性。但发行优先股相对于债务融资没有税盾优势，融资成本较高，一般只是为银行等大盘股量身定做。

而在A股市场并不成熟，优先股才刚刚起步的中国，优先股的发行是否在一定程度上影响中小投资者利益是一个值得关注的问题。与欧美等国家不同，我国股权结构呈现“二元化”特征，控股股东能对上市公司进行绝对控制，在发行优先股后企业可自由支配的现金流增加，委托代理问题加剧，控股股东是否会通过大幅提高管理层薪酬、过度投资或关联交易来转移资产等行为，侵害中小投资者利益，是需要通过实证研究来检验的。

为此，本书采用事件研究法和案例研究法对康美药业股份有限公司进行具体的研究分析。首先，以康美药业发行优先股预案公告日为基准日，基准日前后5天为事件窗研究普通股市场对康美药业优先股发行的反应。其次，运用案例分析法对康美药业的财务报表、财务指标等进行具体分析，考量优先股发行对公司价值的影响。本章主要从企业的三张财务报表入手，横向和纵向比较分析主要指标在发行优先股前后的变化。

第二节　理论分析与研究假设

优先股是兼具股性和债性的一类金融产品。国外多将优先股视作永续债，因为每年都可获得稳定的分红，现金流稳定，固定收益，只要不赎回，就不会有资本利得或损失，所以更接近与债券的特点。而在国内现有发行的优先股上市公司，更多地体现为优先股的股性，以优先股融资来降低资产负债率。

一方面，优先股的发行可能会引发信息不对称所产生的委托代理问题，控股股东可能会侵害优先股股东利益。委托代理理论从所有权和控制权分离的角度对现代公司制企业中的代理问题进行了分析，其涉及了人的利益冲突和不对称的信息问题，是现代经济学中最重要、最基本的问题之一。①

西方传统代理理论，催生了经营权和所有权分离这种“专业化分工”的存在，它关注经营者与股东之间的代理问题，主要解决的是委托人如何约束管理者的行为，而避免其自利行为偏离股东利益最大化的目标。

根据 Jesen 和 Mecling(1976)的代理成本理论，如果代理人行事不会总按照委托人的利益去办理，那么我们就可以判定委托人和代理人

① 李涛.大股东对小股东的利益侵占：一个文献综述[J].大观周刊，2012(6).

都是效用最大化的追求者。在这种情况下，委托人为保护自己的利益不受到伤害，就有必要与代理人订立适当的契约，这不仅是限制代理人利益上和行为上发生可能偏差的需要，也是保障委代双方实现利益一致的需要，这种契约的设计，就是委托代理理论研究的范畴，而这种契约的决定显然就需要承担一定的成本，这种成本就是“代理成本”。[①]

许多东亚等国家和地区的多数上市公司的股权结构存在严重弊端，其主要特征是相对集中或者是高度集中，为此需要解决大股东与中小股东之间的矛盾，即控股股东往往利用自己的绝对控制权进行自利行为，从而侵害中小投资者利益。

一直以来，我国A股上市公司普遍存在大股东“一股独大”问题，中小投资者没有话语权，由于其自身持股比例微弱或者其金融相关知识的不足以及对权利意识的欠缺，导致中小投资者的利益得不到保障，大股东侵占中小投资者利益的情况十分常见。

在公司治理上，大股东实际上扮演了中小投资者代理人的角色，因此而产生了代理成本。大股东作为企业的实际控制者、经营者，努力提高公司利益的同时却要给没有实际贡献的中小投资者分摊利益，而其可以通过向关联方输出利益而获得自身更高收益。在我国，委托代理问题具体有以下几种可能性：一是母公司向子公司提供服务、劳务等相关关联交易并收取现金，而这些相关交易名义上是公平合理的，但此类服务是软性的并且母公司有定价权，因此无法就其公允性进行判断；二是在公司可用现金流提高进而大幅增加管理层薪酬；三是进行过度投资，投资于净现流为负的项目而使得公司蒙受损失，或者出现以投资为借口私自挪用资金的可能性。

另一方面，优先股融资降低了公司财务杠杆，有利于公司价值提高。根据Baxter(1976)提出的破产成本理论，当企业的负债水平过高，就会陷入财务危机，影响资金流的正常运转，导致企业在融资活动

① 张佳莉.基于委托代理理论下高管激励的研究[J].市场论坛，2012(11).

和经营活动中陷入被动，最终导致企业的加权平均资本成本上升，大大增加破产风险。当企业破产时，债权人迫使债务人进行清算，并试图接管企业控制权。如果破产事件产生大量管理费用和其他成本，则会导致企业价值减少。在债务融资方式下，发行优先股的公司可以避免可能出现的破产威胁。优先股计入权益类资产，降低了公司的资产负债率。其次，企业有权在盈利不足的年度拒绝支付优先股股利，优先股股东不能以公司不支付股利为由胁迫公司破产清算。

根据 Robichek(1967)、Mayers(1984)、Kraus(1973)等人提出的权衡理论，在考虑税盾收益、代理成本和财务困境成本的基础上，当企业的资本结构中债务抵税收益的边际价值等于增加的财务困境成本的现值时，将会达到企业价值的最大化。

Ross(1997)提出，由于信息不对称现象的存在，企业的管理者或实际代理人在与外部投资者相比会存在很强的信息优势，外部投资者往往只能根据企业经营者或代理人的融资策略来判断企业的经营状况，因此，在与企业的管理者或实际代理人进行博弈的时候，外部投资者处于明显的劣势。为了增强正面的信号以避免负面的信号，企业经营者或代理人会选择最为合适的资本结构以传递正面的信号。过高的资产负债率意味着企业陷入了财务困境，承担着较高的破产风险，向投资者传递着企业经营状况堪忧的信号。此时，企业通过发行优先股以替代债务融资可以有效地降低企业的负债率，以增强投资者对于企业的信心。Pinegar 和 Lease(1986)通过测试企业发行优先股对于广大中小投资者的影响，发现优先股的发行会给企业价值带来了一定程度的增长，因为投资者将企业发行优先股视为企业高质量的一种信号。根据委托代理理论和融资理论，现提出两种截然不同的假设：

(1) 根据委托代理理论，发行优先股之后企业的自由现金流增加，可能导致控股股东薪酬激增、向关联方输出利益以侵害中小投资者利益、过度投资等现象的出现，不利于公司价值的提升。

(2) 根据融资理论，由于企业发行优先股之后资产负债率会降低，因此破产概率下降，有利于公司价值的提升。

第三节 研究设计

本书分别采用事件研究法和案例分析法两种方法，考察优先股发行对企业价值以及中小投资者的影响。

一、事件研究法

在国内外学术界，运用事件研究法研究金融市场，已成为一个重要的研究方法。事件研究法以影响金融市场产品价格的特殊事件为中心，通过研究事件的发生是否影响了时序性数据的稳定性来检验金融市场对于研究的事件的反应，通常考察事件前后金融市场产品的累计超额收益率来判断事件对于金融市场的影响。

事件研究法成立的前提是市场是有效的，即股票价格能充分并及时的反映公开信息。我们通过计算未发生某事件而估算出的实际收益率得到超额收益率，而超额收益率能够反映股票价格被某事件的影响程度。

1. 研究问题

Joseph(1943)提出的信息不对称理论指出，在市场经济活动中，每个成员所获得信息不同，是由于信息不对称所导致的；每个成员对信息的了解存有的差异，决定其因信息量的多寡而承担着不同的风险和收益。相比于外部投资者，企业的管理者或实际代理人会更多地了解企业内部的经营管理水平，存在很强的信息优势，由于信息不对称，因此企业的管理者或实际代理人在与外部投资者进行博弈的时候会具有明显的优势。显然，这样的企业是一个典型的非对称信息环境，对企业经营状况一无所知的外部投资者，除了根据企业公开的融资策略来判断经营状况外，别无他法。因此，为了增强正面的信号以及避免负面的信号，企业经营者或代理人会选择最为合适的资本结构以传递正面的信号。企业通过发行优先股融资，相比于债务融资，可以有效地降低企业的负债率，以增强投资者对于企业的信心，同时又不会增加破产成本；相比于普通股融资，在不稀释股东控制权的前提下获取了自由现金流。而对于投资者来说，固定股息率的保证则在一定程度上减轻了投资风险。投资者对企业用优先股融资行为的市场反应，正是需要研究的问题。

2. 数据来源

选择首家发行优先股的医药类公司康美药业作为案例分析。康美药业非公开发行优先股预案公告于 2014 年 5 月 16 日发布。本书使用了 2014 年 1 月 1 日到 2014 年 12 月 31 日的康美药业日收益率数据以及上证成分指数。数据来自锐思数据库。

3. 研究方法与模型设计

投资者对优先股市场反应的重要事件，主要为康美药业非公开发行优先股预案公告日和发行优先股正式预告。根据 Fama(1970)提出的有效市场假说，在有效市场中，一个利好消息或利空消息刚刚传出时，股票的价格就开始异动，而投资者对首先发行优先股预案公告所含信息有更强烈的反应，认为其包含有更多的信息。因此，我们以发行优先股预案公告日为基础日开设(－5，＋5)的事件窗口来观测投资者的市场反应。

采取的研究方法主要有以下三个步骤：①拟合康美药业股票的市场模型；②计算得出时间窗口中的超常收益率和累计超常收益率以及日均超常收益率和累计平均超常收益率；③对事件窗口累计平均超常收益率进行分析，确定投资者对优先股发行视作利空还是利好消息。

以下用于拟合的模型为 CAPM 模型：

$$R_t = \alpha + \beta R_{mt} + \varepsilon_t$$

其中 α、β 为回归参数，R_t 为康美药业第 t 日的收益率，R_{mt} 为上证指数第 t 日收益率。ε 为随机误差。

定义 AR_t 为第 t 日的超常收益率，则 AR_t 的计算方法为

$$AR_t = R_t - \alpha - \beta \cdot R_{mt}$$

定义发行优先股预案公告日为 0 日，则 $CAR_{-t,t}$ 为 $-t$ 日到 t 日的累计超常收益率。其中，

$$CAR_{-t,t} = \sum_{-t}^{t} AR_t$$

选取（-10，10）为窗口进行研究。采用 2014 年 3 月 1 日到事件基准日之前 5 天共 50 天的股票价格为正常市场表现，回归得出 β 值。再计算出事件窗时期的超常收益率和累计超常收益率，并对 CAR 进行显著性检验。

二、案例分析法

案例分析法是一种针对某个特定案例进行分析方法，其从中总结规律，由案例引出理论。具体来说，案例分析法研究在某个要考察的事件前后所选样本公司的股票收益率的变化，从而说明该事件对股票价格的影响。事件研究法有适用条件，即市场是有效的，股票价格能够充分反映市场上的信息。

截止至 2014 年 11 月 25 日，我国发行优先股的上市公司共 15 家，其中共有 9 家为银行股，本研究在剩下 6 家非银行股中选择了最早通过核准的一支医药类股票——康美药业进行案例分析。

康美药业股份有限公司于 1997 年成立，2001 年 3 月在上海证券交易所挂牌上市，股票代码是 600618。康美药业是一家以中药饮片生产为核心，业务涵盖中药全产业链的现代化大型医药资源型企业、国家重点高新技术企业，也是中药饮片行业内生产规模最大、品种最多的企业，主要产品有康美利乐、康美诺沙、康美络欣平、康美培宁等；公司在

坚持以中药饮片产业化为核心的同时，逐步将产业链向上下游延伸，建立了中药物流港和药材加工基地，掌控了上游中药材资源，迈出了走向全国的步伐。康美药业凭借其行业影响力而成为上证50成分指数股，先后获评为中国企业500强、中国最具投资价值上市公司、中国100家最具成长性上市公司、中国50家最受尊敬上市公司、全国民营企业500强、中国制药工业十强、广东企业百强、广东纳税百强企业。①

康美药业的控股股东为康美实业有限公司，其持有康美药业股份有限公司股份比例为30.2%。康美实业有限公司于1997年1月20日在普宁市下架山镇政府南侧注册成立，公司成立之初主要经营电子元件、五金、交电，注册员工人数为32人，注册资本8 300万元人民币。其后主营生产、加工、销售业务，包括服装及配件，针棉织品的生产加工；电子元件、五金、交电、金属材料建筑等；百货、布料、化妆品、皮革制品等；同时参与实业投资，康美实业董事长马兴田为康美药业实际控制人。②

由图5-13可知，康美药业采取了非公开发行优先股，并采用7.5%的固定股息率。从优先股的权利设计上看，优先股发行为非转换、非参与、非累计优先股。优先股发行的募集资金，在会计处理上将全部计入权益。可以看出，康美药业非累计、非参与、非转换的条款看来尤为苛刻，缺少投资吸引力。此外，康美药业拟发行的60亿优先股中，其中20亿用于偿还短期融资券，20亿用于偿还银行借款，其它全部用于补充生产经营所需的营运资金。③ 而被用于补充流动资金缺口的部分并不会带来收入，同时优先股融资成本较高，每年要付给优先股股东股息，可能会导致普通股股东利润的摊薄，侵害普通股投资者利益。

---

① 康美药业:2013年度报告.中财网,2014-3-28.

② 康美药业:2013年度报告.中财网,2014-3-28.

③ 宋戈.医药行业优先股第一单出炉 康美药业拟募资60亿[N].每日经济新闻,2014-5-19.

第四节　研究结果分析

一、康美药业宣告发行优先股的短期市场反应分析

表 5-1　市场反应回归检验

T_1	T_2	CAR	t 值	p 值	显著性
−5	−4	−0.030 852 722	−0.782 642 171	0.288 620 933	
−5	−3	−0.049 932 885	−1.454 295 494	0.141 541 369	
−5	−2	−0.065 063 119	−2.007 717 602	0.069 144 262	10%下显著
−5	−1	−0.042 486 752	−0.850 883 159	0.221 386 186	
−5	0	−0.007 578 963	−0.115 881 224	0.456 128 474	
−5	1	−0.032 471 179	−0.472 784 281	0.326 537 516	
−5	2	−0.052 282 621	−0.750 658 064	0.238 664 031	
−5	3	−0.094 461 349	−1.214 878 388	0.129 524 868	
−5	4	−0.123 431 612	−1.553 574 183	0.077 352 536	10%下显著
−5	5	−0.119 547 07	−1.481 371 516	0.084 657 722	10%下显著

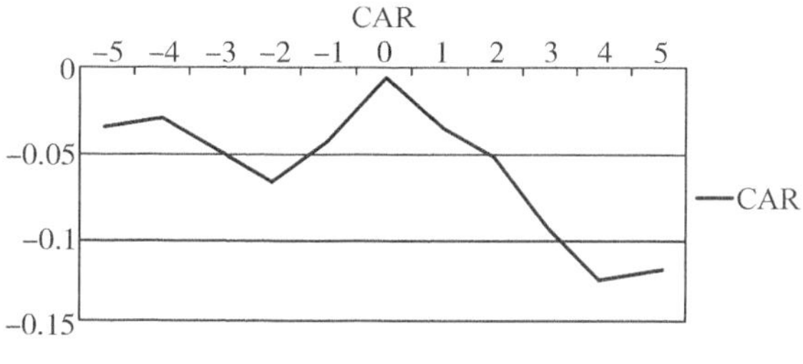

图 5-1　窗口期超额累计收益率曲线图

由表 5-1 可以看出，CAR(−5，5)的值小于零，并且在 10%水平下显著。由图 5-1 可以看出，事件窗口内累计超常收益率均小于零，在时间基准日之前 CAR 值出现波动情况，而在时间基准日后 CAR 值呈现明显的下降趋势。由此我们可以得出结论，康美药业优先股发行具有信息量，能够引起市场反应，普通股市场投资者将康美药业优先股发行视作利空消息。

优先股发行有利于优化企业资产结构，获得长期稳定的资金支

持，应该算是利好消息，而普通股市场投资者们纷纷用脚投票，导致康美药业股价下跌。认真分析后可能由于以下原因：①优先股融资成本较高，相比于债务融资没有税盾优势；②优先股发行使得公司自由现金流增加，可能产生委托代理问题；③我国优先股市场处于起步阶段，市场并不完善，采取观望态度。

二、康美药业发行优先股前后财务状况（纵向）比较分析

公司财务报表主要包括资产负债表、利润表和现金流量表，我们按照时间序列分别分析康美药业的三张报表来了解优先股发行对公司财务状况的影响。

1. 资产负债表

通过阅读资产负债表，我们可以很简便地了解到企业在各会计期末的财务状况，从而更好地了解企业的经营状况。表 5-2 为康美药业 2011 年到 2014 年度资产负债表。

表 5-2 康美药业资产负债表 单位：万元

科目＼时间	2011-12-31	2012-12-31	2013-12-31	2014-12-31
货币资金	632 303.99	610 581.09	849 705.27	998 526.92
应收票据	10 206.01	5 312.86	16 602.36	22 025.94
应收账款	67 573.34	133 074.72	170 534.87	223 004.82
存货	190 603.18	355 976.46	378 591.37	736 865.57
流动资产合计	945 446.12	1 151 400.01	1 464 275.63	2 065 359.91
固定资产	176 175.22	260 033.85	384 884.02	431 054.07
在建工程	159 338.07	145 519.93	76 745.34	45 408.22
无形资产	195 308.12	187 743.98	180 268.51	107 196.94
商誉	16 959.74	16 959.74	17 294.12	22 358.96
资产总计	1 523 749.45	1 795 829.29	2 225 138.9	2 787 931.7
短期借款	100 000	210 000	229 407.63	342 000
应付账款	45 306.74	76 398.56	97 588.43	139 089.79
流动负债合计	204 988.33	375 014.39	713 333.15	824 800.87

续表 5-2

科目＼时间	2011-12-31	2012-12-31	2013-12-31	2014-12-31
非流动负债合计	393 933.03	362 501.07	308 766.98	291 257.93
负债合计	598 921.36	737 515.47	1 022 100.14	1 116 058.8
未分配利润	198 313.26	317 586.47	443 354.68	591 696.18
归属于母公司股东权益合计	924 629.38	1 058 098.4	1 202 763.69	1 671 596.52
少数股东权益	198.72	215.42	275.07	276.38
股东权益合计	924 828.1	1 058 313.82	1 203 038.76	1 671 872.9
负债和股东权益总计	1 523 749.45	1 795 829.29	2 225 138.9	2 787 931.7

(1) 资产类项目变动

从资产负债表整体来看，主要基于负债和股东权益总计，康美药业资产总体规模在扩大并且增长速度较高。从账面来看，2011 年到 2014 年康美药业每年增幅分别是 17.85%、23.90%和 25.29%。从资产来看，康美药业主要的资产为流动资产，2011 年到 2014 年度流动资产比例分别为 62.04%、64.11%、65.81%和 74.08%。由此可见，2014 年度发行优先股后，康美药业流动资产比例明显增加。流动资产占据公司资产比例较高，因此说明公司的资产流动性提高，财务风险较小，这对企业的偿债能力是有利的。

存货是企业重要的实物资产，主要包括了企业在日常生产经营活动中持有并以备出售的原材料、在产品以及产成品等。从表中得知，近两年康美药业的存货数量持续增长，2011 年到 2013 年度存货分别是 190 603.18 万元、355 976.46 万元和 378 591.37 万元，而 2014 年度存货则达到 736 865.57 万元，存货相较 2013 年增加 90%以上。存货与公司生产经营活动相关，存货的数量需要与企业的生产经营活动相平衡。存货过多则企业相应的储存成本、机会成本上升，影响企业资金周转速度，更有可能因存货的价值降低而蒙受损失。

值得注意的是，2014 年度非流动资产中商誉为 22 358.96 万元，相较前几年比较平稳的数值增加了近 30%。虽然商誉本身摸不着、看不到，但如果变味成一些上市公司加大利润、美化报表的手段，那就意味着减值测试转眼间就变成了“增值”测试。

(2) 负债及所有者权益分析

负债结构指一个企业负债的数量以及比例，具体比例对应资产比例、资本比例、权益比例。① 负债资金内部结构不合理性可能会引发财务危机。一般来说，长期负债的成本要高于短期负债，同时资金运用缺乏一定弹性。但短期负债比例过高又会使得企业财务风险增加，对企业偿债能力是一个考验。

由康美药业资产负债表可知，康美药业近两年流动负债比例较高，2014 年流动负债比例高达 73.9%。流动资产的成本低于长期负债，但比例过高又会使得企业财务风险增加，对企业偿债能力是一个考验。康美药业流动负债的增加可能由于优先股的发行增加了企业的流动资产，增加了企业的偿债能力。

由表中可知，康美药业未分配利润近几年呈现递增态势，2011 年到 2014 年增幅分别是 60.14%、39.60%和 33.45%。稳定的增幅说明康美药业盈利能力较好。

2. 利润表

利润表是反映企业在一定会计期间经营成果，为企业在一定会计期间(如月度、季度、半年度或年度)以生产经营成果编制的会计报表。表 5-3 以及图 5-2 分别为康美药业 2011 年到 2014 年度利润表，以及康美药业 2011 年到 2014 年度相关利润的变动图。

表 5-3 康美药业利润表 单位：万元

科目 \ 时间	2011-12-31	2012-12-31	2013-12-31	2014-12-31
净利润	100 503.1	144 119.15	187 981.7	228 587.91
营业收入	608 050.72	1 116 515.48	1 335 872.85	1 594 918.88

① 董赫男. 我国跨国公司外部融资结构的研究[J]. 现代企业文化，2008(33).

续表 5-3

时间 科目	2011-12-31	2012-12-31	2013-12-31	2014-12-31
营业总成本	498 850.96	951 604.68	1 122 809.76	1 333 581.63
营业成本	424 538.97	835 606.27	987 268.88	1 176 822.11
营业利润	114 814.91	169 702.51	217 933.64	266 641.66
投资收益	5 615.15	4 791.71	4 870.54	5 304.41
管理费用	26 669.89	42 234.67	50 705.88	58 288.79
销售费用	23 639.89	34 384.51	38 304.66	42 641.77
财务费用	20 454.71	31 251.46	35 579.86	43 494.78
利润总额	118 042.14	169 261.39	221 401.04	270 722.25
综合收益总额	99 148.95	144 479.29	188 699.23	229 230.71

由表 5-3 可知，康美药业 2011 年到 2014 年度净利润、营业利润和利润总额均呈现逐年递增趋势，增幅平稳，利润总额主要来自于营业利润。2014 年较 2013 年净利润、营业利润和利润总额增幅分别为 21.6%、22.35%和 22.28%。图 5-2 更清晰地反映了上述增长趋势。

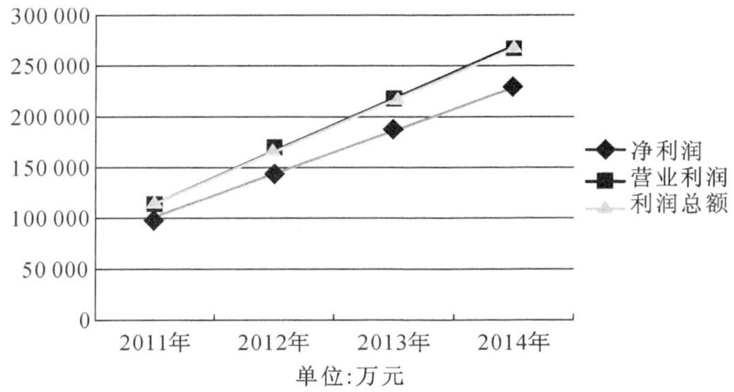

图 5-2　康美药业利润线状图

我们进一步对成本费用进行分析，发现各种费用占营业利润比例如表 5-4 所示。

表 5-4　康美药业成本费用表　　单位:%

项目 \ 年份	2011 年	2012 年	2013 年	2014 年
营业成本/营业收入	69.82	74.84	73.90	73.79
销售费用/营业收入	3.89	3.07	2.87	2.67
管理费用/营业收入	4.38	3.78	3.79	3.65
财务费用/营业收入	3.36	2.80	2.66	2.73
净利润/营业收入	16.53	12.91	14.07	14.33

由表 5-4 可以看出营业成本占营业收入比例整体来说比较平稳。2011 到 2014 年度年销售费用逐年减少，虽然公司规模、投资项目增大，销售费用减少可能是减少了相关销售广告投入和人员成本所致。2014 年净利润占营业收入较 2013 年较为平稳。

3. 现金流量表分析

现金流量表描述了企业在一个固定期间内现金增减变动的情况。现金流量表内主要分为经营、融资和投资三个活动分类。表 5-5 和图 5-3 分别是康美药业 2011 年到 2014 年度的现金流量表以及现金流量柱状图。

表 5-5　康美药业现金流量表　　单位:万元

科目 \ 时间	2011-12-31	2012-12-31	2013-12-31	2014-12-31
销售商品、提供劳务收到的现金	661 861.81	1 198 896.8	1 430 942.93	1 783 079.38
经营现金流量净额	57 496.41	100 835.02	167 401.06	113 220.39
投资现金流量净额	−228 462.77	−138 151.6	−73 526.79	−76 888.63
筹资现金流量净额	527 301.03	14 767.44	142 895.99	114 132.12
现金及现金等价物净增加额	356 334.67	−22 549.14	236 770.26	150 463.88

对图 5-3 进行整体分析，2011 到 2014 年，康美药业经营活动现金流量有明显波动，2011 年到 2013 年有逐年增加趋势，2014 年较

2013年现金流量下降。投资活动现金流量变化趋势与经营活动现金流量相反，2011年到2012年逐年下降，2014年较2013年有上升趋势。筹资活动现金流量则波动很剧烈，最高的2011年达到527 301.03万元，最低的2012年为14 767.44万元，2014年较2013年筹资活动现金流量减少。

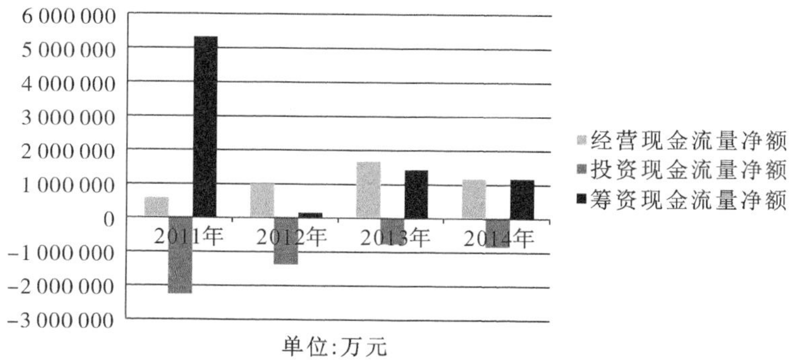

图5-3　康美药业现金流量柱状图

由上述图表可以看出，2011年康美药业由经营活动产生的现金流较少。同时，康美药业却存在着较高的投资活动现金需求，而同年康美药业的现金筹资量则很“配合”得异常高。由此可以初步判断康美药业投资活动的现金流主要来自其高额的筹资活动。2012年筹资活动最少，投资活动现金流主要来自经营现金流。2014年较2013年经营活动产生现金流和筹资活动现金流减少，但投资活动现金流略微增加，整体比较平稳。

4. 盈利能力分析

盈利能力主要是通过毛利率、净利率、总资产收益率以及净资产收益率等指标来反映公司的盈利能力。

各个指标之中，净资产收益率(ROE)是我们在评价企业盈利能力时运用较为普遍的一个。ROE主要是衡量企业对股东投入资本的利用效率，它很好地弥补了每股税后利润指标的不足。总体而言，净资产收益率是一个既能反映企业盈利能力又能反映企业资本安全程度的综合性指标。

销售毛利率是毛利占销售净值的百分比,通常称为毛利率。销售净利润是净利润占销售净值的百分比。两者的值越高,说明公司的盈利能力越好。表 5-6 反映了 2011 年到 2014 年康美药业盈利能力的变动情况。

表 5-6　康美药业盈利能力表　　单位:%

盈利能力指标	2011 年	2012 年	2013 年	2014 年
ROE(%)	17.30	14.55	16.63	17.74
毛利率(%)	30.18	25.16	26.10	26.21
净利率(%)	16.53	12.91	14.08	14.33

由表 5-6 可以看出,2012 年到 2014 年度康美药业盈利能力指标均比较平稳,并且有小幅增加趋势,说明康美药业盈利能力比较稳定,处于良性发展的过程。

5. 偿债能力分析

企业的偿债能力是指企业用其资产偿还债务的能力,偿债能力是衡量企业财务状况和经营能力的重要指标。很显然,企业偿债能力的高低决定着企业能否短期生存并长期健康发展。

衡量短期偿债能力的指标主要有流动比率和速动比率。而衡量长期偿债能力的指标主要有资产负债率和产权比率。表 5-7 为康美药业 2011 年至 2014 年度偿债能力指标表。

表 5-7　康美药业偿债能力表　　单位:%

科目\时间	2011 年	2012 年	2013 年	2014 年
流动比率	4.61	3.07	2.05	2.5
速动比率	3.68	2.12	1.52	1.61
资产负债率	39.31	41.07	45.93	40.03
产权比率	0.65	0.7	0.85	0.67

由表 5-7 可知，2013 年康美药业各项指标较前两年有大幅下降，表明企业偿债能力有明显下降，2014 年发行优先股之后，流动比率和速动比率增加，资产负债率明显降低，产权比率较前两年也有显著下降，主要因为优先股计入权益类资产，企业基本债务结构稳定。总的来说，发行优先股使得企业偿债能力大幅增加。

三、康美药业与同行业个股财务状况(横向)比较分析

康美药业同主营主要产品，三级行业分类为中药Ⅲ，这里选择同行业的知名品牌江中药业财务指标的进行横向比较。

1. 财务报表对比分析

对江中药业和康美药业主要资产进行分析，主要从资产类主要项目、利润表主要项目和现金流角度进行分析。

(1) 资产负债表分析

表 5-8 为两家公司资产类项目比较。

表 5-8 康美药业与江中药业资产类项目比较表 单位:万元

		2011 年	2012 年	2013 年	2014 年
存货	康美药业	190 603.18	355 976.46	378 591.37	736 865.57
	江中药业	29 373.39	34 424.65	33 494.90	31 282.74
流动资产	康美药业	945 446.12	1 151 400.01	1 464 275.63	2 065 359.91
	江中药业	144 255.67	191 856.06	173 872.32	208 961.42
资产总额	康美药业	1 523 749.45	1 795 829.29	2 225 138.90	2 787 931.70
	江中药业	258 882.00	322 886.59	299 239.72	332 701.00

观察表 5-8 可以看出，江中药业存货近几年比较平稳，而康美药业的存货近年来不断攀升，2014 年较 2013 年的上升幅度尤为明显，远远高于江中药业，前面所提到的，存货过多可能会导致机会成本、储存成本的相应提高。康美药业和江中药业的流动资产都占资产总额的一半以上，江中药业的流动资产和资产总额近四年相对比较平稳，

而康美药业近几年呈现稳步提高的趋势，特别2014年优先股发行后增幅相对前几年相应提高，增加了资金的流动性。整体来说，康美药业的资金实力雄厚，远远高于江中药业。

表5-9为两家公司负债和权益类主要项目分析。

表5-9　康美药业与江中药业负债和权益类项目比较表　单位：万元

		2011年	2012年	2013年	2014年
流动负债	康美药业	204 988.33	375 014.39	713 333.15	824 800.87
	江中药业	65 871.86	63 782.12	34 985.75	68 297.76
负债总计	康美药业	598 921.36	737 515.47	1 022 100.14	1 116 058.80
	江中药业	67 110.93	117 578.83	85 914.75	119 387.20
所有者权益	康美药业	924 828.10	1 058 313.82	1 203 038.76	1 671 872.90
	江中药业	191 771.07	205 307.77	213 324.97	213 313.80

由表5-9和图5-4分析可知，康美药业负债指标呈现逐年递增态势，2014年负债增长幅度相对降低。同时我们可以看出，流动负债占负债总计比例逐年升高，2014年流动负债占比73.9%，对康美药业短期偿债能力要求较高，可能是因为康美药业2014年发行优先股后增加了流动资金，提高了资金流动性。江中药业负债波动比较明显，整体上来看，流动负债占负债总计比例较高。

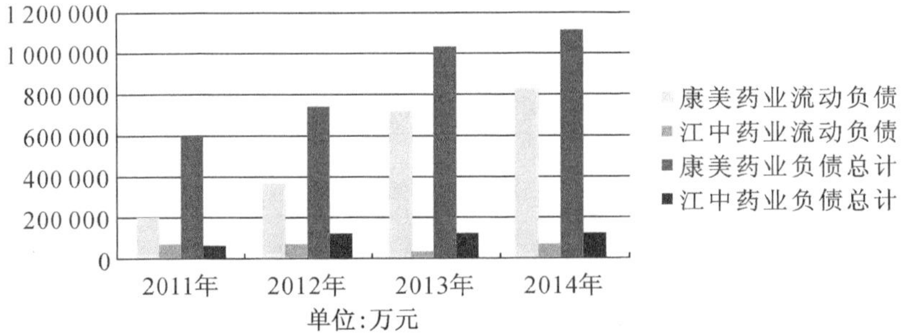

图5-4　康美药业与江中药业负债对比图

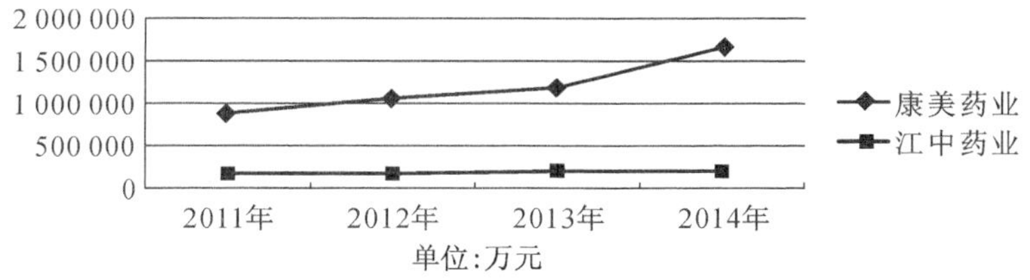

图 5-5　康美药业与江中药业所有者权益对比图

由表 5-9 和图 5-5 分析可知，江中药业 2011 年到 2014 年所有者权益比较平稳，康美药业所有者权益缓慢递增，2014 年呈现较快速度的增长，主要是因为优先股计入权益性资产。总的来说，康美药业所有者权益远高于江中药业。

(2) 利润表分析

表 5-10 为两家公司利润表主要项目分析。

表 5-10　康美药业与江中药业负债和权益类项目比较表　单位:万元

		2011 年	2012 年	2013 年	2014 年
主营业务收入	康美药业	608 050.72	1 116 515.48	1 335 872.85	1 594 918.88
	江中药业	264 730.39	319 184.47	277 786.13	283 412.43
主营业务利润	康美药业	114 814.91	169 702.51	217 933.64	266 641.66
	江中药业	27 693.20	26 776.86	20 234.80	32 992.77
利润总额	康美药业	118 042.14	169 261.39	221 401.04	270 722.25
	江中药业	27 678.60	26 930.99	20 954.44	33 444.35

由表 5-10 分析可知，康美药业营业收入、营业利润和利润总额均呈现逐年递增趋势，而江中药业则略有波动，增长速率显著低于康美药业。很明显，康美药业的主营业务收入高于江中药业且发展潜力更大，更具盈利能力。

(3) 现金流量表分析

表 5-11 为两家公司现金流表主要项目比较。

表 5-11　康美药业与江中药业负债和权益类项目比较表　单位:万元

		2011 年	2012 年	2013 年	2014 年
经营活动现金流量净额	康美药业	57 496.41	100 835.02	167 401.06	113 220.39
	江中药业	227 956.61	291 832.89	527 429.00	35 680.48
投资活动现金流量净额	康美药业	−228 462.77	−138 151.60	−73 526.79	−76 888.63
	江中药业	−24 750.50	−22 535.26	−2 194.49	−25 902.29
筹资活动现金流量净额	康美药业	527 301.03	14 767.44	142 895.99	114 132.12
	江中药业	−13 178.22	41 471.04	−33 242.87	−20 344.34

由图 5-6、图 5-7 和图 5-8 分析两家公司的现金流量发现,2011 年到 2013 年两家公司的经营活动现金流量均呈现上升趋势,而 2014 年出现了明显的大幅下降,可能是因为中药行业的行情低迷所致,而江中药业的下降趋势远远大于康美药业。

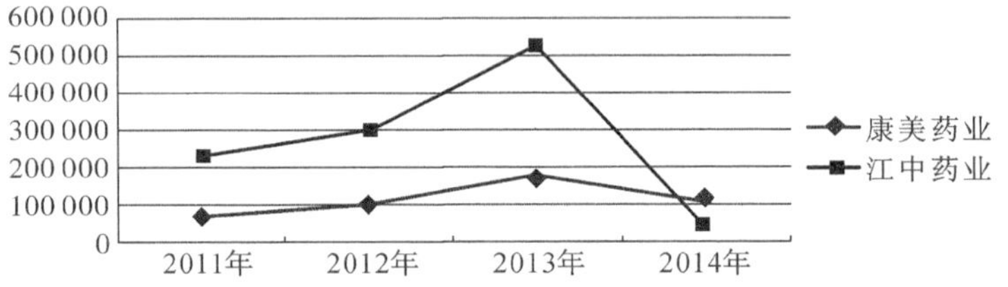

图 5-6　康美药业与江中药业经营活动现金流量净额对比图

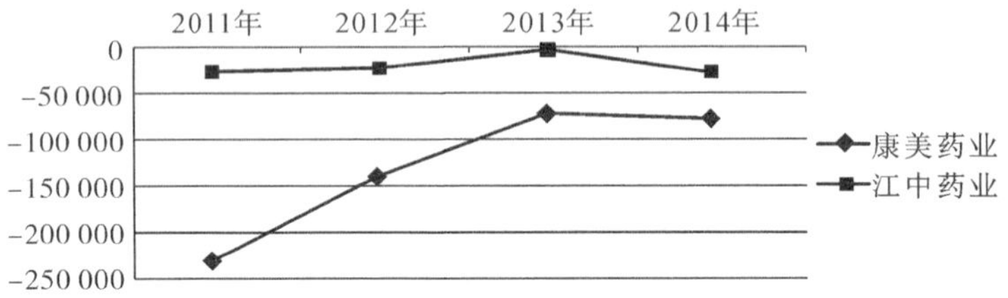

图 5-7　康美药业与江中药业投资活动现金流量净额对比图

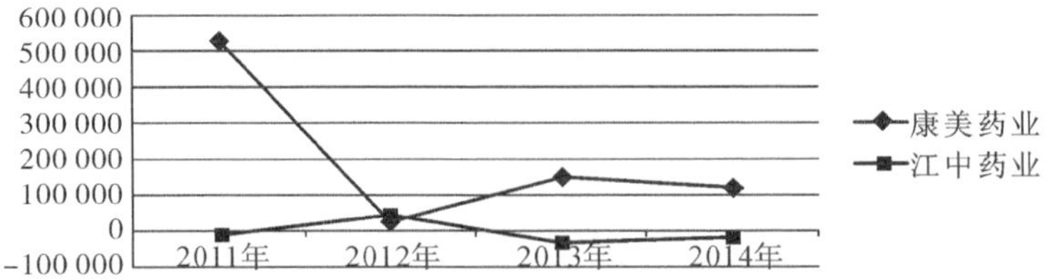

图 5-8　康美药业与江中药业筹资活动现金流量净额对比图

投资活动现金流量净额两家公司均为负值，江中药业用于投资活动的现金较少，并且四年来现金流较稳定，康美药业投资活动现金流整体呈现负降低的现象。2014 年康美药业发行优先股使得其资产负债率降低，资金流动性增加，按理来说可能增加投资活动现金流，而康美药业 2014 年用于投资活动资金却基本不变，这是我们下一章节需要讨论的问题。

两家公司筹资活动现金流量净额均呈现波动情况，江中药业 2013 年和 2014 年度筹资现金呈负数可能是因为偿还了以前债务。康美药业 2014 年相对 2013 年减少了筹资数量，优先股的发行增加了企业的流动资金，减少了资产负债率。

2. 财务比率对比分析

我们主要从盈利能力和偿债能力两方面来进行两家公司财务比率分析。盈利能力使用指标为净资产收益率和毛利率。偿债能力使用指标为流动比率和资产负债率流动比率。

表 5-12 康美药业与江中药业财务比率比较表 单位：%

		2011 年	2012 年	2013 年	2014 年
净资产收益率	康美药业	17.30	14.55	16.63	17.74
	江中药业	12.72	11.71	8.48	12.97
毛利率	康美药业	30.18	25.16	26.10	26.21
	江中药业	33.50	37.87	37.69	52.80
流动比率	康美药业	2.5	2.05	3.07	4.61
	江中药业	2.19	3.01	4.97	3.06
资产负债率	康美药业	40.03	45.93	41.07	39.31
	江中药业	25.92	36.41	28.71	35.88

康美药业和江中药业的净资产收益率近年来都比较平稳，康美药业略优于江中药业。江中药业的毛利率呈现递增状态，特别是 2014 年呈现较大幅度增长，整体均优于康美药业，而相比而言康美药业毛利率 4 年来比较平稳，并没有显著的增加。

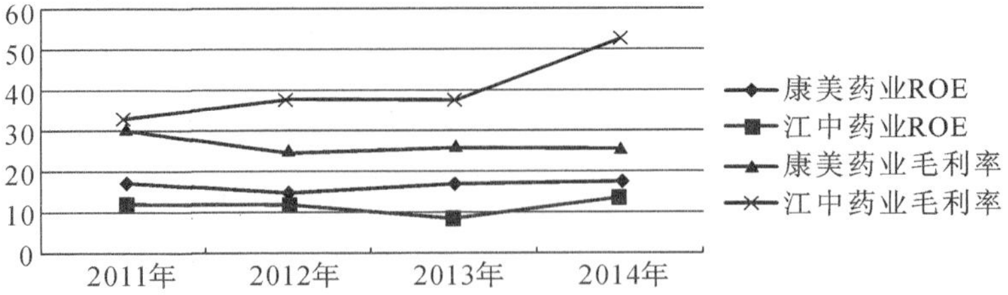

图 5-9　康美药业与江中药业经营活动现金流量净额对比图

流动速率体现企业的短期偿债能力，即资产的变现能力。江中药业 2011 年到 2013 年变现能力增长幅度增加，而 2014 年出现了较大幅度的减少。而康美药业从 2012 年起流动速率呈现增长态势。2014 年康美药业短期偿债能力反超之前一直优于它的江中药业。

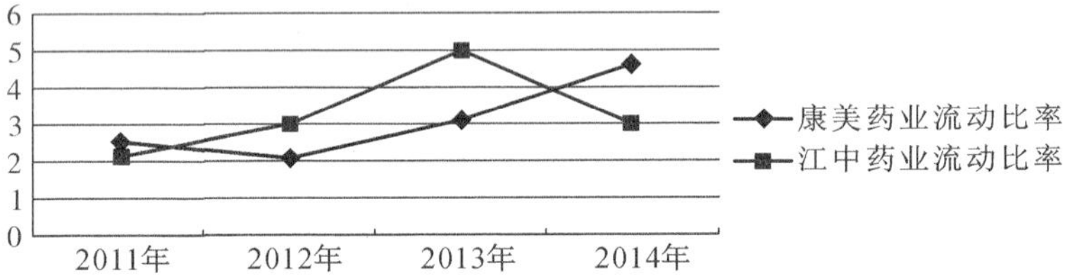

图 5-10　康美药业与江中药业投资活动现金流量净额对比图

整体上来看，康美药业的资产负债率整体高于江中药业，两家公司资产负债率都有小幅波动，江中药业整体上呈现上升趋势，康美药业整体上呈现下降趋势。2014 年康美药业发行优先股后资产负债率与江中药业相当。康美药业逐渐有了较好的负债能力和负债经营能力，该指标说明康美药业长期偿债能力上升。

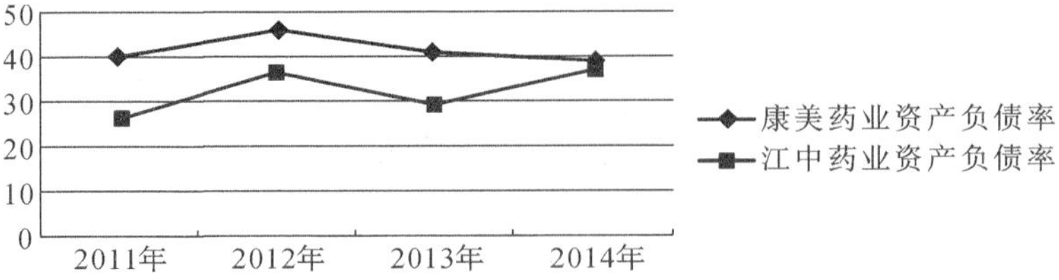

图 5-11　康美药业与江中药业筹资活动现金流量净额对比图

四、康美药业发行优先股前后内部治理水平比较分析

由上文相关财务分析可知，企业发行优先股后使得企业货币资金增加，流动性资产得到大幅提高，流动比率大幅提升，增加了企业资产的流动性，提高了短期偿债能力。由于优先股计入权益资产，康美药业产权比率大大下降，资产负债率降低，使得企业基本债务结构愈加稳定，面临财务困境的可能性降低，长期偿债能力提升。

优先股在增加财务稳定性，提高企业经营能力的同时，也使得委托代理问题凸显，可能发生利益输送问题。利益输送是企业控制者的利己行为，在我国证券市场，特别是大股东控股的公司，这种利益输送的现象非常普遍，他们通过自己对公司的控制权而将企业的利润及资产经过各种渠道中饱私囊，从而侵害中小投资者的利益，严重扰乱了市场秩序。

利益输出一般包括两种含义：一是指利润的转移；二是指资源的转移。而从利益输出的方向又可分为利益输出和利益输入。利益输出是指上市公司运行良好时，大股东则会将资源、利润转移到自己手中，这将会侵害中小投资者利益。而相反的利益输入是指在公司面临困境时输入利益帮公司渡过难关，以便日后继续掏空上市公司。相关控股股东是否在优先股发行后企业自由现金流增加时进行利益输送侵害中小投资者利益，是这一章节我们所需要研究的问题。

一般从四个方面考察控股股东的利益输送问题：管理层薪酬、关联交易、投资水平和股利水平。因为康美药业关联交易比较少，主要从管理层薪酬、投资水平和股利水平进行分析。

1. 管理层薪酬

我国上市公司普遍存在“一股独大”的现象，股东大会并非表达所有股东意志，上市公司董事大多由第一股东派出，由于股权集中导致董事会实际上沦为上市公司控股股东的工具。控股股东实际扮演的是中小股东代理人的角色。发行优先股后的康美药业现金流量充足，

是否会大幅增加管理层薪酬进行利益输出呢？表 5-13 为近几年来康美药业管理层薪酬。

表 5-13　康美药业管理层薪酬表　　单位：元

最新公司名称	信息来源	截止日期	薪酬总额	管理层人数	前三名董事薪酬
康美药业	2014 年年报	2014-12-31	5 345 600	18	1 889 600
康美药业	定期报告	2013-12-31	5 325 100	17	1 880 300
康美药业	2012 年年报	2012-12-31	5 315 200	19	1 877 600
康美药业	2011 年年报	2011-12-31	4 976 100	16	1 877 200
康美药业	2010 年年报	2010-12-31	3 582 100	18	1 215 700
康美药业	定期报告	2009-12-31	2 728 800	17	736 300

由表 5-13 可知康美药业 2009 年到 2011 年管理层薪酬有大幅提高，2011 年到 2014 年相对比较平稳，康美药业发行优先股后自由现金流增加，并没有出现大幅增加管理层薪酬进行利益输出的现象，可见康美药业公司治理情况较好。

2. 投资水平分析

康美药业和众多银行股成为首批发行优先股的上市公司，也是医药行业唯一发行优先股企业。然而由上面实证研究发现康美药业发行优先股的普通股市场反应并不好，投资者将其视作利空消息。

由表 5-2 的资产负债表中，可以看出康美药业货币资金近年来有明显的提高，翻阅前几年的财务报表发现：从 2009 年开始康美药业货币资金增长幅度很快，从 2009 年的 199 022.36 万元到 2013 年的 849 705.27 万元。表 5-14 中可以看出，现金及其等价物净增加额除 2012 年为负数外其他年份均为正数，现金流充裕。同时其资产负债率维持在 50%以下水平。债券融资具有税盾优势，相比而言优先股融资的成本相对较高，而康美药业资产负债率不高，并且现金流量充沛，在这种情况下提出利用优先股融资 60 亿元的计划着实令人费解。此次优先股融资的用途表面上是偿还短期融资券和银行借款，补充营运资金，但这种做法本质上是为了有更多的现有资金投资于各类项目。

表 5-14 康美药业现金及现金等价物净增加额表 单位:万元

	2010 年	2011 年	2012 年	2013 年	2014 年
现金及现金等价物净增加额	76 946.96	356 334.67	−22 549.14	236 770.26	150 463.88

由表 5-2 的资产负债表可以看出,2013 年流动资产为 146.42 亿元,流动负债为 71.33 亿元,2013 年度营运资金余额为 75.09 亿元,而康美药业测算公司 2014 年的营运资金需求量为 56.26 亿元,远小于其 2013 年营运资金余额,并不需要补充。而从表 5-15 中可以看出康美药业近 5 年来来的各种融资达到151.2亿元,且均不与具体投资的项目相关联,我们是否可以推断其目的是规避监管,以便于公司随意使用。

表 5-15 康美药业近 5 年年融资额及用途表 单位:亿元

时间	融资方式	融资金额	用途
2009 年	权证	11.5	补充流动资金
2010 年	配股	34.7	补充流动资金
2011 年	康美债	25	偿还银行贷款、补充流动资金
2013 年	短期融资券	20	偿还银行贷款和补充营运资金
2014 年	优先股	60	偿还短期融资和银行借款,补充营运资金

以下对康美药业具体投资项目作进一步分析。从 2013 年年报来看,康美药业主要投资项目有 9 个,预计的项目总金额为 7 100 000 000元,当期投入金额为 849 121 074 元。而 2014 年康美药业主要投资项目也为 9 个,预计的项目总金额 8 600 000 000 元,当期投入金额为 1 314 994 486 元。由以上数据可知,康美药业发行优先股后,当期投入金额相应的增加,增幅为 54.9%。9 个投资项目中增加了 3 个新投资项目,分别是青海国际中药城项目、上海中药饮片生产基地项目、青海玉树虫草交易市场及加工中心项目,预计投入金额分别为 850 000 000、300 000 000 和 150 000 000 元。

从 2013 年已完成的项目来看,吉林人参产业园基地工程项目公司预算投入 400 000 000 元,工程累计投入 566 217 878.05 元,占投入

141.55%。亳州华佗国际中药城工程项目公司预算投入 1 500 000 000.00 元,工程累计投入 1 580 486 567.68 元,占投入 105.37%。康美中医院工程项目,公司预算投入 600 000 000.00 元,工程累计投入 867 778 118.19元,占投入 144.63%。从 2014 年已完成项目来看,中国东盟康美玉林中药材交易中心及现代物流仓储项目公司预算投入 1 000 000 000.00元,工程累计投入 1 222 084 225.43 元,占投入 122.21%。阆中医药产业基地基建工程项目公司预算投入 300 000 000.00 元,工程累计投入 367 962 119.20 元,占投入 122.65%。由此可见康美药业 2013 到 2014 年度已完成的 5 个投资项目来看,每一个都存在超出公司预算的情况,并且有两个项目超出预算 40%以上,两个项目超出 20%以上,超出预算情况较为严重。

总体来看,2009 年至今,康美药业大型工程共有 13 个;截至 2014 年,13 个项目中仅完成了 4 个,分别是普宁中药物流配送中心、成都中药饮片厂、亳州华佗国际中药城和深圳管理总部和研发中心。这 4 个已完工的项目工期均超出 3 年,没完工的项目中多有工期超过 3 年的、投资金额也大都超过预算。

以普宁中药物流配送中心为例,首先比较普宁中药物流配送中心的预算与实际投入,如表 5-16 所示。

表 5-16 普宁中药物流配送中心预算与实际投入表 单位:亿元

	总投入	基建	设备	土地	流动资金	其它
招股说明书预算	10	3.39	0.96	2.5	2.52	0.63
最终实际预算	10	5.07	1.08		2.52	
2007 年累计投入	3.99	1.54	0	0	2.45	
2008 年累计投入	7.54	2.61	0	2.4	2.53	
2009 年累计投入	8.2	3.28	0	2.4	2.52	
2010 年累计投入	9.5	3.69	0.57	2.4	2.84	
2011 年累计投入	10	3.9	1.22	2.4	2.48	

分析表 5-16 可知,在募集资金当年,即 2007 年,公司实际投入金

额3.99亿元，截止2008年累计投入7.54亿元，即在工程开始的前两年已用了计划总投入的百分之70%以上。在配送中心基建建设中，2007年实际投入1.54亿元，2008年投入1.07亿元，总计2.61亿元。设备投入从2010年开始，总计投入1.33亿元，较预算多出0.44亿元。土地投入始于2008年，康美药业于2008年将普宁市的一处总计500亩的土地购入用于建设中药物流配送中心，以3.36亿元入账。相较预算，实际价格超出0.86亿元，甚至按照康美药业土地澄清公告的披露，该物流配送项目原计划规划的土地面积为500亩，实际投入资金为3.36亿元，而实际投入使用的土地使用面积仅250亩，应计入的土地分摊价格为1.68亿元，但实际的分摊价格高达2.4亿元，占总价的71.4%。由此可见，康美药业财务报表披露的数据存在真实性问题。

除此之外，康美药业的工程进度也存在问题。截止2009年底，普宁中药物流配送中心已经超出预计的15个月建设期。但是在2010年康美药业的年报中重大在建工程进度描述中，基建进度完成70%以上、设备工程完成50%以上，并承诺该项目符合工程进度原计划。

由以上的分析，可以得到以下两个推测：

(1) 康美药业在2007年、2008年两年投资进展迅速而实际进展缓慢是否存在将配套资金提前支取、挪用他处的可能性。

(2) 康美药业的投资项目具体资金去向不明确、不准确，是否存在规避监管、利益输送的可能性。

在现金流充裕、资产负债率不高的情况下，康美药业通过优先股融资了近几年来最大数额的资金，企业的自由现金流增加，委托代理问题可能会加剧，控股股东可能发生挪用资金以私用的现象发生，侵害中小投资者利益。

3. 优先股派息与普通股分红情况分析

进一步查看康美药业2014年年报中企业是否如约支付优先股股息以及普通股股东现金股利水平。

康美药业优先股股息以现金方式支付，每年支付一次。康美药业

2014 年度年报指出,2014 年应向优先股股东派发的现金股息为 17 500 000.00元。优先股股息的派发预案是:以公司 2014 年 12 月 31 日优先股总股本 30 000 000 股为基数,合计派发现金股息17 500 000.00 元(含税)。由此可见康美药业如约支付了优先股股东股息。

由表 5-17 可以看到,2011 年到 2015 年康美药业股利水平呈现递增趋势,从 2011 年的 10 股派送 0.5 元增加到 10 股派送 3.2 元。股东收益一般分为两个部分:一是股价变动造成的资本利得;二是获得的股利分红。投资者一般都厌恶风险,将未来更高的股票收益和更高风险相联系,因此在资本利得和股利收益中更偏好股利收益,更高的股利分配一定程度上增加了投资吸引力。一方面,股利分配的增加减少了上市公司能够自由运用的资金,减少过度投资或者将公司资源用到自利性消费可能性,一定程度上减少了委托代理问题。另一方面,股利分派是一种利益均沾型获利,大小股东均能获得股利,而在我国二元制股权结构中,股利发放可能由控股股东控制,管理层是最大受益者。此外,支付较高股利可能会迫使企业向资本市场进行融资,相比自源资金融资成本较高。

表 5-17　康美药业股息支付表　　单位:元

	分红方案说明	A 股派息日
2015-04-10	10 送 5 股转 5 股派 3.20 元(含税)	—
2014-03-28	10 派 2.60 元(含税)	2014-07-22
2013-04-25	10 派 2.00 元(含税)	2013-08-05
2012-04-25	10 派 0.50 元(含税)	2012-06-01
2011-04-21	10 派 0.5 元(含税)	2011-05-30

五、康美药业发行优先股是否降低了融资成本分析

由优先股预案公告可知康美药业优先股股息率为 7.5%,这里分别通过与康美药业债权融资利息率和横向优先股股息率比较来分析

康美药业优先股融资成本水平。

我们翻阅上市公司相关公告得知康美药业债券融资主要有以下两种形式:短期融资券和康美债,其票面利率分别是5%和6%。已发行并确定优先股股息的上市公司有中国银行、浦发银行、兴业银行和中国建筑,其股息率分别是6%、6%、6%和5.8%。中国人民银行为2014年公布的贷款基准利率如下:6个月到1年期(含一年)的贷款利率为6%,1年到3年期(含三年)的贷款利率为6.15%。

通过对图5-12的数据进行横向对比可知,现发行的优先股股息率稳定在6%左右,而康美药业的股息率远远高于市场平均水平;通过对图5-13的数据进行纵向对比发现,优先股股息率也远高于其自身发行的债券利率水平以及银行贷款利率水平。高额的优先股股利必然会摊薄普通股股东的可分红利润,也存在上市公司向关联方发行优先股而进行利益输送的可能性。

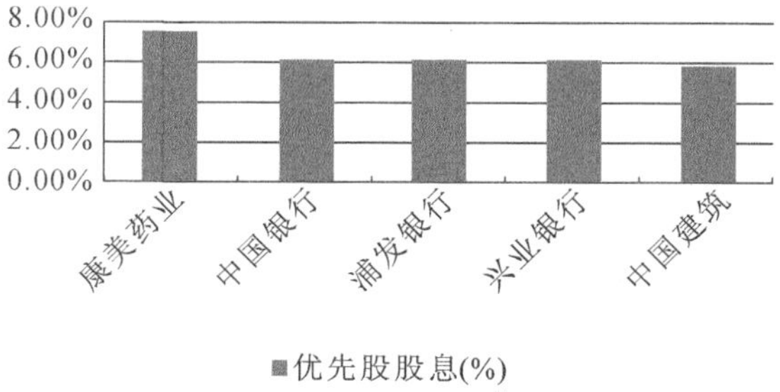

图5-12 优先股股息横向比较图

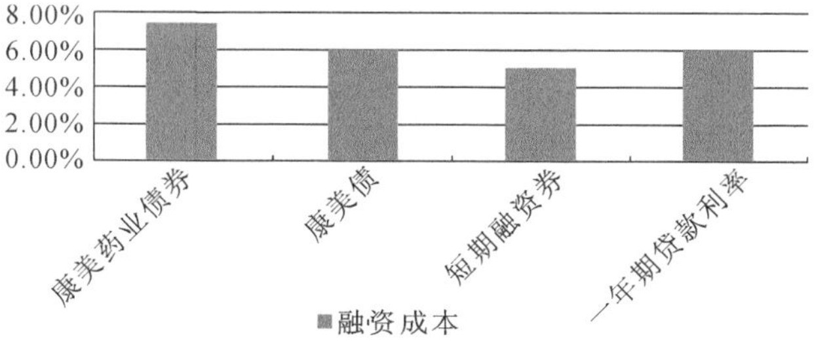

图5-13 优先股融资成本纵向比较图

第五节 本章小结

从本章的分析，我们可分别整理得到支持委托代理理论和融资理论的几点证据：

（1）通过对康美药业时间序列比较以及横向比较可知，发行优先股后公司货币资金增加，流动性资产得到大幅提高，流动比率大幅提升，增加了企业资产的流动性，提高了短期偿债能力。由于优先股计入权益资产，康美药业产权比率大大下降，资产负债率降低，使得企业基本债务结构愈加稳定，面临财务困境的可能性降低，长期偿债能力提升。

（2）通过对普通股股东分红情况分析可知，2011年到2015年康美药业股利水平呈现稳定递增趋势，企业盈利水平提高，优先股发行并没有摊薄普通股股东分红；相反，优先股促进了企业的稳定经营，增加了企业价值。

（3）通过管理层薪酬和关联交易分析可知，康美药业管理层薪酬比较稳定，同时关联交易状况较少，可见其公司治理情况良好，公司经营者符合股东价值最大化原则。

（4）通过对康美药业投资项目分析可知，康美药业有多个工程资金需求量大、工程周期时间长的投资项目，康美药业历年融资均不与具体投资项目相关联，可能出现规避监管滥用资金的现象。另外，对康美药业具体的投资项目分析发现，其有资金去向不明确、财务报表披露信息不准确、项目超出工程进度的现象出现。

（5）通过对康美药业优先股融资成本的横向与纵向比较可知，康美药业的融资成本远高于其他发行优先股的上市公司，这必然导致普通股股东的利益相对摊薄，可能存在通过高额股利输出利益的可能性。

上述证据可按照支持的不同理论分类得到，如表 5-18 所示：

表 5-18 支持融资理论与委托代理理论的证据

融资理论	委托代理理论
提高企业偿债能力、降低面临财务困境的可能性。优先股融资计入股权，从而降低了破产风险	融资不与具体投资项目相关联，财务披露信息不准确、项目超出工程进度
康美药业股利水平呈现稳定递增趋势，企业盈利水平提高	融资成本远高于平均水平，导致普通股股东的利益相对摊薄
管理层薪酬比较稳定，同时母公司与上市子公司之间关联交易状况较少，公司治理情况良好	

从表 5-18 可知，融资理论与委托代理理论均能一定程度上解释企业发行优先股的原因，而融资理论的解释能力更强。发行优先股使得企业获得长期稳定的资金支持，有利于企业对资金要求比较高的扩张阶段与产业链布局时期，促进企业的价值提升。其次，使用优先股募集资金替换部分短期融资券能够优化财务指标，减少财务杠杆，因此能够提高企业的偿债能力，面临财务困境的可能性大大减少。最后，优先股的发行一般用于补充营运资金、偿还债务，本质上用于公司大型投资项目，因而推进在建项目完成，有利于公司的长期发展。

但同时，企业应该注意信息披露情况和公司治理情况。要完善信息披露制度，信息不对称将严重损害中小投资者利益。一些上市公司及控股股东或者实际控制人在公司重大决策中，往往存在忽视中小投资者意见、利益以及合理诉求的现象。信息披露是让中小投资者获得上市公司信息的重要甚至是唯一的渠道，因而上市公司的信息披露的及时性以及正确性显得尤为重要，公平、公开地获取相关信息，才能合理维护自己的权益。要做到信息披露及机制及时、正确、透明、实用，让中小投资者充分享有知情权。经营权和所有权分离带来的公司治理问题也应该充分得到重视，预防我国二元制股权结构下控股股东为私利进行的利益输出现象。

最后需要强化对中小投资者的教育。中小投资者是资本市场的弱者,其存在专业能力不足以及维权意识薄弱的特点。我国资本市场上对融资的偏重使得中小投资者保护趋弱。因此,应当明确各监管部门、市场经营主体以及媒体的作用,增强中小投资者的权利意识和风险意识。中小投资者需要转变投资理念、思维、方式和方法,注重企业的发展战略、方针政策、重大部署,关注股市变化,摒弃投机,注重投资,合理使用自己的股东权利。努力搭建司法保护、市场保护和自我保护的机制,全面保护中小投资者利益是整个资本市场努力的方向。

第六章 优先股发行与财富效应

——基于股票与债券的市场反应研究

中国证监会发布《优先股试点管理办法》(以下简称《管理办法》)后，研究整个资本市场对该制度的相关反应，并进一步比较股票市场和债券市场中投资者的不同反应，将有助于深入探究优先股制度是否在股票市场和债券市场之间达到了非零和博弈。

第一节 引 言

随着我国经济的不断发展和金融体系的不断深化改革，目前的金融体系已经不能满足我国资本市场进一步发展的需要，在此大环境下，我国资本市场引入优先股，是一种历史的必然。很多事例表明，优先股不仅可以提高企业的融资能力，而且可以充实企业的核心资本并且保障中小投资者的利益。优先股融资已经在国际金融市场上发挥了重要作用，并且也有越来越多的上市公司选择优先股融资作为企业融资的重要途径。

由于企业融资难和投资者投资途径匮乏一直是我国资本市场急

需解决的问题，所以在此大环境下，优先股的引进对我国资本市场存在多方利好。首先，优先股制度为企业提供了新的融资途径，同时也为投资者提供了新的投资方向，这对我国资本市场的投融资结构的调整有着重要的意义。2014 年 3 月 21 日，证监会正式颁布了《管理办法》，这意味着我国正式引入了优先股制度，优先股的试点也迅速成为了市场的一个热点。因此研究我国资本市场对于优先股制度的反应，以及研究投资者对于优先股试点的反应，有着重要的实践意义。

本章以中国证监会于 2014 年 3 月 21 日正式发布《管理办法》作为研究事件，首次考察了中国优先股制度的引入所带来的资本市场的短期市场反应。实证结果表明，对于优先股制度的引入，我国股票市场和债券市场的投资者都呈现出一种正向的市场反应。进一步研究发现，对于那些具有强烈融资需求或者潜在融资需求的企业，尤其是高成长性的企业，在《管理办法》的颁布期间，均表现出了明显的正向的市场反应。研究结果表明，我国资本市场对于优先股制度普遍是一个正向的反应，股票市场投资者以及企业债券市场投资者很看好优先股在我国资本市场的前景，并且认为企业发行优先股可以增加企业的价值，很好地解决企业的融资问题。

第二节　理论分析与研究假设

从 Modigliani 和 Miller(1958)关于资本结构理论的开创性研究开始，一直发展到现在的现代资本结构理论，在这期间出现了大量的关于企业价值和资本结构的研究和实证分析。但是这些研究和理论几乎都集中于讨论债务融资与权益融资之间比例的决定问题，以及资本杠杆如何影响到企业的价值，很少有研究涉及到优先股的发行及其对于企业价值的影响，这是一个很重要的疏忽和遗漏点，因为目前在很多国家和地区，发行优先股融资已成为很多企业最基本的也是重要的资本来源。因此，本章的研究主要从优先股的发行和企业价值之间的关系切入，从企业价值以及企业资本结构的视角来探讨优先股的发行对于企业的影响，从而研究优先股制度的引入和试点所带来的资本市场的短期市场反应。

本章主要论述了企业发行优先股可能会对企业价值产生什么样的影响，并从企业资本结构的角度分析了企业发行优先股对企业价值产生影响的原因。

一、优先股与企业价值

关于优先股和企业价值之间的关系，一般而言企业发行优先股可以增加企业的价值。因为发行优先股有利于提升企业的权益资本，使企业的总资产增加；如果从企业扩大融资规模这个角度来看，企业发行优先股无疑会增加企业的价值。因此，本章更多的是讨论企业通过发行优先股以替代普通股融资和债务融资时，其企业价值会产生什么样的变化，优先股作为一种新型的融资工具是否更优于传统的普通股融资以及债务融资。

1. 从企业自身角度分析

从企业自身的角度来看，企业发行优先股以替代普通股融资和债务融资时对企业的总体资本结构会产生影响，毫无疑问也会对企业的总体价值产生影响。关于优先股的两面性，其中最主要的原因在于对优先股融资的会计处理问题，目前国外很多发行优先股融资的企业对于优先股的会计处理还存在差异，一些企业将优先股融资视为股权融资，而另一些企业将优先股融资视为债务融资，还有一些企业将优先股融资视为一种股权和债权的混合融资。由于不同企业对于优先股的会计计量的不同，企业价值的衡量也会不同，因为根据有税 MM 理论所提出的企业价值模型来看，企业价值只和企业的权益资本与债务资本的比例有关，与其他因素无关，企业对于优先股融资的会计计量就会一定程度地决定企业的价值。

另一方面，从企业的内部治理来看，由于优先股融资相比债权融资更加灵活，同时可以降低企业的整体负债率，因此发行优先股融资有利于降低企业陷入财务困境的概率，降低企业的财务困境成本。但另一种情况也是客观存在的，即发行优先股融资也会增加企业的代理成本。进一步从融资成本的角度来观察，企业发行优先股所导致的财务困境成本的下降和企业代理成本的上升存在一定的替代效应，很难从企业的财务困境成本和代理成本的角度来衡量优先股融资对于企业价值的影响。而且，从融资成本影响企业价值的角度来看，由于我国资本市场与国外资本市场的差异性，融资优序理论并不适用于我国的资本市场，因此优先股融资的融资成本与债券和普通股融资的融资成本之间的关系，目前在我国资本市场有着怎样的体现并没有定论。由此可见，企业发行优先股对于企业价值的影响是多方面、多维度的，并没有一个统一的结论。但是，一般而言企业发行优先股可以增加企业的价值。

2. 从投资者角度分析

从外部投资者的角度来看，对于股票投资者而言，虽然优先股的偿债顺序在普通股之前，但是由于企业发行优先股会带来企业整体价值的增加，以及普通股股东所支配的资源的增加，有可能导致普通股股东支持企业的优先股发行。另一方面，从债券投资者的角度来看，企业发行优先股实际上传递了一个企业的高质量的信号，是企业高质量的表现，由于债券投资者的偿债顺序在优先股之前，实际上这是为债券投资者附加了一个保障，因为如果企业经营不善，那么企业就可能推迟或减少优先股股息的发放来满足债券投资者的收益。从信号理论的角度来说，优先股的发行为企业的债券投资者传递了企业经营状况良好，企业价值上升的信号。因此，对于外部投资者而言，企业发行优先股是一个利好的消息，普通股持有者和债券持有者都认为企业发行优先股可以增加企业的价值。

二、优先股与企业资本结构

优先股与发行企业之间的关系，既体现为优先股与企业价值之间的关系，更是优先股与企业资本结构之间的关系。企业发行优先股，首先带来的是企业资本结构的变化，从而影响到了企业的价值。正因为如此，在传统的经典的资本结构理论框架下，我们需要弄清楚优先股的发行可能会对企业价值带来什么影响，以及优先股与企业价值之间的关系。

由于优先股的独特性，对于优先股和企业价值以及企业资本结构之间的关系，不同的理论有着不同的解释，并没有一个统一明确的结论。而且在不同的经典资本结构理论框架下，优先股发行对企业价值影响的阐述也各不相同。国外学者对于企业融资以及企业资本结构的研究可以追溯到 19 世纪 40 年代，通过历代经济学家的努力，也提出了很多关于资本结构领域的著名理论，并且这些理论至今也一直被认为是资本结构领域的最主要的理论基础。

关于资本结构的论述，其中最著名的是 Modigliani 和 Miller 教授于 1958 年 6 月份发表于《美国经济评论》的“资本结构、企业财务与资本”一文中所开创的 MM 理论。在经典的有税 MM 理论框架下，企业价值只和企业的权益资本与债务资本的比例有关。因此，从 MM 理论的角度来看，优先股与企业价值之间的关系取决于优先股的会计处理，不同企业对于优先股的会计处理不同，一些企业视为股权融资，一些视为债务融资，还有一些则视为混合融资。优先股的不同的会计处理就会造成企业的资本杠杆不同，因此运用 MM 理论中的企业价值模型计算出来的企业价值也会大相径庭。但是总体来说，优先股的融资成本虽然高于普通股，但是低于债务的融资成本，发行优先股以替代债务融资可以帮助企业有效地降低其融资成本。

Jensen 和 Meckling 在 1976 年提出了代理成本理论，在代理成本的框架下，优先股的代理成本类似于债务的代理成本。[①] 首先，由于优先股在股利分配上优先于普通股，投资项目的收益将先分配给优先股股东，然后才轮到普通股股东。这就导致了普通股股东的投资动机不足，完全类似于债务导致的投资不足动机。其次，由于普通股股东及其代理人或企业管理人员可能取消或推迟优先股股息的发放，而将这部分资金投资于一些风险较大的项目。这意味着，企业财富从优先股股东转移到了普通股股东的手中，这就会造成普通股股东或企业代理人存在过度投资的动机。因为项目投资的资金来源于优先股股东，而项目所获得收益则由优先股股东和普通股股东共享。另外，优先股可以增加企业的偿债能力，这对于债务投资人来说是一个良好的保障，因为企业在遇到财务困境的时候可以将优先股股东的利益转移给债务投资人以偿还债务。因此对于企业来说，优先股的代理成本虽然在一定程度上类似于债务，但实际上要高于由债务融资而引起的代理成本。由于优先股的发行会增加企业的代理成本，从而在一定程度下会抵消企业发行优先股所带来的财富效应。

另一方面，权衡理论在 MM 理论的基础上，通过考虑债务利息抵税和财务困境成本、代理成本等因素的平衡，进一步探究了资本结构如何影响企业的市场价值。按照权衡理论的解释，企业增加债务与普通股的发行，会增加企业的财务困境成本和代理成本；而发行优先股，则会使其所带来的财务困境成本和代理成本产生相互抵消的效果。Nance 等(1993)也证明了企业发行优先股可以降低企业陷入财务困境的概率。所以在权衡理论下，优先股的发行可以使企业调整其最优的资本结构，为企业提供新的融资手段，增加企业的价值。

优序融资理论认为企业融资一般会先选择内部融资的方式，是基

① 薛挺. 基于代理理论的股利政策研究文献述评[J]. 商，2014(21).

于权益融资会传递企业经营的负面消息，而且会通过外部的权益融资需要支付各种成本，在这种情况下，企业融资选择内部融资的方式是一种规避可能造成企业融资成本偏高的可行选择；因此，企业融资一般都会遵循内部融资、债务融资、权益融资这样的融资的先后顺序，也就是说内部融资会优先于外部融资，债务融资优先于权益融资。[①] 而 Irvine 和 Rosenfeld(2000)发现企业运用优先股去抵偿企业债务会对其企业的股价带来一个负向的冲击，也就是说，企业使用优先股进行内部融资时会给投资者传递一个负面的消息。由此可以判断优先股融资可能会对证券市场产生一个较小的负面影响，但是其影响会小于普通股发行所带来的股权稀释的负面影响，而大于企业发行债券所带来的负面效应。

把企业资本结构的选择，作为向外部投资者传递有关企业价值信息的信号，是源于 Ross(1997)建立的资本结构的信号理论。根据该理论，由于外部投资者长期处于非对称的信息环境之中，他们与企业的管理者或实际代理人的博弈不具有优势，往往只能根据企业经营者或代理人的融资策略来了解企业的经营状况，因此，为了增强正面的信号以及避免负面的信号，企业经营者或代理人应选择最为合适的资本结构以传递正面的信号。过高的资产负债率意味着企业陷入了财务困境，承担着较高的破产风险，向投资者传递着企业经营状况堪忧的信号。此时，企业通过发行优先股以替代债务融资可以有效地降低企业的负债率，以增强投资者对于企业的信心。Pinegar 和 Lease(1986)通过测试企业发行优先股对于广大中小投资者的影响，发现优先股的发行会给企业价值带来了一定程度的增长，因为投资者将企业发行优先股视为企业高质量的一种信号。

综上所述，目前关于资本结构以及优先股的研究，都没有对优先股发行的动机和优先股发行究竟会对企业带来一个什么样的影响

① 凌廷友，等.权衡理论和优序融资理论之比较[J].财会月刊，2003(6).

存在有一个明确的表述。但是,在上述各种经典的资本结构理论框架下,我们可以发现优先股发行确实会导致企业的资本结构发生变化,从而对企业价值产生影响。而且,大多数的理论分析以及实证研究都表明企业发行优先股可以增加企业的价值,优化企业的融资结构。

三、研究假设

1. 资本市场反应的假设

对于优先股制度的市场反应,本研究主要从优先股带来的企业的财富效应和替代效应,以及股票投资者和债券投资者的偿债顺序的角度来分析。

一般来说,企业可以通过发行优先股增加企业的价值,这无疑会对企业的普通股股票和企业债券带来了一定程度的财富效应;但是另一方面,由于优先股发行可能会导致有一些股票投资者或债券投资者转而投资于优先股,从而对普通股市场和债券市场造成一部分的替代效应。但是,企业发行优先股所产生的财富效应和替代效应会存在一个相互抵消的作用,因此如果从这个角度来看待优先股发行对于股票投资者和债券投资者的影响,就应当取决于企业发行优先股所产生的财富效应和替代效应的相对大小。如果企业发行优先股导致企业价值的增加所带来的财富效应,大于企业发行优先股所导致的股票市场和债券市场的替代效应,那么资本市场就应当呈现出正向的市场反应;如果企业发行优先股导致企业价值的增加所带来的财富效应,小于企业发行优先股所导致的股票市场和债券市场的替代效应,那么资本市场就应当呈现出负向的市场反应。

另一方面,有理由相信,由于在发生破产的时候股票持有者和债券持有者相对于优先股投资者的偿债顺序不同,因此债券持有者和股权持有者会对优先股的发行持有不同的看法。由此股票持有者和债券持有者对于优先股的看法存在差异,那么对于我国证监会《管理办法》的颁布，股票持有者和债券持有者对此事件是否会呈现出不同的反应，这样的反应具体是怎样表现在股票市场和债券市场中的呢？进一步而言，企业发行优先股实际上是否真的如上述理论所阐述的那样能影响企业价值呢？而且，在我国优先股制度的建立是否真的会对市场带来一个显著的市场反应呢？股票市场和债券市场以及广大投资者是表现出一种正向的还是负向的反应呢？针对以上问题，现提出如下假设：

假设一：如果投资者偏好优先股政策，那么在《管理办法》颁布期间股票市场和企业债券市场将出现显著正向的市场反应；反之，股票市场和企业债券市场反应平淡或出现显著的负向市场反应。

2. 融资需求企业的假设

《管理办法》的颁布，对于企业本身而言，无疑是一个利好的消息。因为对于企业来说，优先股制度的建立为企业提供了新的融资渠道，为优化企业资本结构提供了新的方法和工具，使得企业的融资渠道多元化，有效降低了企业陷入财务困境的概率，为企业经营注入了崭新的资本和活力。那么对于各行各业的上市企业而言，究竟哪一类企业会更加偏好于优先股制度呢？

首先，假设那些具有直接融资需求的企业会更加偏好优先股制度，因为此类企业急需资金的注入以应对当前发展的需要，但是通过债务融资既会增加企业的负债率，同时还会导致企业陷入财务困境；而通过在证券市场公开发行新股募集资金往往又会受到很多限制，因此发行优先股融资便成为了此类企业融资的首选。

其次，那些处于企业成长期以及行业竞争较为激烈的企业，会更加偏好优先股制度。根据企业周期理论，处于成长期的企业往往身处最快的发展阶段，这种快速发展中的企业往往会存在资金不足、现金流紧张、资金运转吃力等问题，对资金的需求也会更加旺盛，因此处于企业成长期的企业往往需要更多的现金流以满足企业发展的需要，这是一方面。另一方面，那些处于激烈竞争行业的企业也需要更多的资金以保证企业自身运转的需要，因为此类企业身处一个竞争激烈的市场环境，往往不得不保持更多的现金流以规避财务风险和突发状况的发生，从而在与竞争对手的竞争中有足够的资金支持以保证竞争的优势。因此，对于此类处于竞争激烈行业的企业来说，急需外部资金的注入，以改善企业的经营现状，满足企业发展的需要，保障企业在行业内的竞争力。

同样的，以上两类具备潜在融资需求的企业通过发行企业债券募集资金的成本会很高，并且在证券市场发行新股募集资金往往也会受到很多条件的限制，比如监管的要求以及企业自身资质的限制，而且通过在证券市场发行新股也会稀释现有股东的股权和企业的控制权，这往往会受到现有普通股股东的限制。因此，对于此类具备潜在融资需求的企业而言，同样可以通过发行优先股募集资金以满足企业运营与发展的需要，以有效避开债券募集资金所带来的高成本和陷入财务困境的高概率以及发行新股募集资金的限制条件。由此提出如下假设：

假设二：那些具有直接融资需求以及潜在融资需求的企业，会更加偏好优先股政策，因此在证监会《管理办法》颁布期间，此类企业会存在相对较高的累计超额收益率。

第三节 研究设计

对于以上假设，本章采用实证研究的方法进行验证，主要采用的方法是事件研究法。

一、样本选择与数据来源

选取 2014 年 3 月 21 日证监会《管理办法》的颁布作为研究事件，

分析《管理办法》颁布前后资本市场是否存在显著正向或负向的超额收益率。股票市场数据主要以上海证券交易所的交易数据为主，选取上证指数（000001）以及所有上证A股在估计窗口日内以及事件窗口日期间的日收益率数据作为研究样本，以考察2014年3月21日《管理办法》颁布期间上市企业在股票市场的短期市场反应。由此，为了和股票市场进行对比分析，以及剔除国债和政府债券以及金融债券的影响，在众多的债券指数中，本研究选取了上证企业债券指数[①]作为债券市场的研究样本。为了保证数据的准确和可靠性，本章对所有上证A股日收益率数据采取如下筛选程序：（1）剔除存在数据缺失或者数据不健全的股票数据；（2）剔除掉在事件窗口期内有重大公告（例如业绩报告，并购重组，停牌等）发布的企业的股票数据；（3）剔除掉财务数据缺失和不健全的企业的股票数据；（4）剔除掉财务数据异常，资不抵债的企业的股票数据。最后得到了1493个有效样本。本章所涉及到的财务数据选取2013年企业年报数据，均来源于国泰安金融数据库。

二、事件研究法

在国内外学术界，运用事件研究法研究金融市场，已成为一个重要的研究方法。事件研究法以影响金融市场产品价格的特殊事件为中心，通过研究事件的发生是否影响了时序性数据的稳定性来检验金融市场对于研究的事件的反应，通常考察事件前后金融市场产品的累计超额收益率来判断事件对于金融市场的影响。事件研究法有两个基本的假设：（1）在事件研究窗口内，除了所研究事件之外，没有其他事件发生，即使有事件发生，也不会对金融市场产品的价格产生显著的影响；（2）事件对于金融市场的影响，可以采用超额

① 上证企业债券指数（简称企债指数）是上海证券交易所编制的反映中国证券市场企业债券整体走势和收益状况的指数。上证企业债券指数以2002年12月31日为基日，基点100点，2003年6月9日正式发布。

收益率来度量。

假设在《管理办法》颁布期间，没有其它对金融市场产品的价格产生显著的影响的事件发生。因此，事件研究法，可以适用于研究《管理办法》颁布期间我国资本市场以及上市企业的短期市场反应。定义事件窗口：

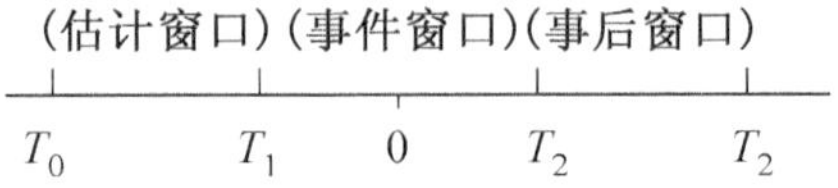

这里选取的时间窗口是《管理办法》颁布日的前后[－10，10]天作为事件窗口。将《管理办法》的颁布日作为 0 时刻，也就意味着 $T_1=-10$，$T_2=10$。估计窗口选定为[－160，－11]，$T_0=-160$。

三、研究模型

1. 假设一的模型

很多研究表明，我国资本市场短期内弱势有效，指数价格服从随机游走假设，指数收益率存在很强的不可预测性。对于假设一的检验，本章采用单变量的均值方差的随机游走模型。假设指数走势服从正态分布的随机游走假设，因此直接使用指数价格的随机游走模型进行指数收益率的预测。

$$y_t = a + \varepsilon_t$$

a 是根据估计窗口估计出来的指数价格的均值，出来的 ε_t 表示服从正态分布的随机游走项，y_t 表示的是第 t 日的指数收盘价格。然后根据预测出来的指数价格计算指数的日收益率。

2. 假设二的模型

对于假设二的检验，首先需要对个股的正常收益率进行预测。实证研究表明，市场模型和其他很多复杂的模型一样，都是有效的。因此，本章采用了市场模型对个股的日收益率进行了预测：

$$R_{it} = a_i + \beta_i(R_{mt} - R_f) + \varepsilon_i$$

其中，R_m 为整体证券市场的在第 t 日的日收益率，R_f 为市场的无风险利率。进一步的，通过样本数据的预测值和实际值的对比，得到了每只样本股票在事件窗口期内的累计超额收益率。然后，采用多元回归分析来分析具有融资需求的企业的累计超额收益率：

$$CAAR = \alpha + \beta_i ExplanatoryVariables + \gamma_j ControlVariables + \varepsilon$$

其中，被解释变量为每只样本股票在事件窗口期内的累计超额收益 $CAAR$。解释变量为每只样本股票的融资需求，包括了直接融资需求和潜在融资需求（具体的定义见上文）。控制变量则包括了企业规模、资产负债率、总资产收益率、风险值和企业所在行业。如果假设二成立，那些具有直接融资需求以及潜在融资需求的企业将会偏好优先股政策，那么预期虚拟变量 SEO、GFHL、IFHL 的回归系数应该显著为正。

四、变量选择

1. 因变量

对假设一采用单变量的随机游走模型来进行预测和分析，以及通过单变量的统计检验分析来判断资本市场的短期市场反应；而对假设二采取多元回归分析的方法来对具有融资需求的企业的短期市场反应进行假设检验。对于假设二的检验，选取了事件窗口期内的上证 A 股的股票的累计超额收益率（CAAR）作为多元回归分析的因变量。为了保证结果的可靠性和准确性，本章在后续进行稳健性检验时也会对（－7，＋7）、（－5，＋5）以及（－3，＋3）等事件窗口的累计超额收益率进行分析考察。

2. 解释变量

对于假设二中的多元回归分析分析，本章选取了解释变量来衡量企业的直接融资需求和潜在融资需求。由此，本研究借鉴了李长青、魏志华和吴世龙(2010)对于企业融资需求变量的处理方法,[①]将企业融资需求分为直接融资需求和潜在融资需求。对于那些具备直接融资需求的企业通过虚拟变量 SEO 来衡量;对于那些处于高速成长期的企业通过虚拟变量 GFHL 来衡量其潜在融资需求;对于那些处于竞争激烈的行业的企业通过虚拟变量 GFHL 来衡量其潜在的融资需求。

(1) 直接融资需求

为考察企业在《优先股管理试点办法》颁布后的短期市场情况,本研究同样通过设置虚拟变量 SEO 来考察有直接融资需求的企业反应。具体的来说,当上市企业在《管理办法》颁布之前一年以内有计划再融资(增发新股或者配股)时,SEO 取 1,否则 SEO 取为 0。可以认为,SEO 取为 1 的上市企业具有很强烈的融资需求,因此对于 SEO 取 1 的这类企业而言,《管理办法》的颁布无疑是一个利好的消息,这类企业可能会表现出比较好的市场反应。

(2) 潜在的融资需求

同样的,本研究通过两个虚拟变量 GFHL 和 IFHL 来描述企业的潜在融资需求。分别从企业的成长性和企业所在行业的竞争性来衡量企业的潜在的融资需求。

一般来说,高成长性企业的潜在融资需求相对更加强烈,因为其需要更多的资金来满足其未来的发展。因此本研究将高成长性并且其每股自由现金流量低于所有上市企业的中位数的企业,视为具有强烈的潜在融资需求的企业。对于具有潜在融资需求的高成长性企业,本研究将虚拟变量 GFHL 赋值为 1,否则赋值为 0。对于企业的成长性,本研究使用了企业的账面市值比(企业的账面价值与企业的市场价值之比)B/M 来衡量,账面市值比越低说明企业的成长性就越高。当企业的成长性高于所有上市企业的中位数时,我们认定该企业具有

① 李长青,等.半强制分红政策的市场反应研究[J].经济研究,2010(3).

高成长性。有理由认为，虽然此类企业具有较高的成长性，但由于现金流相对紧张，使得内部现金流难以支持企业的高速发展，因此此类企业存在较强的潜在的融资需求。

另一方面，对于处于激烈竞争行业的企业来说，对于资金的需求也是十分旺盛的，因为处于较强的市场竞争环境，企业往往不得不保持较多的现金流以规避市场风险和财务困境，以及保证企业在与同行业的其他企业竞争的时候保证自身的竞争力和竞争优势，确保自身不会被行业所击垮或淘汰。因此本研究将处于激烈竞争行业并且其每股自由现金流量低于所有上市企业的中位数的企业，视为具有强烈的潜在融资需求的企业，对于此类企业，将虚拟变量 IFHL 赋值为 1，否则赋值为 0。对于企业所处市场环境的竞争性衡量，本研究借鉴了 Aggarwal 和 Samwick(1999) 以及 Haushalter 等(1997) 的研究，使用行业竞争度(HHI)来衡量。每个企业的 HHI 等于该企业在相应行业中的主营业务收入的占比，HHI 越小，意味着该企业在行业中的市场份额越小，同时也就代表着行业的竞争性越强。① 如果企业所在行业的行业竞争度 HHI 小于全体行业的行业竞争度 HHI 的中位数，那么将此类企业视为处于竞争激烈的行业中。其中，行业将按照证监会规定的行业进行划分，一共分为了 20 个行业。

3. 控制变量

为了保证多元回归分析的有效性以及准确性，本研究在对假设二中计算得出来的累计超额收益率进行回归检验的时候，加入了一系列控制变量以保障回归效果的稳健性。因此，在研究中借鉴了 Ayers 等(2002)对于重大事件以及政策颁布的市场反应的实证检验中采用的控制变量，主要包括企业规模、资产负债率、总资产收益率以及企业在过去一年内的 BETA 值(企业股票日收益率与市场指数日收益率的相关系数)和企业所在行业的虚拟变量(行业按照证监会的行业进行划分)。

① 李长青，等. 半强制分红政策的市场反应研究[J]. 经济研究，2010(3).

第四节　实证结果分析

一、资本市场短期市场反应分析

1. 指数随机游走假设检验

对于上证指数价格以及上证企业债券指数价格是否服从随机游走模型的检验，本研究借鉴了陈小悦(1997)对于资本市场有效性检验的研究，运用自相关检验、单位根检验、非参量性检验等方法对上证指数以及上证企业债券指数的日收盘数据进行了实证分析，以检验上证指数以及上证企业债券指数短期内是否服从正态分布的随机游走的假设。

(1) 描述性统计

表 6-1 描述了上证指数以及上证企业债券指数在估计窗口期内的收益率的描述性统计量。

表 6-1　上证指数以及上证企业债券指数收益率描述性统计

变量	样本量	均值	中值	最小值	最大值	标准差	偏度	峰度
上证指数	150	0.022 9	−0.014 3	−2.054 4	3.388 9	0.991 8	0.355 0	3.594 0
上证企业债券指数	150	0.008 5	0.005 1	−0.083 4	0.139 8	0.038 6	0.606 5	3.931 7

从表 6-1 中可以看出，上证指数以及上证企业债券指数的峰度大于 3，这也表明指数数据存在一定的尖峰性。

(2) 自相关检验

证券市场随机游走特征主要表现在连续价格的独立性问题上，为了验证上证指数是否是随机游走过程，首先需要对上证指数的收益率水平进行自相关检验。为了消除上证指数的价格变动对上证指数收益率水平的影响，本研究参考了马向前、任若恩(2002)的研究，[①]对上证指数的自相关检验采取对数收益率作为检验数据，并且检验了从1个滞后期到10个滞后期的自相关水平。

$$R_t = \ln P_t - \ln P_{t-1} = \ln(P_t / P_{t-1})$$

其中 P_t 为第 t 天的股价指数。显著性水平取0.05。表6-2描述了自相关检验的结果。

表6-2 上证指数自相关检验

滞后期	股票指数(P值)	滞后期	股票指数(P值)
1	0.056	6	0.181
2	0.157	7	0.262
3	0.072	8	0.347
4	0.122	9	0.412
5	0.177	10	0.493

从表6-2中可以看出，所有滞后期的概率水平 P 值均大于0.05，因此在95%的置信水平下，可以认为上证指数并不存在自相关性。

(3) 单位根检验

上文已经对上证指数进行了自相关检验，为了保证结果的准确性和有效性，以及检验上证指数和上证企业债券指数的平稳性，同时也为了进一步检验上证指数和上证企业债券指数是否服从随机游走模型，本研究对上证指数和上证企业债券指数的对数序列进行了单位根(ADF)检验。ADF检验的目的主要是为了验证样本的时间序列中是否存在着单位根，或者说该时间序列是否是平稳的。如果ADF检验结果中发现存在着单位根，那么这组时间序列样本就是不平稳的。而上文提到的随机游走过程的必要条件就是该组序列是不平稳的，或者说存在着单位根。因此，单位根检验是随机游走过程的必要条件。单位根(ADF)检验的具体结果见表6-3。

① 马向前，任若恩. 基于市场效率的中国股市波动和发展阶段划分[J]. 经济科学，2002(2).

表 6-3　上证指数和上证企业债券指数的 ADF 检验结果

	变量	ADF	1%显著性水平下的临界值	5%显著性水平下的临界值	10%显著性水平下的临界值	DW 统计值
股票指数	P_t	−1.830 0	−3.474 6	−2.880 9	−2.577 1	1.653 0
	ΔP_t	−10.338 3	−3.474 9	−2.881 0	−2.577 2	1.987 5
债券指数	P_t	−1.943 0	−3.476 5	−2.882 7	−2.577 6	1.980 4
	ΔP_t	−7.681 7	−3.474 9	−2.881 0	−2.577 2	2.007 7

从检验结果看，无论是在 1%、5%还是在 10%的显著性水平上，ADF 值均大于临界值，这也就意味着该组序列中存在着单位根，换句话说，上证指数的对数序列和上证企业债券指数的对数序列为非平稳过程。此外，检验中也注意到一阶差分的 ADF 值均小于临界值，这说明一阶差分序列是平稳的。所以上证指数和上海企业债券指数均通过了 ADF 检验，满足存在单位根的假设。由此，可以推断上证指数对数序列和上证企业债券指数的随机游走假设成立。

（4）正态性检验

上文假设了上证指数和上证企业债券指数服从正态分布的随机游走模型，并已检验了股票指数和债券指数是否服从随机游走模型。因此，本研究需要检验上证指数和上证企业债券指数的随机游走项的正态性，由此对上证指数和上证企业债券指数进行了正态性检验。具体的正态性检验结果见图 6-1。

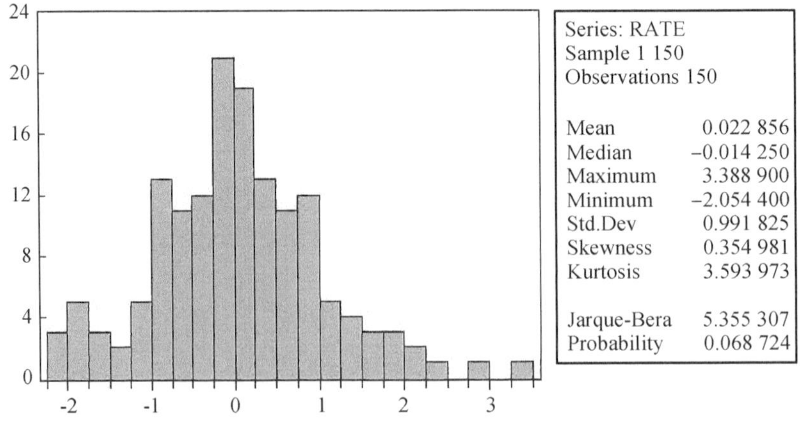

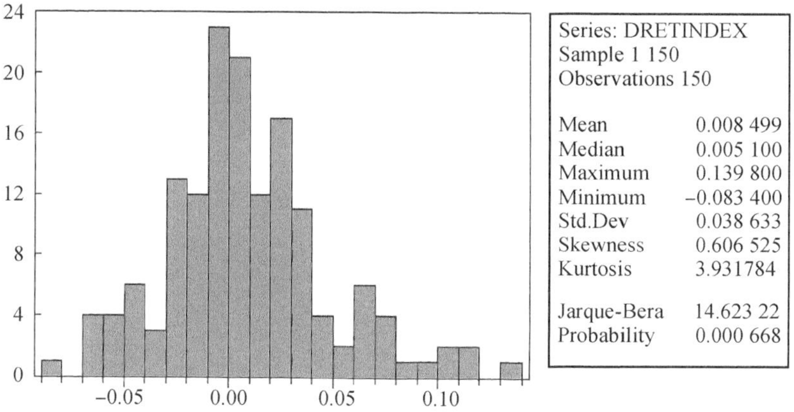

图 6-1　估计窗口上证指数(上)和上证企业债券指数(下)正态检验图

从检验结果来看,图 6-1 的横坐标为上证指数以及上证企业债券指数的收益率水平,纵坐标为上证指数以及上证企业债券指数的收益率处于该收益率水平下的天数的次数,从图中可以看出上证指数和上证企业债券指数的频率分布直方图都可以近似为正态分布的图。而且上证指数收益率检验的 P 值为小于 0.1,意味着在 90%的置信水平下可以将股票市场收益率视为服从正态分布;同样,上证企业债券指数收益率检验的 P 值小于 1%,这意味着在 99%的置信水平下可以将债券市场收益率的分布视为服从正态分布。

以上的检验结果均表明上证指数价格和上证企业债券指数价格短期内弱势有效。因此,本研究假设上证指数价格和上证企业债券指数价格在短期内呈现带正态分布的漂移项的随机游走过程是有效的并且科学的。

2. 超额收益率的计算

为了计算出上证指数以及上证企业债券指数在事件窗口期内的超额收益率,首先需要对事件窗口期内的正常收益率进行预测。上文已经验证了上证指数和上证企业债券指数呈现正态分布的随机游走特性。因此本研究运用随机游走模型预测出事件窗口期间的股票指数和债券指数的收益率,并且取 10 次预测值的平均值与实际的股票指数和债券指数收益率进行对比分析，从而得到事件窗口期内股票指数和债券指数的超额收益率。股票指数和债券指数的收益率的预测值与实际值对比见图 6-2。

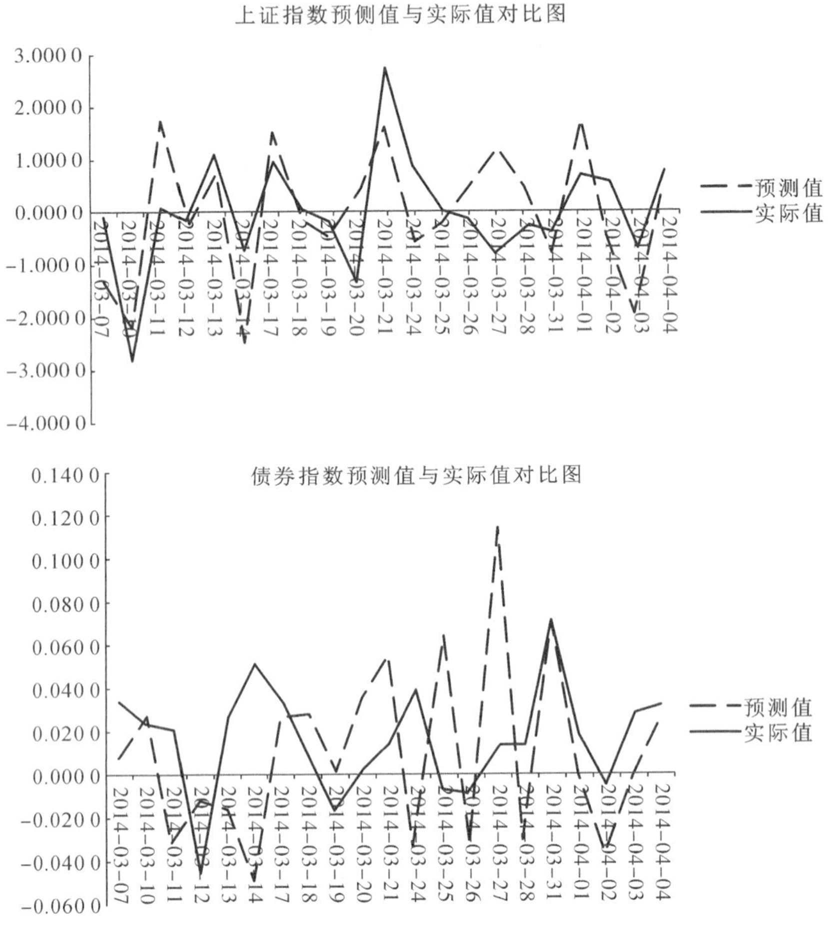

图 6-2　上证指数(上)和上证企业债券指数(下)收益率的预测值与实际值对比

可以看出，上证指数收益率和上证企业债券指数收益率的预测值的波动性和预测值的水平和实际值比较接近，这也进一步证明了运用随机游走模型预测股票市场和债券市场的收益率的有效性。根据计算出来上证指数和上证企业债券指数的日收益率的预测值和实际值的对比，可以计算出上证指数和上证企业债券指数在事件窗口期内每天的超额收益率。计算得到的日超额收益率和累计超额收益率见表 6-4。

表 6-4　上证指数以及上证企业债券指数超额收益率　　　　单位：%

相对日期	上证指数		上证企业债券指数		相对日期	上证指数		上证企业债券指数	
	日超额收益率	累计超额收益率	日超额收益率	累计超额收益率		日超额收益率	累计超额收益率	日超额收益率	累计超额收益率
-10	1.173 1	1.173 1	0.025 4	0.025 4	1	1.481 6	2.246 5	0.079 5	0.164 7
-9	-0.643 4	0.529 7	-0.002 6	0.022 8	2	0.330 5	2.577 0	-0.072 3	0.092 4
-8	-1.670 5	-1.140 8	0.054 3	0.077 1	3	-0.627 0	1.950 0	0.024 8	0.117 2
-7	0.095 9	-1.044 9	-0.033 6	0.043 5	4	-2.013 3	-0.063 3	-0.100 0	0.017 2
-6	0.340 6	-0.704 3	0.042 7	0.086 2	5	-0.666 4	-0.729 7	0.045 8	0.063 0
-5	1.889 3	1.185 0	0.099 5	0.185 7	6	0.388 6	-0.341 1	0.001 1	0.064 1
-4	-0.503 6	0.681 3	0.007 3	0.193 0	7	-1.080 5	-1.421 6	0.020 5	0.084 5
-3	0.218 8	0.900 1	-0.017 2	0.175 8	8	1.293 3	-0.128 3	0.033 0	0.117 6
-2	0.362 8	1.262 9	-0.018 4	0.157 4	9	1.247 3	1.119 0	0.026 8	0.144 3
-1	-1.616 1	-0.353 1	-0.033 5	0.124 0	10	0.319 2	1.438 2	0.006 5	0.150 8
0	1.118 0	0.764 9	-0.038 7	0.085 2					

从表 6-4 可以看出，上证指数和上证企业债券指数的累计超额收益率在大部分事件窗口内的交易日的值均为正，而且对于上证指数的累计超额收益率，在事件颁布后的几天内明显为正，而且在整个事件窗口期间内，上证企业债券指数的累计超额收益率均为正。这初步表明了上证指数和上证企业债券指数在事件窗口期内存在正向的市场反应。

3. 累计超额收益率分析

图 6-3 展示了上证指数和上证企业债券指数在事件窗口期内每个交易日的累计超额收益率。可以看出，在事件窗口期内上证指数的

累计超额收益率在事件窗口期内的大多数的交易日内均大于0，而且在事件发生后的几个交易日内存在一个异常正的累计超额收益。另一方面，上证企业债券指数在整个事件窗口期内的累计超额收益率均为正。因此，有理由相信上证指数和上证企业债券指数在事件窗口期内存在一个正向的市场反应。

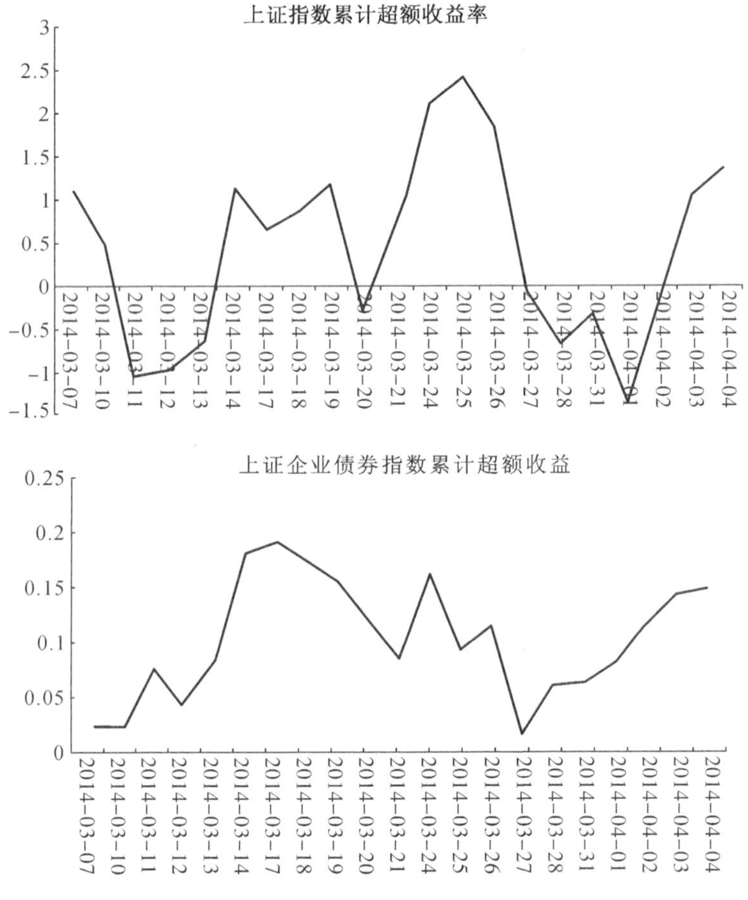

图 6-3　上证指数(上)和上证企业债券指数(下)累计超额收益率(CAAR)

从以上实证结果来看，实证结果基本上验证了本研究的假设一。股票市场和债券市场在《管理办法》颁布期间均出现了显著的正向的累计超额收益率。因此可以认为，股票市场投资者以及债券市场投资者均看好优先股制度在我国资本市场的发展，并且认为优先股制度的确立的确会为我国资本市场的长远发展发挥巨大作用。

二、不同特征企业的短期市场反应分析

本研究假设二提出，具备直接融资需求和潜在融资需求的企业会更加偏好于优先股制度。为了检验具有直接融资需求和潜在融资需求的企业对于优先股制度的反应，首先必须计算出样本股票在事件窗口期内的超额收益率。上文提到，对于样本内股票的超额收益率的计算，本研究采用了简单的市场模型作为正常收益率的预测模型，然后采用多元回归分析来分析计算得到的样本内股票在事件窗口期内的累计超额收益率。

1. 描述性统计

通过数据筛选以及样本股票在事件窗口期内的超额收益率的计算，本研究得到了每只样本股票在事件窗口期间内的超额收益率。本研究一共选取了 1 493 个有效数据，表 6-5 描述了包含所有样本股票的全样本变量的描述性统计，包括了解释变量和控制变量。

表 6-5　多元回归变量描述性统计

变量	样本量	均值	中值	最小值	最大值	标准差
CAAR	1 493	0.043 3	0.034 9	−0.566 3	0.536 3	0.103 8
SEO	1 493	0.117 6	0	0	1	0.322 0
GFHL	1 493	0.251 7	0	0	1	0.434 0
IFHL	1 493	0.306 1	0	0	1	0.460 9
SIZE	1 493	22.088 3	21.867 7	18.565 0	27.973 5	1.334 1
LEV	1 493	0.426 9	0.414 5	0.005 0	0.978 5	0.220 2
ROA	1 493	0.010 4	0.007 7	−0.051 7	0.188 1	0.015 8
BETA	1 493	0.010 9	0.010 9	0.002 7	0.025 0	0.002 8
IND	1 493	0.069 2	0.042 3	0.009 3	0.621 0	0.098 9

注：数据均系作者整理，数据来源于国泰君安金融数据库。

2. 分组检验分析

为了更加直观地表示具备融资需求的企业对于优先股制度的短期市场反应，本研究对各个虚拟变量进行了分组检验分析。通过虚拟变量 SEO、GFHL 和 IFHL 的交叉配对来对整体样本进行重新分组，并且得到了每一组样本在事件窗口期内的收益率走势图。

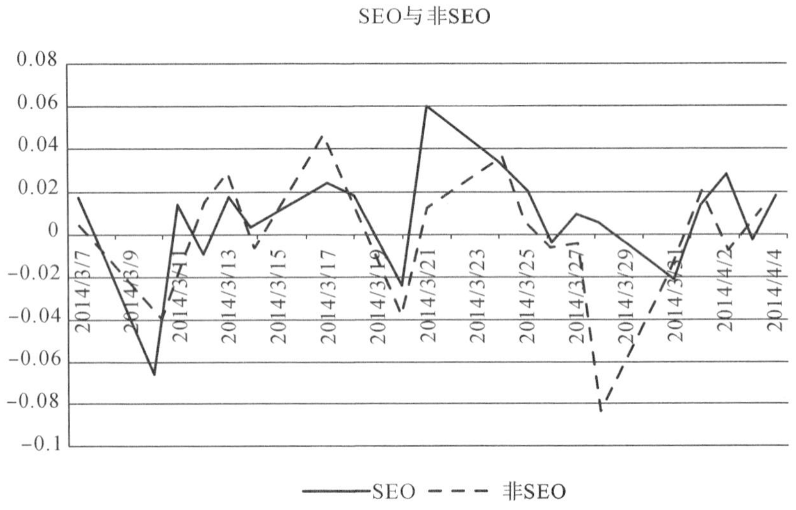

A(SEO 类企业与非 SEO 类企业)

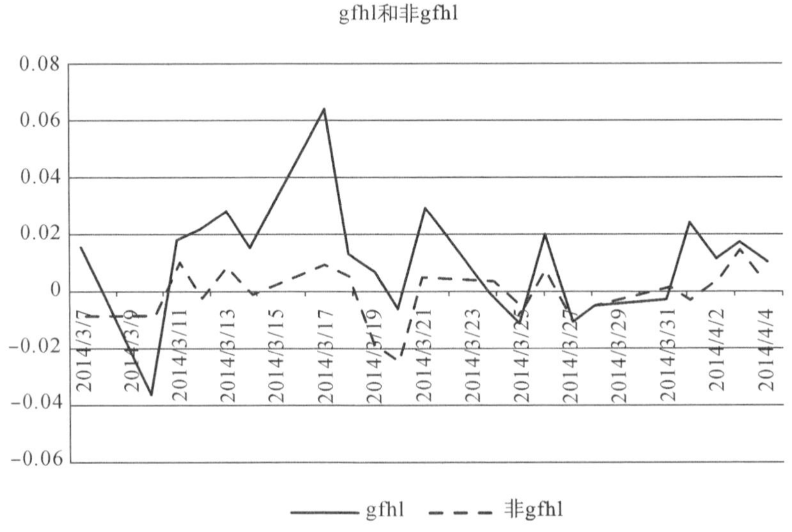

B(GFHL 类企业与非 GFHL 类企业)

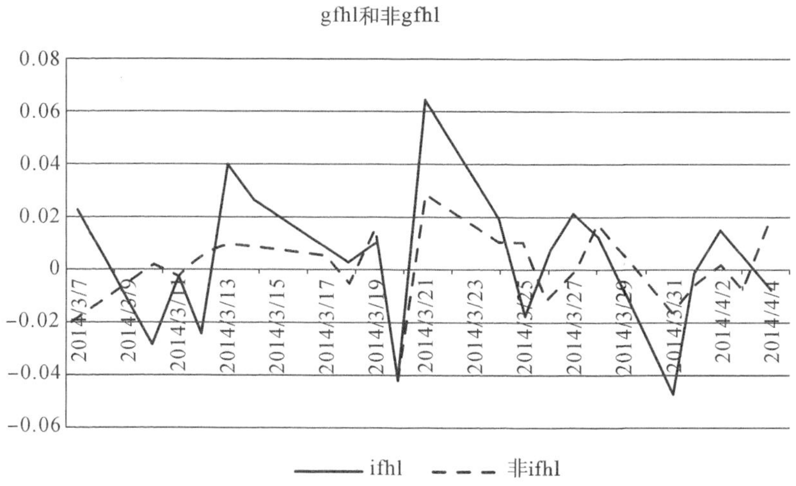

C(IFHL 类企业和非 IFHL 类企业

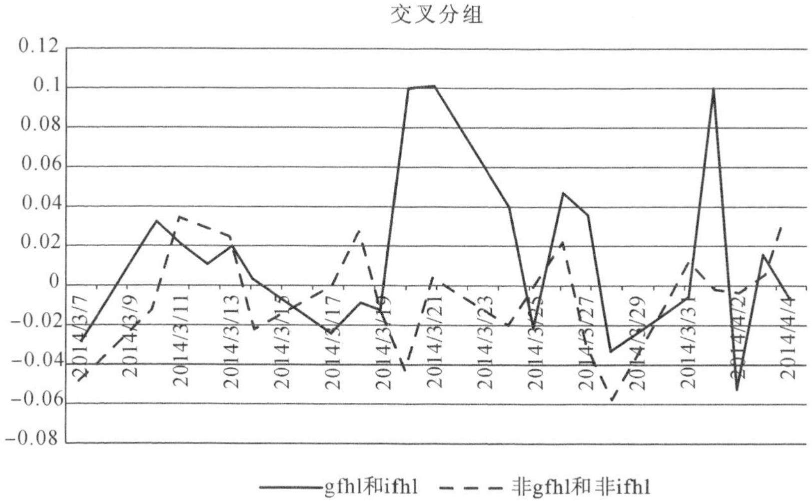

D(GFHL 与 IFHL 类企业交叉分组)

图 6-4 不同类型上市企业在事件窗口期内的收益率走势图

从图 6-4 中可以比较直观地看出,具备直接融资需求的 SEO 类企业以及具备潜在融资需求的 GFHL 与 IFHL 类企业在事件窗口期内的收益率水平相对更高一些。

3. 多元回归分析

为了分析具备直接融资需求的 SEO 类企业以及具备潜在融资需

求的 GFHL 与 IFHL 类企业在事件窗口期内是否存在一个显著的正向反应，本研究采用多元回归分析的方法，通过判断在不同的回归模型下的虚拟变量 SEO、GFHL 和 IFHL 的系数水平以及显著性水平来检验。实证研究发现，在采用不同的回归样本时，多元回归分析得到的虚拟变量的系数的水平以及系数的显著性水平各不相同，但是采用不同回归模型所得到的回归分析的回归系数的显著性水平的差异并不是很大。表 6-6 描述了在不同的回归模型下，各个虚拟变量以及控制变量的回归系数的统计分析与显著性水平。

表 6-6　回归模型的回归结果分析

	单变量回归			多变量回归	
变量	模型 1	模型 2	模型 3	模型 4	模型 5
SEO	0.011 1 (1.148 6)			0.009 7 (1.072 7)	0.016 1* (1.851 7)
GFHL		0.045 8*** (7.553 3)		0.035 1*** (5.384 7)	0.022 9*** (3.586 3)
IFHL			0.038 8*** (6.789 7)	0.026 7*** (4.344 8)	0.002 4 (0.364 8)
SIZE					−0.014 1*** (−5.647 3)
LEV					−0.067 5*** (−4.486 1)
ROA					0.183 0 (1.039 6)
BETA					4.765 2*** (5.166 9)
IND					−0.076 5*** (−2.787 2)
截距 C	0.042 7*** (15.178 3)	0.031 8*** (10.473 6)	0.031 4*** (9.917 9)	0.025 4*** (7.489 5)	0.325 9*** (6.319 7)
F 值	1.319 4	57.052 6	46.100 6	25.759 4	29.368 6
R^2	0.000 8	0.036 6	0.029 8	0.049 0	0.135 7

注：***、**、* 分别表示在 1%、5%、10%水平上显著（双尾），t 检验值经过 white 异方差调整。

从表 6-6 的结果来看，无论是采用单变量的回归模型还是采用多变量的回归模型，虚拟变量 SEO、GFHL 和 IFHL 的系数均为正值。并且,随着控制变量的增加,模型的拟合优度 R^2 也逐渐增加,回归的效果也更加良好。虽然采用单一虚拟变量 SEO 的回归模型的 F 值偏小,但是其它模型的回归结果还是比较好,F 值也相比较大。

从多元回归模型的回归系数来看,虚拟变量 SEO、GFHL 和 IFHL 的回归系数均为正。这意味着那些具有直接融资需求以及潜在融资需求的企业股票的超额收益率,确实和《管理办法》的颁布存在一个正向关系。从表 6-6 可以看出,虚拟变量 SEO 的回归系数并不十分显著,这说明虚拟变量 SEO 对 SEO 类企业在事件窗口期内的累计超额收益率的解释力并不是很强;相比之下,无论采用哪种回归模型,虚拟变量 GFHL 的回归系数均在 99%的置信水平下显著为正,这说明 GFHL 类企业在事件窗口期间内存在显著的正向累计超额收益率,而且虚拟变量 GFHL 对 GFHL 类企业的累计超额收益率的解释力很强;其次,虚拟变量 IFHL 的回归系数虽然也为正,但是 IFHL 的回归系数的显著性水平并没有虚拟变量 GFHL 那么高,因此可以认为虚拟变量 IFHL 对 IFHL 类企业的累计超额收益率也存在一定的解释力。

这在一定程度上印证了本研究的假设二的观点,优先股制度有利于那些具有融资需求的企业在未来的发展。可以看出无论采用何种回归模型,虚拟变量 GFHL 的回归系数均显著为正,这说明那些高成长性并且每股现金流比较低的企业确实偏好优先股制度。此类企业的市场反应显著为正,说明在优先股制度建立的大背景下,市场投资者看好此类企业在未来的发展,并且认为此类企业在未来会因为优先股制度的建立而变得更好。相比之下,目前具备直接融资需求的企业和那些处于激烈竞争行业的企业的市场反应虽然也为正,但是反应平淡了很多,回归系数的显著性水平也差了很多。

为什么市场会呈现这样的反应呢?综合以上分析,本研究认为首先优先股确实是一个被资本市场广泛看好的一种融资工具,并且从长远来看,优先股有利于那些具备潜在融资需求的企业在未来的发展,尤其是对那些目前处于高速增长且每股现金流较低的企业而言,优先股制度的建立对于这样的企业来说是一个非常利好的消息。但是,那些目前具备直接融资需求的企业对优先股的市场反应却平淡了很多,这可能是目前投资者对优先股制度还存在信心不足,毕竟我国资本市场缺乏发行优先股的相关经验,对中小投资者的保护力度还不足,因此短期来看优先股制度并不能迅速满足此类企业的融资需求,导致投资者观望情绪严重。此外,那些处于激烈竞争行业的企业本身的经营风险相比其它行业要大,虽然优先股可以解决此类企业在未来的融资需求,但是相比那些目前发展良好并且处于高速增长的企业来说,投资者对优先股能否解决此类企业的融资需求还存有一定的疑虑。

三、稳健性检验

为了保证实证结果的准确性和有效性,本章对研究结果进行了一系列的稳健性检验。首先,重新选取了研究事件,根据市场有效性理论,市场可能提前对优先股制度的建立做出了反应。其次,重新选取了衡量企业成长性和企业所在行业竞争性的主要代理变量。最后,由于事件研究法本身的缺陷,研究结果可能受到事件窗口的选择影响,因此也通过改变事件窗口的大小对研究结果进行稳健性检验,研究在不同大小的事件窗口下,研究结论是否保持一致。

1. 研究事件的稳健性检验

本研究选取的事件为 2014 年 3 月 21 日证监会《管理办法》的颁布作为研究事件。根据市场有效性理论,资本市场可能已经在《管理办法》的颁布前作出了反应,由此本研究选取 2013 年 12 月《管理办法》经中国证券监督管理委员会第 16 次主席办公会会议审议通过作为检验事件,判断市场是否对《管理办法》的审议通过作出了反应。图 6-5 描述了股票指数和债券指数在《管理办法》的审议通过的事件期间内的收益率走势图。

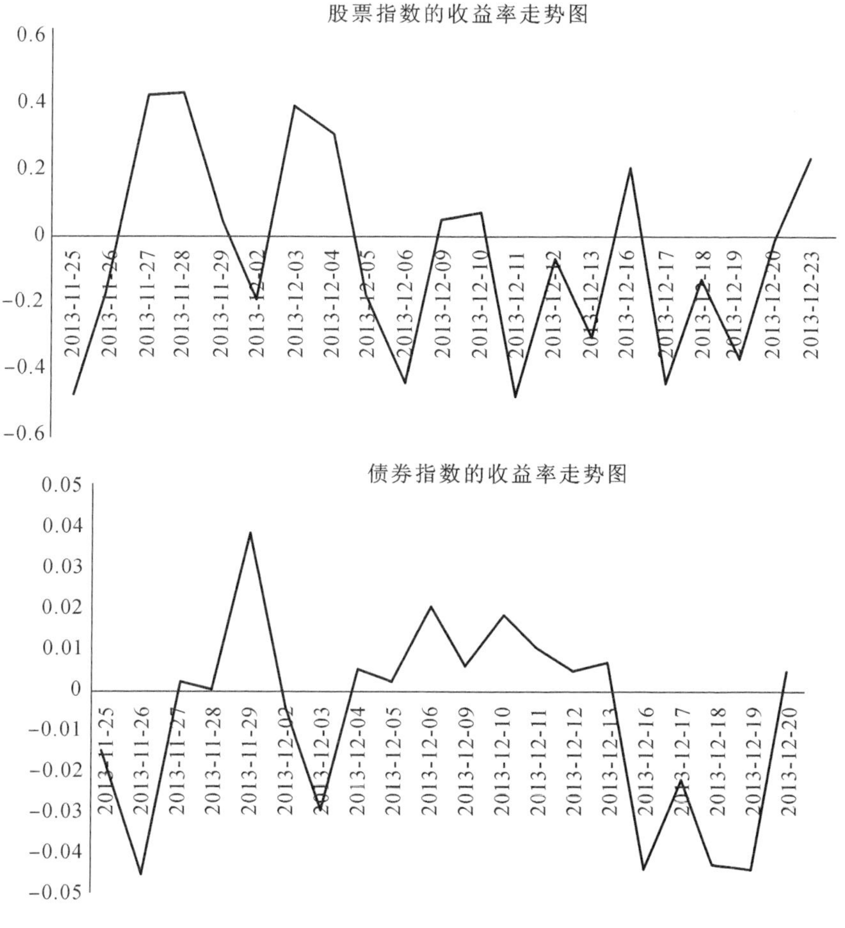

图 6-5　股票指数和债券指数收益率走势图

从图 6-5 来看，上证指数以及上证企业债券指数均处于正常的波动范围，并且在事件发生当天，市场并没有出现显著的收益率变化。因此可以认为市场并没有提前对优先股制度表现出显著的市场反应。

2. 代理变量的稳健型检验

为确保研究结果的准确性和有效性，本研究重新选取了衡量企业成长性和企业所在行业的竞争性的主要代理变量。借鉴连玉君和程建(2006)[①]以及宋常等(2008)[②]的研究,以企业的总资产增长率作为企业成长性的主要代理变量,以企业所在行业的行业平均主营业务利润率作为衡量行业的竞争性的主要代理变量。并且采用虚拟变量GFHL1来衡量企业成长性,当上市企业成长性(以企业的总资产增长率来衡量,企业的总资产增长率的值越高则代表企业的成长性就越高)高于所有上市企业的中位数且每股自由现金流量低于所有上市企业中位数时,虚拟变量GFHL1取1,否则虚拟变量GFHL1取0;同样的,采用虚拟变量IFHL1来衡量企业所在行业的竞争性,当企业所在行业的竞争程度(以行业平均主营业务利润率衡量,行业平均主营业务利润率的值越低则代表企业所在行业的竞争性就越高)高于全部行业竞争程度的中位数且每股自由现金流量低于所有上市企业中位数时,虚拟变量IFHL1取1,否则虚拟变量IFHL1取0。重复上文的分组检验与多元回归分析,多元回归分析的结果见表6-7。

表6-7 采用不同代理变量的稳健性回归结果

	单变量回归			多变量回归	
	模型1	模型2	模型3	模型4	模型5
SEO	0.006 9 (0.740 2)			0.009 5 (1.287 4)	0.013 9* (1.749 6)
GFHL		0.067 3*** (6.738 4)		0.039 4*** (5.374 5)	0.029 3*** (3.253 4)
IFHL			0.027 4*** (5.837 4)	0.020 4** (2.421 0)	0.002 1 (0.573 8)

注:***、**、*分别表示在1%、5%、10%水平上显著(双尾);t检验值经过white异方差调整。

可以发现,当选取不同的代理变量来衡量企业的成长性和其所在行业的竞争性的时候,多元回归分析的系数依旧为正值,而且其显著性

① 连玉君,程建.不同成长机会下资本结构与经营绩效之关系研究[J].当代经济科学,2006(3).

② 宋常等.产品市场竞争、董事会结构与公司绩效——基于中国上市公司的实证分析[J].审计研究,2008(5).

水平没有明显变化，所得到的结果大体一致。因此可以认为，在选取不同的代理变量来衡量企业的成长性和企业所处行业竞争性的时候，本研究的主要结论没有明显变化，可以认为本研究结论是有效的。

3. 事件窗口的稳健性检验

由于事件研究法本身的缺陷，研究结果可能受到事件窗口的选择的影响，因此本研究也通过改变事件窗口的大小对研究结果进行稳健性检验，研究在不同大小的事件窗口下，研究结论是否会出现明显变化。由此，本章选取了(−7，+7)、(−5，+5)以及(−3，+3)三个事件窗口来进行事件窗口的稳健性检验分析，对这三个事件窗口期内的累计超额收益率进行了和上文一样多元回归分析，得到结果见表6-8。

可以看出，选取不同大小的事件窗口进行多元回归分析所得到的虚拟变量的系数仍然为正值，显著性也没出现明显的差异。和上文一样，虚拟变量 SEO 的回归系数依然显著性不足，但是 GFHL 和 IFHL 的回归系数的显著性较高，和上文的结论保持一致，因此可以认为研究的主要结论在不同大小的事件窗口期下保持不变。

表 6-8 采用不同事件窗口的累计超额收益率为因变量的稳健性回归结果

	单变量回归			多变量回归	
	模型 1	模型 2	模型 3	模型 4	模型 5
(1) 采用事件窗口(−7，+7)的累计超额收益率为因变量的稳健性回归结果					
SEO	0.007 1 (0.563 9)			0.008 3 (1.193 5)	0.025 1* (1.837 4)
GFHL		0.041 1*** (7.037 2)		0.027 3*** (5.375 4)	0.019 7*** (4.283 7)
IFHL			0.028 3*** (6.748 3)	0.026 7*** (4.344 8)	0.002 7 (0.331 7)
(2) 采用事件窗口(−5，+5)的累计超额收益率为因变量的稳健性回归结果					
SEO	0.005 3 (0.647 5)			0.007 2 (1.034 5)	0.009 2 (1.067 3)

续表 5-2

	单变量回归			多变量回归	
	模型 1	模型 2	模型 3	模型 4	模型 5
GFHL		0.037 2*** (5.826 4)		0.031 0*** (5.354 3)	0.019 5*** (3.346 4)
IFHL			0.039 4*** (7.382 1)	0.035 6*** (4.255 4)	0.001 8 (0.297 5)
(3) 采用事件窗口(−3，+3)的累计超额收益率为因变量的稳健性回归结果					
SEO	0.004 5 (0.803 7)			0.005 6 (0.984 3)	0.010 1 (0.954 7)
GFHL		0.051 7*** (5.736 5)		0.025 7*** (5.303 7)	0.019 9*** (3.427 4)
IFHL			0.029 8*** (6.423 1)	0.045 6*** (4.335 2)	0.001 4 (0.335 8)

注：***、**、*分别表示在1%、5%、10%水平上显著(双尾)；t 检验值经过 white 异方差调整。

第五节 本章小结

通过研究发现，我国资本市场普遍看好优先股制度，并且普遍认为，引进优先股制度可以解决我国目前资本市场的一系列矛盾。而且，优先股制度可以更好地解决企业的融资问题，为企业提供多元化的融资途径。研究结论表明：

(1) 股票市场和债券市场在证监会《管理办法》颁布期间均出现了显著的正向市场反应。优先股融资方式给我国资本市场带来的财富效应大于其替代效应，一定程度上在股票市场和债券市场之间形成了非零和博弈，达到了共赢的效果；

(2) 对于具有强烈融资需求或者潜在融资需求的企业，尤其是高成长性的企业，在《管理办法》的颁布期间，表现出了更为明显的正向的市场反应。

从企业融资的角度来看，优先股具有普通股和债券所不具有的特定的优势:既能实现股权融资,同时又能保证控股权不会受到稀释;既能实现股权融资,同时又能保证自身的负债率不会急剧上升;既能实现股权融资,同时又能改善企业自身的治理结构,这就使得上市企业采用优先股融资的可能性和必要性大大增强了。其次,从投资者角度看,优先股的投资风险比普通股小,比债券大,是一种相对来说风险小收益高的金融工具,有利于我国的稳健型机构投资者进行投资。

随着我国资本市场的稳步发展和优先股制度的逐步完善,企业融资对优先股的需求也将会不断增加。优先股的出现,可以帮助很多企业解决融资问题,同时也为很多投资者提供了新的投资方向。与此同时,优先股具有稳定的价值,股价波动较小。从国外的经验来看,优先股的投资者主要为长期投资者,交易换手率低,发展优先股有利于倡导正确的投资意识,推动证券市场的稳步发展。可以预见,未来优先股将会在丰富我国资本市场的投融资渠道、改善资本结构、活跃资本市场交易方面发挥积极作用,一定能为我国资本市场发展提供持续不断的活力。

第七章 优先股、债券、普通股的融资成本比较

采用倾向得分匹配法和事件研究法，探讨优先股融资公告颁布后所产生的公告效应，不仅能够正确认识优先股融资、普通股融资、债券融资三者对应的融资成本之间的差异，而且也有助于厘清优先股融资成本和股权融资成本、债券融资成本之间的关系以及三者之间的融资顺序，进一步加深对优先股在中国市场具有债性的理解。

第一节 引 言

自从 Miller 和 Modigliani(1961)提出 MM 模型解释了企业融资行为和企业资本结构之间的关系以来，企业资本结构和企业融资行为问题的研究一直是企业融资问题研究的一个焦点。其中静态权衡理论和顺序融资理论是最重要的两大研究成果。权衡理论认为企业的资本结构政策实际上就是在债务融资的"收益"(负债融资对管理层进行相应的约束和激励，从而降低代理成本)与财务困境成本之间的权衡。① Myers 和 Majluf(1984)的研究则发现在信息不对称的情况下，

① 孔荣.西方现代企业融资结构理论述评[J].西北农林科技大学学报(社会科学版)，2004(1).

企业在融资选择时往往优先考虑内部融资，然后才是外部融资；外部融资中首先选择的是债务融资，然后是优先股融资，最后才是普通股融资。① 这些研究在理论假设和结论方面有着很大的不同，但是他们都认为融资成本对企业融资决策起到了非常大的影响。而优先股融资无疑在企业的融资方式中扮演着重要的角色，起着关键的作用。

但是在我国，企业的融资偏好顺序和西方的实证结果却有着很大的差距，由于信息披露和监管制度的不完善，股权高度集中造成严重的内部人控制，使上市公司能够大量低成本的套取股东的钱（不支付红利），但资本使用效率不高，股价不足以反映公司的真实价值等问题，我国企业融资存在着强烈的股权融资的偏好。黄少安（2001）指出这种融资偏好的直接原因是股权融资的成本要大大低于债务融资的成本，因此上市企业偏好采用单一的配股、增发等方式来进行融资，而往往只是发行少量的债券作为一个补充。② 这可以看出我国的企业融资决策带有很强的国情色彩，西方的融资优序理论并不适用于我国资本市场的发展现状。

在这种情况下，我国优先股发行时间尚短，其融资成本和融资效率如何还未可知，西方发达国家的优先股融资理论在我国资本市场是否适用到目前为止还没有文献进行实证研究过，因此本章以 2014 年 3 月 21 日中国证券监督管理委员会公布的《优先股试点管理办法》（以下简称《管理办法》）为背景，试图通过展开实证研究，比较优先股融资、普通股融资、债券融资的公告效应，分析优先股融资成本与普通股融资成本、债券融资成本相比会出现怎样的特征并探究其原因。

从 2014 年 3 月 21 日《管理办法》颁布以来，已有 15 家上市公司先后进行优先股融资，本章采用倾向得分匹配法和事件研究法对优先

---

① 陈君宁，等.优序融资理论及其借鉴意义[J].经济论坛，2004(4).

② 黄少安，等.中国上市公司股权融资偏好分析[J].经济研究，2001(11).

股融资公告的公告效应进行研究，发现优先股的公告效应为正。之后将优先股的公告效应和普通股公告效应、债券公告效应进行比较，发现优先股的公告效应优于普通股公告效应和债券公告效应，得出优先股融资成本和股权融资成本、债券融资成本之间的关系以及三者之间的融资顺序。最后通过对融资成本理论和委托代理理论的分析，分析优先股、普通股、债券融资顺序背后的含义，并结合实证结果分析，最终得出优先股在中国市场具有债性的结论。本章的研究为我国优先股研究领域补充了实证研究，也为我国优先股制度的进一步发展提供了来自实证方面的建议。

第二节 理论分析与研究假设

优先股由于其收益相对固定，股息在派发普通股股息之前派发，清偿顺序先于普通股，而次于债权人、权利范围小等特点，介于普通股融资和债务融资之间，因此发行优先股的企业正是利用其特殊性进行融资。Emanuel(1983)指出，就一般股东的观点来看，优先股的一个关键的特征就是红利灵活性。因此，公司可以在财务困境时拖延优先股红利的发放。Heinkel 和 Zechner(1990)发现由于公司可以拖延优先股红利的发放，优先股可以增强公司发债的能力。Nance 等(1993)提出优先股减少了财政紧张。正是因为优先股的这些特点，西方投资者一般将优先股视为债务融资的一种方式。

毫无疑问，融资成本的高低是上市企业在选择融资方式时首要考虑的因素，优先股融资成本的高低直接影响着企业对于优先股发行的选择。西方发达国家普遍认为优先股融资成本比普通股融资成本要低，而比债券融资成本要高。优先股发行通常被认为是债务融资的一种，它可以有效减少税率，Elmer(1988)将 Miller 平衡模型和 De Angelo 和 Masulis 的税盾不确定模型相整合，证明了优先股和无负债税盾如何相互作用以影响公司的最优资本结构，显示低的优先股收益率有效地使低税率公司出售多余的税盾。用这种方式，公司可以有效地得到税盾优惠，这近似于债务融资而不必考虑现在和预期的税率。在一篇相关的论文中，Trigeorgis(1993)提供了实证证据，在公用事业行业的子行业，平均有效税率和优先股发行比例负相关。Callahan 等(2001)证明了公司发行优先股的选择受税收、监管和公司特定的诱因的综合影响。这些都证明着企业优先股融资的融资成本对公司的融资决策会产生重要影响。

基于我国资本市场优先股融资方式的缺失，证监会于 2014 年 3 月 21 日公布《管理办法》，正式开始优先股发行这一融资渠道。但是由于我国公司治理机制、市场监管、投资者保护等方面和西方发达国家还有着很大的差距，企业不同融资方式产生的融资成本和西方国家也有不同。黄少安(2001)发现由于我国股权融资成本要大大低于债务融资成本，企业存在强烈的股权融资倾向。[①] 那么优先股融资在我国市场是否也会出现和西方发达国家完全不同的情况，优先股融资方式在我国资本市场上的融资效率如何还没有实证研究加以证明。

本章以 2014 年 3 月 21 日中国证券监督管理委员会公布的《管理办法》为背景，以普通股融资和债务融资为对照，考察公司优先股融资的市场反应。西方学者指出，优先股发行的融资成本高低，可以从投资者对优先股发行公告的市场反映中获得。在其他条件相同的情况下，如果发行优先股的融资成本比发行普通股更高，则优先股发行公告发布会比发行新股的公告对股价产生的冲击更大；反之，则优先股发行公告发布会比发行新股的公告对股价产生的冲击更小。由于本研究的融资方式均为外部融资，定向增发新股可以是内源融资，也可

① 黄少安，等.中国上市公司股权融资偏好分析[J].经济研究，2001(11)

以是外部融资，因此选择非公开发行新股作为普通股融资方式。基于以上研究，本研究提出如下假设：

假设一：公司优先股融资公告会有负的公告效应。

融资方式的选择对公司股价也会产生不同的影响。由于融资成本的差异，企业会优先选择融资成本较低的融资方式，只有在企业经营质量较好的情况下才会选择融资成本较高的融资方式。因此投资者会从企业对融资方式的选择中判断公司的经营情况等。

Myers 和 Majluf(1984)认为在信息不对称的情况下，管理者比投资者知道更多关于企业价值的信息，企业只有在股票价格被高估时，才愿意发行新股，发行新股会向投资者传递有关公司价值的非正信息，因此公司增发新股的公告往往会带来股价的负面效应。① 为了避免这种情况的发生，公司在融资时会选择发行风险较小的证券如债券或者采取内源融资等方式，这些方式也对公司股价会产生比股权融资更小的负面效应甚至不产生影响。也就是说，公司在融资时会遵循一定的顺序，也就是融资优序理论。

Miller 和 Rock(1985)认为上市企业在进行预期之外的融资活动时，将会向外界传递自身现金流短缺的信号，最终导致市场产生负的效应。② 一系列的实证研究证明了这些理论模型。优先股融资在西方资本市场一向被认为是债务融资的一种方式。Smith(1986)实证研究表明债务融资会产生－0.26％的公告效应。Mikkelson 和 Partch(1986)发现发行普通债券会产生大概 0.3％左右的异常收益。Akhigbe 等(1997)通过对公司债的宣告效应研究发现发行公司债会产生较小的负的异常收益。Irvine 和 Rosenfeld(2000)发现使用优先股代替银行债券的公司对其股价有一个负面的冲击。因而我们可以

① Myers and Majluf. Corporate Financing and Investment Decision when Firms have Information that Investor do have. Journal of Financial Economics 13. 1984. 187-221.

② Miller and Rock. Devidened Policy under Asymmetric Information. Journal of Finance40. 1985. 1031-1051.

发现优先股融资在西方资本市场产生的公告为负。

但是在不同国家融资的公告效应并不相同。如 Ashharri 等(2009)发现马来西亚公司债的发行公告效应显著为正。在我国，由于优先股发行刚刚开始，还不能确定投资者和公司对优先股发行的态度，但是在实证研究中我们可以发现，我国上市公司发行公司债和增发股票均会产生负的公告效应，付雷鸣等(2010)研究发现公司债的发行会产生不显著的负的异常收益。① 刘力等(2003)发现 A 股市场增发公告具有显著的负价格效应。② 基于国内外学者的研究成果，本研究推测优先股发行也会产生负的公告效应。

假设二：优先股发行公告的公告效应要低于债务融资的公告效应，高于股权融资的公告效应。

根据优序融资理论，债务融资、优先股融资、普通股融资中融资成本按从低到高的顺序排行应该是：债务融资—优先股融资—普通股融资。Smith(1986)实证研究表明普通股发行时会产生－3.14%的公告效应，债券发行则仅仅产生－0.26%的公告效应。③ Pinegar 和 Lease(1986)调查了优先股和普通股转换价格的影响，发现当优先股转换为普通股是公司价值会有系统性的增长。Chandy 等(1993)发现在管理者和股东之间有着高信息不对称的公司，当优先股发行下降时股东会有相对较大的负面反应。Eckbo 和 Masulis(1995)对美国资本市场证券进行总结发现，上市公司公开发行债券不会产生显著的负价格效应，而发行股票则会产生较大的负面影响。④ 在实证研究中，Irvine 和

① 付雷鸣，等.中国上市公司公司债发行公告效应的实证研究[J].金融研究，2010(3).

② 刘力，等.中国 A 股上市公司增发公告的负价格效应及其二元股权结构解释[J].金融研究，2003(8).

③ Smith, C. (1986): "Investment Banking and the Capital Acquisition Process", Journal of Financial Economics, 15, 3-29.

④ Eckbo, B. and R. Masulis (1995): "Seasoned Equity Offerings: A Survey", in Jarrow, R., Maksimovic, V. Ziemba, W. (eds.), Finance, Handbooks in Operations Research and Management Science, Ch. 31, 1017-1072.

Rosenfeld(2000)发现使用优先股代替银行债券的公司对其股价有一个负面的冲击。

我们可以发现公告效应和融资成本之间呈显著的负相关关系。公司会倾向于采用融资成本较小的融资方式,而根据Myers和Majluf(1984)的发现,公司遵循融资优序理论进行融资,只有在公司股票价格被高估时才愿意发行新股,公司增发新股的公告往往会带来股价的负面效应。[①] 因此融资成本较小的融资方式所带来的负的公告效应也会较小。根据融资优序理论,我们可以判断在西方资本市场优先股融资可能会对股票市场产生一个较小的负面影响,其影响要小于普通股发行,大于债券发行。

在我国,由于新兴资本市场的不完善,上市公司发行债券、普通股、优先股的公告效应和西方成熟的资本市场有所不同。根据现有研究,我国资本市场存在着严重的股权融资倾向,股权融资成本要显著低于债务融资成本。刘力等(2003)研究发现由于我国的股权二元结构,上市公司宣告公开增发新股通常会有负面的财富效应。[②] 而付雷鸣等(2010)通过实证发现上市公司发行公司债会产生较显著的负的公告效应,且其负面效应要大于增发股票所产生的负面效应。[③] 这一结果从另一角度解释了我国的股权融资偏好。李悦等(2008)认为由于我国严格的股权再融资制度,上市公司实施股权融资被认为是公司质量很好的信号。[④] 这一点和西方成熟资本市场的研究结果完全不同。这些研究都说明我国资本市场的股权融资成本要低于债务融

---

① Myers, S. and N. Majluf (1984)"Corporate Financing and Investment Decisions when Firms Have Information that Investors Do NotHave", Journal of Financial Economics, 13,187-221.

② 刘力,等.中国A股上市公司增发公告的负价格效应及其二元股权结构解释[J].金融研究,2003(8).

③ 付雷鸣,等.中国上市公司公司债发行公告效应的实证研究[J].金融研究,2010(3).

④ 李悦,等.中国上市公司如何选择融资渠道—基于问卷调查的研究[J].金融研究,2008(8).

资成本,而其公告效应要好于债务融资的公告效应。

王泽霞、牟辉等(2006)发现上市公司发行股性可转债对股东价值的负效应小于发行债性可转债的负效应,[①]这也间接说明了我国的股权融资偏好。因此,在我国资本市场股权融资偏好下,股权融资的公告效应和债权融资的公告效应均为负,但股权融资的公告效应要优于债券融资。如果投资者将优先股融资视为股权融资的一种,那么其融资成本也要相较债权融资成本更低,其公告效应要优于债权融资的公告效应。如果投资者将优先股融资视为债权融资方式的一种,则其融资成本高于股权融资成本,其公告效应也要差于股权融资的公告效应。本研究假设优先股的融资公告效应介于股权融资和债券融资之间,即优先股的公告效应优于债权融资而差于股权融资。

在实证研究中,其结果如果是优先股融资公告效应低于股权融资和债务融资,那么其融资成本要低于股权融资和债务融资,优先股融资应是偏向于债权融资;如果优先股融资公告效应高于股权融资和债务融资,那么其融资成本要高于股权融资和债务融资,优先股融资也被投资者视为股权融资的一种;如果优先股融资公告效应高于债权融资公告效应但低于股权融资公告效应,则其融资成本也介于二者之间,优先股的股性和债性则无法判断。

假设三:在中国资本市场优先股偏向于债性,即投资者更多的将优先股视为一种债权融资。

上市公司融资公告效应的影响因素有很多,除融资成本之外,公司规模、融资规模等方面的差异都会影响上市公司的融资公告效应。付雷鸣等(2010)发现上市公司发行公司债公告期间的累积异常收益率和公司的成长性呈显著的负相关,与公司规模、资产负债率、融资规模等呈显著的正相关。与之相反的,牟辉等(2006)实证发现可转债公

① 王泽霞,牟辉,等.制衡型股权结构抑制盈余管理有效吗——来自我国上市公司的经验证据[J].经济论坛,2006(16).

告效应与股性价值、发债规模以及公司规模负相关，但与某些反映公司治理结构的变量正相关，例如股权流动性、财务杠杆率和非流通股账面值。[①] 本研究通过 PSM 方法对这些变量加以控制。

除上述影响因素之外，委托代理成本问题也会对公司的公告效应产生影响。委托代理理论是由 Berle 和 Means(1932)提出，他们认为企业的所有者和经营者必须分离，经营者代表所有者的利益而行使企业的决策权，所有者则是根据经营者服务的质量对其提供相对应的报酬。[②] 而委托代理成本则是由于委托代理问题产生的损失，也就是为了解决代理问题所发生的成本。它主要包括监督成本和约束成本。如果上市公司增发新股，则新股股东就会对上市公司具有所有权，也就产生了委托代理成本。根据 Myers 和 Majluf(1984)的信息不对称理论，投资者是理性的，可以从公司的行动中判断公司价值。因此上市公司的融资公告效应中也会反映出公司的委托代理成本问题。委托代理成本越高，公告的负效应越显著。Jensen 和 Meckling(1976)指出，当公司规模一定时，债务融资比例增加，则股权融资比例减少，管理者持股比例就会增加，侵占行为就会减少，委托代理成本也会随之减少。[③] 而且，债务问题会提高公司的破产成本，能够激励管理者努力工作，也会减少委托代理成本。一般而言，普通股融资会产生委托代理成本问题，而债券融资则会减轻委托代理成本问题。如果优先股融资被投资者视为一种股权融资，则其公告效应会反映出股权融资产生的委托代理成本，如果优先股融资被视为一种债权融资，则其公告效应中并不会反映出委托代理成本。因此优先股被视为股权融资或者债权融资在融资公告反应中会呈现出不同的情况，具体分析如下：

---

① 胡敏杰.可转换债券融资与股价效应研究[D].西南交通大学，2012.

② 孙潭清.论联合确定基数法在广告公司的运用[J].现代商业，2010(3).

③ Jensen, M., Meckling, W., 1976, Theory of the Firm: Managerial Behavior, Agency Costs and Ownership Structure. Journal of Financial Economics, 3305-360.

（1）若优先股被视为股权融资

	优先股融资	普通股融资	债务融资
融资成本	低	低	高
委托代理成本	高	高	低
总成本	?	?	?

如果优先股被视为股权融资，根据前人研究，普通股的融资成本要低于债务融资的融资成本，[①]而其委托代理成本则高于债务融资的委托代理成本。如果优先股被视为股权融资，在我国资本市场，其融资成本应该较低，而对于投资者而言其具有委托代理成本，因此其委托代理成本较高。三者进行比较，如上表所示，无法确认优先股融资的总成本和普通股融资、债务融资的差距。

（2）若优先股被视为债权融资

	优先股融资	普通股融资	债务融资
融资成本	低于债务融资	低	高
委托代理成本	低	高	低
总成本	低于债务融资	?	高

如果优先股被视为债权融资，则其委托代理成本较低，而其融资成本则由于其红利灵活性的特征（Emanuel，1983；Heinkel 和 Zechner，1990），可视为能够不发利息的债券，则其融资成本应比债务融资的融资成本低，而和普通股则无法比较。因此，如上表所示，如果优先股被视为债权融资，其总成本应低于债务融资，也就是说，在融资公告效应中，其公告效应要好于债务融资。

本研究假设在中国资本市场优先股偏向于债性，也就是说优先股融资的公告效应会好于债务融资的公告效应，这和假设两部分重合。

① 黄少安，等．股权融资成本软约束与股权融资偏好——对中国公司股权融资偏好的进一步解释[J]．财经问题研究，2012(12).

第三节 研究设计

一、样本选择与数据来源

本研究选取从 2014 年 3 月 21 日《管理办法》颁布到 2015 年 4 月 1 日沪深两市有优先股融资公告的上市公司,考察上市公司优先股发行公告期间的短期市场反应。为了进行对比和进一步研究,选用从 2004 年(沪深 300 指数出现)到 2015 年 4 月 1 日普通股融资公告和公司债融资公告的 A 股公司作为样本,和优先股融资公司的公告效应进行比较。其中公告数据来自巨潮资讯网和《中国证券报》,增发和债券数据来自 CSMAR 数据库,优先股数据来自和讯财经网。

为了数据的准确性和可靠性,本研究要求样本公司符合以下标准:(1)能得到完整准确的公告信息;(2)在公告期间存在交易数据;(3)在公告前有交易记录;(4)在公告发布期间未发生其他重大事件(年报披露,业绩预告,分红方案的披露,股东大会,重大资产重组等),因为重大事件的发生会影响 CAR。最终得到的上市公司数据有1 163 家,其中优先股发行的有 15 家,增发股票的有 787 家,债券发行的有 361 家。

本研究采用的计量工具是 SAS 和 Stata 12.0,采用事件研究法和 PSM 方法进行研究。为保证数据的多样性和完整性,还分别采用优先股预发行公告、普通股增发上市公告日、债券发行公告日作为公告日,并以上市公司公告当天作为研究的事件日,如果当天停牌,则以公告前一天作为事件日。本研究所有的连续变量均已经过 1% 和 99% 的 Winsorized 缩尾处理,以防止极端值的出现。

二、研究模型

本研究将采用事件研究法来比较优先股和债券，普通股发行公告颁布期间的短期市场反应，具体而言：

（1）事件窗口的选择。事件窗口是用来检验股价对事件有无异常反应的期间。基于样本多样性和全面性的考虑，本章分别以优先股发行董事会公告日、增发上市公告发表日和债券发行日期作为事件日，事件日窗口选择为（−3，+3），为了更全面的考察市场反应，还选取（−5，+5），（−1，+1）时窗作为研究区间进行考察。

（2）估计窗口的选择。估计窗口的作用在于估计正常收益，一般而言，现有文献在以日报酬率建立估计模型时估计窗口的长度应大于等于 120 天。结合本研究的具体实际，将估计窗口定为（−150，−30），共计 120 个交易日。[①]

（3）正常收益率估计模型的选择。本研究依据 Brenner(1979)的观点，选取市场模型作为股票正常收益率的预测模型；需要注意的是，日个股收益率是考虑了现金分红、送股、配股等因素后的收益率，而本章也将选择沪深 300 指数作为市场指数收益率。[②]

（4）估计异常收益。以（−3，+3）为时窗，本研究计算了每个样本公司在事件窗口内的日超常收益率（AR）和累计超常收益率（CAR）。[③]

同时，为了考察不同融资方式下企业在窗口期内累计超额收益的情况，本研究以融资方式为控制变量，构建模型如下：

$$\mathrm{CAR} = \alpha + \beta_1 \mathrm{PRE} + \sum \beta_i CONTROL + \xi \quad (1)$$

① 魏志华，等. 中国上市公司年报重述公告效应研究[J]. 会计研究，2009(8).

② Brenner，M.，1979，“The Sensitivity of the Efficient Market Hypothesis to Alternative Specificat ions of the Market Model”，Journal of Finance，34(4)：57-66.

③ 魏志华，等. 中国上市公司年报重述公告效应研究[J]. 会计研究，2009(8).

模型中,PRE 为融资方式,β_1 为系数,CONTROL 为影响累计超额收益的其他变量,α 为常数项。

三、变量选择

本研究通过实证研究公司发行优先股的融资成本和普通股、债券融资成本的不同,但是由于公司不可能同时发布增发新股,发行债券和优先股的公告,而影响公告效应的因素不仅是融资成本的不同,还有公司规模,行业影响等方面的差异。付雷鸣等(2010)发现上市公司发行公司债公告期间的累积异常收益率和公司的成长性呈显著的负相关,与公司规模、资产负债率、融资规模等呈显著的正相关。① 牟辉等(2006)实证发现可转债公告效应与股性价值、发债规模以及公司规模负相关,但与某些反映公司治理结构的变量正相关,例如股权流动性、财务杠杆率和非流通股账面值。② 这些因素都会影响上市公司的融资公告效应,本章在对优先股的融资成本和公告效应进行研究时通过 PSM 法对这些变量均进行了处理,以消除这些因素对公司公告效应的影响。为了消除公司治理结构、公司规模、融资规模等因素对公告效应的影响,本章选择和优先股发行公司规模、融资规模、治理结构等相似的公司进行公告效应的研究,从而得出公告效应和融资方式之间的关系。借鉴 Cheng(2003)和 Li 等(2006)的研究,将公告前后一段时间内的上市公司股票的累计超额收益率作为被解释变量,解释变量则是上市公司的融资方式,再融资需求、③企业规模、治理结构、经营绩效、行业作为控制变量指标,建立回归模型如下:

$$ICARpre = \alpha + \lambda PRE + \beta_1 SEO + \beta_2 SIZE + \beta_3 LEVERAGE + \beta_4 ROE + \beta_5 DAR \quad (2)$$

① 付雷鸣,等.中国上市公司公司债发行公告效应的实证研究[J].金融研究,2010(3).

② 牟晖,等.中国资本市场融资顺序新证:可转债发行公告效应研究[J].管理世界,2006(4):19-27;胡敏杰.可转换债券融资与股价效应研究[D].西南交通大学,2012.

③ 李常青,魏志华,吴世农.半强制分红政策的市场反应研究[J].经济研究,2010(3).

1. 因变量

我们对假设一采用单变量统计检验分析，对假设二采用 PSM 方法检验。我们选择(－3，＋3)时窗内的 CAR 为因变量。

2. 解释变量

本研究采用发行方式作为解释变量。优先股发行为 1，非优先股发行则为 0。因此我们产生三张表，分别为优先股融资和债券融资、优先股融资和普通股融资、优先股融资和定向融资。

3. 控制变量

(1) 再融资需求。本研究采用公司实际融资规模作为公司的再融资需求数据。付雷鸣等(2010)发现上市公司发行公司债公告期间的累积异常收益率和融资规模呈显著的正相关关系。牟辉等(2006)实证发现可转债公告效应与发债规模负相关关系。

(2) 企业规模。本研究采用公司总资产作为公司的企业规模。牟辉等(2006)实证发现可转债公告效应与公司规模负相关；[①]付雷鸣等(2010)则认为上市公司发行公司债公告期间的累积异常收益率和公司规模呈显著的正相关。[②]

(3) 公司治理结构。徐寿福(2010)提出公司治理结构对丧失公司定向增发公告器件超常收益率有显著影响。牟辉等(2006)实证发现企业的股权流动性和财务负债比率对企业可转债公告效应有着正向的影响。[③] 由于反映公司治理结构的指标有很多，在这里为了简单起见，本章暂时采用高管持股比例作为公司治理结构的衡量指标。

(4) 经营绩效。黄定发(2011)实证发现上市公司融资公告效应和公司自身财务状况呈现显著的相关性。[④] 由于本研究区间较短，而

① 胡敏杰. 可转换债券融资与股价效应研究[D]. 西南交通大学，2012.

② 付雷鸣，等. 中国上市公司公司债发行公告效应的实证研究[J]. 金融研究，2010(3).

③ 牟晖，等. 中国资本市场融资顺序新证：可转债发行公告效应研究[J]. 管理世界，2006(4)：19-27.

④ 黄定发. 关于我国债券融资公告效应的实证研究[J]. 科技创业月刊，2011(2).

且时间跨度较长，股市波动性大，因此 ROE 指标较其他指标更适合反应短期业绩的变化，因而采用净资产收益率（ROE）指标来衡量公司的经营绩效。夏纪军和张晏（2008）等学者也都采用 ROE 指标来衡量公司的经营绩效。

（5）资产负债率。黄定发（2011）发现上市公司融资公告效应 CAR 与融资前的资产负债率显著相关。刘娥平（2005）研究发现可转债公告效应与资产负债率的高低有关。付雷鸣等（2010）通过回归分析发现股票的累计一场收益率和资产负债率呈显著正相关。因此，本章将资产负债率也纳入控制变量之中。

（6）行业。由于行业不同，公司的经营方式、融资需求等也都有所区别，根据付雷鸣等（2011）的研究，行业板块对上市公司发布融资公告所产生的宣告效应不产生影响，因此不列入控制变量之中。

四、倾向得分匹配分析法（PSM 方法）

鉴于影响公司选择融资方式的因素不止一种，而使用传统 OLS 配对方法会造成配对维数越多，配对效果越差的情况，即使使用传统方法对上市公司的特征进行逐一配对，两组样本的公司特征仍存在显著差异，无法解决研究中产生的内生性问题。

为了解决这一问题，本研究采用 Rosenbaum 和 Rubin（1983）提出的“倾向得分匹配”（PSM）的方法选择配对样本，将优先股融资的公告效应和债券融资、普通股融资的公告效应在其他变量相同的情况下进行比较，分析优先股融资的融资成本和债券融资、普通股融资成本的不同，以弥补传统方法的不足。

倾向得分匹配方法（PSM 方法）实际上是一种多元匹配方法，他用一定方法（一般为 Logit 模型）将多个特征的值计算成一个名为 PS 值的指标，然后使用 PS 指标进行匹配，从而得到满意的匹配效果。本章参考连玉君（2010）①的方法使用最邻近匹配法、半径匹配法和

① 连玉君．融资约束与流动性管理行为[J]．金融研究，2010(10)．

核匹配法三种匹配方法对优先股融资和债券融资、普通股融资进行匹配，分析三种方法的匹配效果并对假设加以验证。

我们首先使用 Logit 模型计算 PS 值(倾向得分值)，即为在给定样本特征 X 的情况下，某上市公司使用不同融资方式融资的条件概率，也就是：

$$p(X_i) = \Pr[D_i = 1 \mid X_i] = E[D_i \mid X_i] = \frac{\exp(\beta X_i)}{1 + \exp(\beta X_i)} \quad (3)$$

其中，D 是指标函数，如果某家上市公司采用优先股融资方式，则 $D=1$，否则 $D=0$。$\exp(\cdot)/[1+\exp(\cdot)]$表示逻辑分布的累积分布函数，$X_i$ 是评判两组相似度的评判指标，即可能影响上市公司融资公告效应差异的特征变量(除融资方式之外)构成的向量，β 为相应的参数向量。获得(3)式的参数估计值后，可以进一步的得到每家公司实行不同融资方式的概率值 $\hat{p}(X_i)$，这个值就是每家上市公司的 PS 值。

本研究在运用 Logit 模型计算每一个体发布优先股融资公告的概率(PS 值)之后，对每一家发布优先股融资公告的企业，选择同年中发布普通股融资公告、债券融资公告的企业中 PS 值最接近的 N 家作为配对样本。由于发行优先股和公司债的企业都较少，但为了获得稳健性结论，本章采用 1∶1∶1(或者 1∶2∶2)的比例进行配对，即选择同年中发布普通股融资公告和发布公司债融资公告的企业中 PS 值最接近发布优先股融资公告企业 PS 值的一家(或两家)作为配对公司，形成配对组。

本研究分别采用最邻近匹配法、半径匹配法和核匹配法三种匹配方法来进行匹配，其匹配思想如下：

最邻近匹配法的基本思想是以估计出的 PS 值为基础，向前或者向后寻找与实验组样本(发行优先股的公司)的 PS 值最为接近的控制组样本。

半径匹配法的基本思想是设定一个半径 r(r 为常数)，控制组样本中PS值和实验组PS值的差小于r的样本都选为它的匹配对象。之后对被选择的匹配对象进行加权，得到一个可能并不存在的虚拟样本，与当前样本匹配。

核匹配法基本思想与半径匹配法相似，只是与实验组的PS值越接近，其加权的权重越大。其优点在于在对照组样本数量不够多时，可以完整利用所有的对照组样本，不会浪费数据。

为了降低实验组和对照组的特征差异，本章还对各自变量的均值进行检验，如果一个或者多个企业的特征变量的均值在两组样本中存在差异，则需要返回重新调整Logit模型的函数形式，直至两组特征变量的均值不存在显著性差异。

第四节　实证结果分析

一、描述性统计与分析

本研究得到的上市公司数据有1 163家，其中优先股发行的有15家，增发股票的有787家，债券发行的有361家。为保证回归系数的准确性，本研究将再融资规模和公司总资产进行了对数处理，最终得到的描述性统计如表7-1。

表7-1　变量的描述性统计与分析

Panel A 总体样本总计

变量	样本量	均值	最小值	最大值	中位数	标准差
再融资规模	1 163	20.62	14.91	25.11	20.5	1.00
总资产	1 163	22.22	15.51	30.57	22.0	1.55
净资产收益率	1 163	0.2	−74.76	255.90	0.07	7.84
高管持股比例	1 163	0.04	0.00	0.69	0.00	0.11
资产负债率	1 163	0.52	0.00	1.80	0.53	0.19

Panel B 优先股发行的描述性统计

变量	样本量	均值	最小值	最大值	中位数	标准差
再融资规模	15	23.71	21.95	25.11	24.12	1.02
总资产	15	27.55	23.83	30.57	27.97	2.46
净资产收益率	15	0.05	0.02	0.17	0.05	0.03
高管持股比例	15	0.00	0.00	0.00	0.00	0.00
资产负债率	15	0.85	0.46	0.98	0.93	0.15

Panel C 增发股票的描述性统计

变量	样本量	均值	最小值	最大值	中位数	标准差
再融资规模	787	20.57	17.65	24.55	20.43	0.97
总资产	787	21.86	15.51	29.29	21.64	1.35
净资产收益率	787	0.26	−74.76	255.90	0.07	9.53
高管持股比例	787	0.04	0.00	0.54	0.00	0.10
资产负债率	787	0.51	0.00	1.80	0.51	0.20

Panel D 债券发行的描述性统计

变量	样本量	均值	最小值	最大值	中位数	标准差
再融资规模	361	20.61	14.91	24.12	20.50	0.88
总资产	361	22.78	19.22	28.50	22.64	1.33
净资产收益率	361	0.08	−0.95	0.51	0.07	0.11
高管持股比例	361	0.05	0.00	0.69	0.00	0.13
资产负债率	361	0.53	0.12	0.94	0.55	0.17

表 7-1 报告了所有样本公司再融资规模、总资产、净资产收益率、高管持股比例、资产负债率等方面的基本信息。从表中我们可以看出优先股的融资规模最高，并且其总资产也是最多的；而增发的净资产收益率标准差最大，为 9.53。这也从侧面说明增发受到的政策限制最小，而优先股发行公司的净资产收益率全部为正，也可以看出在优先股发行初期，只有公司规模较大成长性较好的大型优质公司才具有发行发行优先股的资格，可见优先股发行仍处于监管较严格的情况下。而对于高管持股比例这一指标，从数据统计中我们可以看出，高管持股比例大多为 0，但也有高管持股较多的情况发

生。而在15家优先股发行公司中，高管持股比例均为0，耿云江等(2011)发现高管持股比例与公司业绩存在显著正相关。因此我们可以发现，高管持股比例的上升可以减少委托代理成本。关于资产负债率，我们可以发现优先股发行公司的资产负债率平均最高，均大于0.50，发行优先股可以有效缓解资产负债率的压力，这也是上市公司发行优先股的原因之一。下文将通过PSM方法消除这一因素带来的影响。

二、优先股融资的公告效应分析

1. 累计超额收益率和特征变量的回归分析

表7-2分析了优先股融资公司的公告效应和本文所选择的特征变量之间的关系，如下表所示，优先股融资公告前后的累计超额收益率和再融资规模、净资产收益率呈正相关关系，而和总资产、高管持股比例、资产负债率呈负相关关系。但是以上特征变量的显著性水平均不是很高，这可能是由于上述变量和优先股融资公告效应的相关性并不显著，也有可能是由于优先股融资样本较少，优先股发行时间尚短，还不能反映出优先股发行公司的倾向性。

表7-2　优先股融资累计超额收益率和特征变量的回归分析

变量	系数	t值
再融资规模	0.010 392 5	0.28
总资产	−0.010 238 3	−0.47
净资产收益率	0.043 164 8	0.10
高管持股比例	−19.887 69	−1.29
资产负债率	−0.146 508 8	−0.87
常数项	−0.062 076	−0.08

2. 优先股累计超额收益率分析

如图7-1所示，为优先股发布融资公告的累计平均异常收益率的走势图，从总体来看，优先股融资公告会产生正的累计平均收益率，这与假设一相反。本研究认为这主要是由于《管理办法》发布不久，处于刚被允许发行优先股的时期，只有那些质量较好的公司才被允许发行优先股，因此发行优先股会向投资者释放公司质量较好的信号。另外，虽然优先股发布融资公告后会产生负的异常收益，但在公告之前会产生更大的正的异常收益，导致整个研究区间内融资公告的正的公告效应。

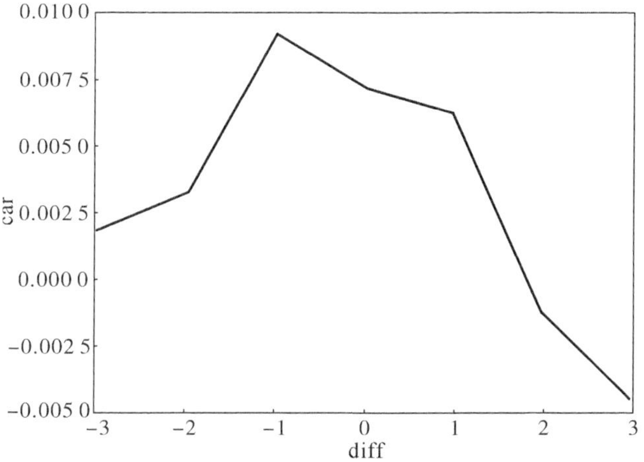

图 7-1　上市公司发布优先股融资公告的 CAR 走势图

三、PSM 研究结果分析

1. 模型估计结果

本研究分别采用优先股和增发股票、优先股和债券融资两组数据进行基于倾向得分匹配法的计量分析。具体来说，采用上文中的 Probit 模型，逐步加入描述上市公司特征的控制变量来估算 PSM 值，从而来检查优先股发行和公开增发股票上市公司的倾向得分平衡性以及模型的 R^2 值，选择满足平衡性要求且 R^2 值最大的变量组合用于最终倾向得分估算。表 7-3 列出了变量选择最终结果和 Probit 模型估算结果。Probit 模型估算的 R^2 值分别为 0.739 2 和 0.620 6，变量的选择满足平衡性要求。

表 7-3　倾向得分匹配的 Probit 模型估算

变量		再融资规模	总资产	净资产收益率	高管持股比例	资产负债率	常数项	R^2
优先股和债券发行	系数	2.530 7	0.212 58	−6.439 53	−10.190 3	8.914 635	−63.50	0.739 2
	Z 值	3.49	0.70	−2.24	−0.26	1.81	−4.55	
优先股和增发新股	系数	0.792 4	0.683 45	−0.196 3	−17.25	0.461 069 6	−37.73	0.620 6
	Z 值	1.51	2.44	−0.12	−0.28	0.16	−4.93	

从具有显著性影响的变量看，对于优先股和债券发行的 Probit 模型估算来说，总资产越多，资产负债率越高，再融资规模越大，发行优先股的可能性越大；而净资产收益率和高管持股比例越高，发行优先股的可能性越小。而对优先股和增发新股的 Probit 模型来说，总资产越多，再融资规模越高，资产负债率越高，发行优先股的可能性越大，而净资产收益率、高管持股比例则和发行优先股呈负相关关系。对于这两组数据而言，优先股发行均和再融资规模、总资产、资产负债率呈正相关关系；和净资产收益率、高管持股比例呈负相关关系。

2. 样本匹配效果

本研究以最邻近匹配法来说明本文的匹配效果，以此来说明 PSM 方法的重要性。以图 7-2 为例，图 7-2 中的(a)和(b)子图分别呈现了对照组和控制组的 PS 值在匹配前后的核密度函数。由此可得出三点认识：(1)在匹配前，对照组和控制组的 PS 值的概率分布存在明显差异；(2)比较优先股融资和债务融资的样本公司之间的 CAR，以此来推断上市公司的融资成本，所得到的统计推断结果必然存在偏差；(3)完成匹配后显示，两组样本 PS 值的概率分布和特征已经非常接近，表明二者的匹配效果较好。图 7-3 同理，匹配之后的优先股融资和股权融资的比较结果和匹配之前的结果要更合适精确。采用半径匹配法以及核匹配法的结果相似，在这里就不一一列出了。

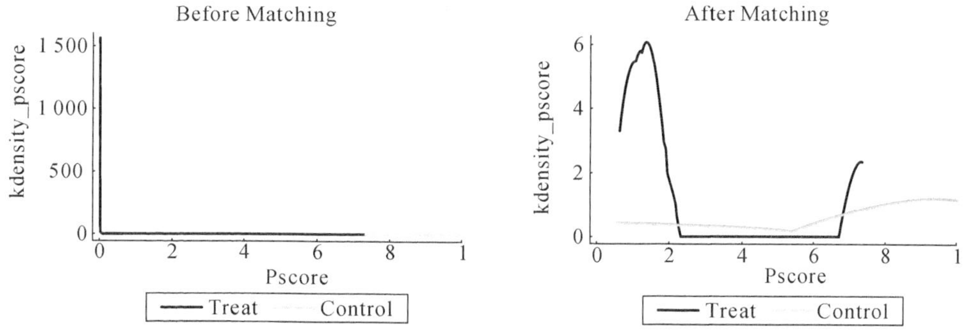

(a) 匹配前　　(b) 匹配后

图 7-2　优先股融资和债券融资最近邻匹配前后倾向得分密度分布图

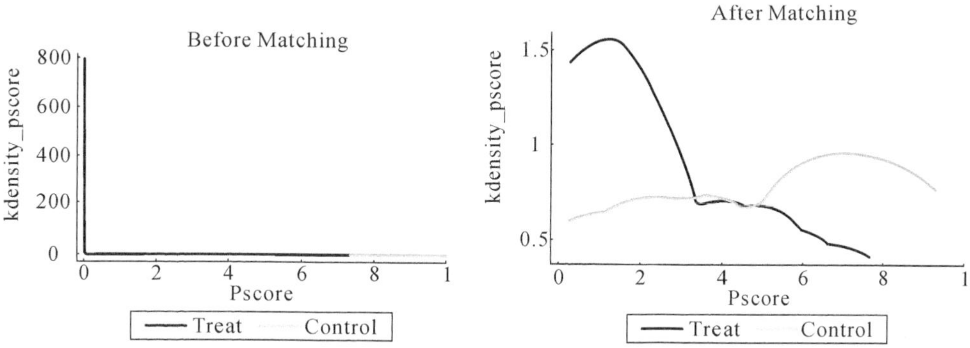

(a) 匹配前　　(b) 匹配后

图 7-3　优先股融资和增发新股融资最近邻匹配前后倾向得分密度分布图

3. 样本匹配有效性检验

表 7-4 列出了进行 PSM 匹配后采用 pstest 命令对用于 Probit 模型中的变量检查倾向评分匹配是否有效的结果。以 Panel A 为例，我们可以看出进行匹配后对照组和控制组之间的各项变量的差异显著减小，两组上市公司的各项财务数据都已经比较接近，因此该匹配是有效的，之后进行的 CAR 分析也是有效准确的。

表 7-4 倾向评分匹配有效性的检测结果

Panel A 优先股发行公告和债券发行公告的检测结果

变量	优先股融资公告	债券发行公告	P 值
再融资规模	23.708	23.65	0.865
总资产	27.551	26.651	0.248
净资产收益率	0.054 14	0.077 6	0.000
高管持股比例	0.000 29	0.000 0	0.310
资产负债率	0.845 03	0.568 87	0.000

Panel B 优先股发行公告和增发股票公告的检测结果

变量	优先股融资公告	增发股票公告	P 值
再融资规模	23.708	23.557	0.670
总资产	27.551	27.314	0.785
净资产收益率	0.054 14	0.133 26	0.001
高管持股比例	0.000 29	0.000 0	0.311
资产负债率	0.845 03	0.821 09	0.684

4. CAR 分析

在倾向得分匹配法对数据进行匹配后，我们分别选出和 15 家发行优先股的企业相似的 15 家增发股票的上市公司和债券发行的上市公司进行对比，结果发现优先股融资公告的 CAR 均为正，这一点和假设一不同。本研究认为这是由于优先股发行时间较短，只有公司价值较好的公司才有可能发行优先股，而发行优先股向投资者传递的是公司价值较好的信息，因此公告效应为正。而增发股票的公告和债券发行公告效果均为负。这和前人的研究结果相同。

Myers 和 Majluf(1984)认为企业只有在股票价格被高估时，才愿意发行新股，发行新股会传递有关公司价值的非正信息，因此公司增发新股的公告往往会带来股价的负面效应。① 而公司发行风险较小的

① Myers and Majluf. Corporate Financing and Investment Decision when Firms have Information that Investor do have. Journal of Financial Economics 13. 1984. 187-221.

证券如债券时，对公司股价会产生比股权融资更小的负面效应甚至不产生影响。Miller 和 Rock(1985)认为上市企业在进行预期之外的融资活动时，将会向外界传递自身现金流短缺的信号，最终导致市场产生负的效应。① 这些都为本研究的实证结果提供了理论支持。

本研究实证发现增发股票的公告效应要一定程度上好于发行债券的公告效应，一般而言这是由于我国的股权融资偏好造成的。在中国的资本市场，由于股权融资偏好的存在，股权融资的融资成本比债务融资的融资成本更低，因而其公告效应也比债务融资的公告效应更好。付雷鸣等(2010)通过实证发现上市公司发行公司债会产生较显著的负的公告效应，且其负面效应要大于增发股票所产生的负面效应。这一点和本研究的实证结果也是相同的。在 107 家股权融资公司和 310 家债务融资公司公告前后的累计超额收益率分别为 0.00 和 −0.01，而在匹配后的相似的 30 家公司中，股权融资公告和债务融资公告的公告效应分别为 −0.006 472 886 和 −0.065 759 367，可见债务融资公告的公告效应要显著负于股权融资融资公告。这一点和前人的研究结果相同。

而在进行 PSM 匹配之后，我们可以发现优先股融资公告要比增发股票公告和债券发行公告的公告效应都要好，这一点和假设二相反。

西方研究发现，融资公告效应和融资成本呈现正相关的关系，也就是说融资成本越高，融资公告的效应也越好。这是由于在信息不对称的情况下，投资者根据企业行为对企业的价值进行判断。投资者假定企业的行为是理性的，而由于西方发达的资本市场，其代理成本较小，融资产生的成本主要是融资过程中产生的各种费用，在融资成本理论和破产成本理论中，在企业发展良好的情况下，企业选择融资成本越低的融资方式，这也就意味着其融资过程中的损失越小，公司价

① Miller and Rock. Devidened Policy under Asymmetric Information. Journal of Finance 40. 1985. 1031-1051.

值越高。而在各种融资方式中，债务融资的融资成本最低，优先股其次，普通股的融资成本最高，因此在融资公告产生的公告效应中，优先股融资的公告效应也介于二者之间。Smith(1986)实证研究表明普通股发行时会产生－3.14％的公告效应，债券发行则仅仅产生－0.26％的公告效应。Pinegar 和 Lease(1986)发现当优先股转换为普通股是公司价值会有系统性的增长。Irvine 和 Rosenfeld(2000)发现使用优先股代替银行债券的公司对其股价有一个负面的冲击。

在假设二中，基于优先股既具有普通股的融资特点，也具有债券的融资特点，而在西方的研究中，优先股的融资成本也是介于两者之间，因此我们假设优先股的融资公告应好于债券融资公告，差于普通股融资公告。而在实证研究中，优先股的融资公告反应均好于公开增发股票公告和债券发行公告(见表 7-5)，这一点和假设二不同。本研究认为一方面是由于优先股融资成本要低于债券融资和股权融资；另一方面则是由于优先股允许发行不久，对优先股发行的要求还处于比较严格的阶段，能够发行优先股的公司给投资者传递的是公司价值较好的信息，因此在融资公告前后的累计超额收益率要均好于股票融资和债务融资。

表 7-5　公告前后的 CAR 分析

Panel A 优先股和债券公告前后的 CAR 分析

PSM 方法	变量	优先股融资公告	债券发行公告	different
最邻近匹配法	Car	0.012 431 635	－0.036 520 604	0.048 952 239
半径匹配法	Car	0.038 208 407	－0.003 263 189	0.041 583 596
核匹配法	Car	0.004 593 778	－0.354 936 18	0.040 087 396

Panel B 优先股和增发股票发行公告前后的 CAR 分析

PSM 方法	变量	优先股融资公告	增发股票公告	different
最邻近匹配法	Car	0.012 431 635	－0.004 659 807	0.017 091 441
半径匹配法	Car	0.179 951 02	－0.021 014 55	0.390 096 51
核匹配法	Car	0.008 765 182	－0.006 376 396	0.015 145 77

在假设三中，本研究加入了委托代理成本这一因素分析优先股融资的股性和债性。委托代理成本是由于委托代理问题产生的损失，也就是为了解决代理问题所发生的成本。如果上市公司增发新股，则新股股东就会对上市公司具有所有权，也就产生了委托代理成本。Myers 和 Majluf(1984)的信息不对称理论认为投资者是理性的，可以从公司的行动中判断公司价值。因此上市公司的融资公告效应中也会反映出公司的委托代理成本问题。委托代理成本越高，公告的负效应越显著。Jensen 和 Meckling(1976)指出，当公司规模一定时，债务融资比例增加，则股权融资比例减少，管理者持股比例就会增加，侵占行为就会减少，委托代理成本也会随之减少。① 而且，债务问题会提高公司的破产成本，能够激励管理者努力工作，也会减少委托代理成本。一般而言，普通股融资会产生委托代理成本问题，而债券融资则会减轻委托代理成本问题。如果优先股融资被投资者视为一种股权融资，则其公告效应会反映出股权融资产生的委托代理成本；如果优先股融资被视为一种债权融资，则其公告效应中并不会反映出委托代理成本。Emanuel(1983)、Heinkel 和 Zechner(1990)认为融资成本由于其红利灵活性的特征，其融资成本应比债务融资的融资成本低，可视为能够不发利息的债券，因此如果优先股被视为债权融资，其总成本应低于债务融资，也就是说，在融资公告效应中，其公告效应要好于债务融资。实证结果也与之相同。因此，本研究可以部分判断优先股融资在一定程度上具有债性，也就是说，优先股融资在投资者看来是债务融资的一种。

对于本研究的实证结果和假设不符的原因，鉴于已经排除公司规模、再融资规模、经营绩效、治理水平等对公司融资公告效应的影响，可以推测公司优先股融资公告效应好于公开增发新股公告效应和债

① Jensen, Michael C. and William Meckling:"Theory of Firm:Managerial Behaviour, Agency Cost, and Ownership Structure," Journal of Financial Economics, 3(1976).

券发行公告效应。其原因大概有以下几点：

第一，由于《管理办法》发布时间不久，一方面发行优先股可以减轻公司的资产负债压力；另一方面优先股发行审批程序较为严格，只有公司价值高，经营较好的公司才可能被批准发行优先股，投资者也能够认识到这一点。因此，公布优先股发行公告的公司的发展前景较好，投资者较为看好能够发行优先股的企业；而本研究在进行匹配时未能将所有影响公司公告效应的变量纳入其中，或者变量的选取有一定的偏差，因此其公告效应虽为负但好于增发新股和发行债券的公司；

第二，由于发行优先股对于市场和企业来说都是一个利好消息，它可以减轻公司的资产负债压力，投资者会对优先股发行公告产生一个正向的反馈，因此优先股的公告效应好于增发新股和发行债券的公司；

第三，Emanuel(1983)指出优先股的一个关键的特征就是他的红利灵活性。因此，公司可以在财务困境时拖延优先股红利的发放。优先股既具有股权融资的特点，也具有债务融资的特点，在我国投资者可能将其视为可以不发放利息的债券，其融资成本较股权融资和债券融资都要低，因此这对公司融资是一个利好的消息，其公告效应较股权融资和债务融资都要好。

但是优先股融资的融资成本究竟如何，本研究需要更多的数据和进一步的深入探讨。

第五节　本 章 小 结

本研究采用事件研究法对《管理办法》颁布后发行优先股的 15 家企业的优先股融资公告效应进行研究，探讨优先股发行公告的公告效应,同时为了分析优先股融资和股权融资、债务融资的差异性,采用倾向得分匹配法为 15 家优先股发行的企业匹配一系列的股权融资、债务融资的企业,通过分析三组公司在公告前后的累计超额收益率,分析优先股融资成本和股权融资成本、债务融资成本的大小,并判断优先股的股性和债性。研究结论表明:

(1) 优先股融资的公告效应为正;

(2) 优先股融资公告效应均好于股权融资公告效应和债务融资公告效应。对这一结果本研究认为有以下几种可能原因:优先股的融资成本较股权融资和债务融资成本更低;优先股发行时间较短,国家对优先股发行审批的严格性给投资者传递的是优先股发行公司公司价值良好的信息;优先股本身具有的红利灵活性和优先权利性使投资者将其发行视为对公司未来的一个利好消息,因而对其反应较好等。但究竟什么是导致了优先股融资公告反应为正的主要因素,还需要进一步的研究分析;

(3) 优先股具有债性。如果优先股具有债性,则其公告效应中的委托代理成本较低,这一点和债务融资相同,而由于其红利灵活性的特征,可以将其视为可以不付息的债券,因此其融资公告效应应好于债务融资。由于实证结果显示优先股融资公告效应要好于股权融资和债务融资,因而本研究得出优先股具有债性的结论,也就是说在投资者看来优先股融资是债务融资的一种。

第八章 研究结论和未来研究方向

本章总结了主要的研究结论和启示，同时也指出了研究中存在的某些局限，对未来值得研究的问题和方向做了展望。

第一节 主要研究结论和启示

本书基于中国证监会于 2014 年 3 月 21 日正式发布《优先股试点管理办法》（以下简称《管理办法》）这一外生事件，考察了优先股制度这一“新政”在我国的实施效果。基于融资优序理论、信号传递理论以及委托代理理论，首先以发行优先股的康美药业为研究个案，分析了优先股的发行对企业财务、公司治理以及普通股市场等方面的影响，最终得出优先股制度对企业价值造成的影响，并以此说明融资理论和委托代理理论中何种理论的解释力更强；在此基础上，研究视角从微观单个企业转移至整个资本市场，通过检验《管理办法》这一事件的颁布所带来的资本市场短期市场反应，试图考察我国资本市场是否将优先股制度的实施看成一个利好消息。此外，进一步探究了股票市场和债券市场针对优先股制度的实施所表现出的不同反应，以检验优先股融资方式在资本市场中更多是承担一种财富效应，还是意味着一种替代效应，是否能在股票市场和债券市场之间达到非零和博弈的效果。最后，还检验了优先股融资、债券融资以及普通股融资这三种不同融资方式之间融资成本的差异，从而来说明优先股在我国资本市场上是更显股性还是更显债性。本书得到以下重要结论：

（1）融资理论与委托代理理论均能一定程度上解释企业发行优先股的原因，而融资理论的解释能力更强。

（2）发行优先股使得企业获得长期稳定的资金支持，有利于企业对资金要求比较高的扩张阶段与产业链布局时期，促进企业的价值提升。使用优先股募集资金替换部分短期融资券能够优化财务指标，减少财务杠杆，因此能够提高企业的偿债能力，面临财务困境的可能性大大减少。优先股的发行一般用于补充营运资金、偿还债务，本质上用于公司大型投资项目，因而推进在建项目完成，有利于公司的长期发展。

（3）股票市场和债券市场在《管理办法》颁布期间均出现了显著的正向市场反应。优先股融资方式给我国资本市场带来的财富效应大于其替代效应，一定程度上在股票市场和债券市场之间形成了非零和博弈，达到了共赢的效果。同时，对于具有强烈融资需求或者潜在融资需求的企业，尤其是高成长性的企业，在《管理办法》的颁布期间，表现出了更为明显的正向的市场反应。

（4）优先股融资的公告效应为正，且要好于股权融资公告效应和债务融资公告效应，这也就意味着现阶段优先股的融资成本较股权融资和债务融资成本更低，同时优先股更显现出“债性”。对这一结果本研究认为有以下几种可能原因：优先股发行时间较短，国家对优先股发行审批的严格性给投资者传递的是优先股发行公司公司价值良好的信息；优先股本身具有的红利灵活性和优先权利性使投资者将其发行视为对公司未来的一个利好消息，因而对其反应较好等。

从资本市场的角度来看，本书的研究说明优先股制度在我国的试行有利于金融市场的稳定发展以及证券市场的价值提升。首先，优先股的发行作为一种新型融资方式，可以吸附金融市场中的闲散资金，满足企业的融资需求，缓解股市的不稳波动，同时也不会对普通股的股价造成巨大的冲击，有利于我国资本市场长期稳定、健康发展。其次,优先股股东仅仅具有优先分红的权力,而无法在二级市场对优先股进行抛售,因此也不会产生新的限售股,避免了二级市场在未来可能因限售股解禁而产生风险。最后,再融资企业一般需要制定较高的优先股分红率来吸引投资者并且要按约定发放股利,拖欠股利将对企业的持续发展造成恶劣的影响。因此,优先股股利和债券契约相类似,可以在一定程度上缓解企业与投资者之间的代理问题,有利于我国资本市场的价值投资,在很大程度上减少绩效差的企业利用融资来进行“圈钱”。

从投资者的角度来看,本书的研究说明优先股制度在我国的试行,丰富了投资者的投资渠道,保障了投资者的相关利益。优先股的出现给投资者提供了收益相对稳定的低风险投资品种。对于广大中小投资者来说,优先股投资尽管不具有表决权和决策权,可是优先股稳固的收益性却很好地吸引着投资者。投资者可以不用担心企业的经营成果而享受到固定的预期收益,降低了投资风险。甚至当企业面对破产清偿时,优先股股东仍会优先于普通股股东而获得相关补偿,同样降低了投资风险。毫无疑问,针对我国稳健性投资者为主的现状,优先股这种收益固定且风险低的新兴投资方式必将受到极大的欢迎。

从上市企业的角度来看,本书的研究说明优先股制度在我国的试行很好地健全了上市企业的治理结构,提升了上市企业的价值。一方面,优先股融资给企业筹集到了和普通股类似的永久性资本,减少了企业的负债比率,优化了企业的资本结构,使企业获得了杠杆效应。优先股融资之下,由于优先股具有固定的股息率,那么在企业收益上升幅度很大的情况下,普通股股东的收益就会超过企业整体的收益上升幅度,有利于推动企业的经营动力并提升企业价值。另一方面,优先股融资在扩大企业股权的同时也保持了控制权,保证了企业的治理结构。在原有普通股融资之下,新股东的加入就意味着原股东的股份比例被稀释,原有股东对企业的影响力和控制力也会受到相应影响。而优先股股东并没有表决权,一般也不会参与企业的日常经营管理活动，从而使企业的控制权仍然集中在普通股股东手中。

总体来说，随着我国针对优先股制度的相关配套法律政策和税收股利政策的不断出台，以及中国证监会对投资者利益保护机制的全面建设，优先股制度在我国的资本市场还是具有光明的应用前景。

第二节　研究局限

本书主要考察了《管理办法》出台后，资本市场对优先股制度的反应情况，由于是一种探索性研究，不免会有一些不足之处，主要如下：

（1）事件研究法的时段选取和公告日的选取能否真正代表投资者对公司融资的市场反应，这可能需要更多的稳健性检验加以验证。

（2）使用倾向得分匹配法（PSM）时公司的控制变量是否合适，能否完全消除其他除融资方式以外对企业融资公告效应的影响。同时，由于现阶段发行优先股的企业数量较少，本书的研究结论是否依然适用于大的研究样本，这需要之后做进一步的探究。

（3）造成优先股融资公告效应好于股权融资和债务融资的真正原因是什么，本书的研究只从理论方向做了一定的规范性解释，而具体的内在原因和深层次逻辑可能需要我们进一步去进行探究。

第三节　将来的研究方向

本书主要是研究了优先股制度试点期间资本市场对该制度的具体反应，从而来探究优先股融资对于资本市场来说是否是一利好消息，并进一步探讨了优先股融资的相关融资成本问题。由于优先股发行时间尚短，所以本研究难免会有不足或缺陷，未来中国优先股融资研究可以考虑在以下几个方面拓展：

制度层面的研究，将由目前引入优先股制度的必要性、可行性研究，转向探讨符合中国实际情况的优先股制度的构建，为此需要深入研究：国外的优先股制度是否适用于中国资本市场？中国资本市场的哪些制度背景又会影响其适用性？尤其是中国与西方成熟资本不同的市场环境，且具有较强的政府管制的背景下，企业的优先股融资机会是否会有差异，从而又会导致何种自身的企业行为并带来什么的经济后果？目前证监会试点发行优先股的对象主要是大盘蓝筹股，未来推广到对于资金需求更强烈的中小盘股是否能够达到相同的效果？此外，对500万合格投资者的要求是否合适？可否放宽对于投资者资质的审核要求？我国资本市场在引进优先股时，如何从债权与股权两个方面进行制度设计，以便充分保护优先股股东的权益，增加优先股对投资者的吸引力？等等，所有这些都将成为制度层面研究的重点。

法律层面的研究，将由目前研究优先股相关法律的缺失，转向深入探讨优先股立法应当具备的相关规则，对优先股的种类、设置、发行条件、发行方式、比例限制、交易场所、交易程序、监管措施等问题作出具体规定，涉及的具体问题有：优先股的权利保护规则，优先股的权利内容规则，优先股变更和修改的程序规则，优先股限制性规定，优先股股东的投票权的规定，建立优先股股东大会等。这些法律法规问题必须要结合我国的具体国情，从我国企业的实际发展情况出发，构建优先股的相关法律法规，使之与我国的实践特征相符合，从而来丰富我国的资本市场结构，保护优先股股东的合法权益，促进我国的资本市场健康持续发展。

操作层面的研究，将由目前对优先股一般性概念、意义等研究，转向具体发行策略和配套措施的研究，如具体明确优先股的发行对象、种类和设置方法；设置优先股比例限制；优先股发行价的确定；股息率的确定；尤其是对《国务院关于开展优先股试点的指导意见》中尚未规定的问题，比如存量普通股转优先股、非公开发行优先股的转让、银行优先股发行上市的配套规则、优先股相关会计处理和财务报告等实施细节均须科学设计和进一步细化。此外，国有优先股如何转换和赎回？如何加快中小微企业优先股的融资，减少发行成本，确实解决中小微企业的资金困难，也是操作层面需要研究的重点。

学术层面的研究，将由目前对国外优先股理论的介绍，转向深度研究优先股在发行中产生的一系列实际问题，如对债市（利率债、信用债、可转债等）和企业长期业绩的影响等；所提出的一些理论问题，如优先股的发行条款与证监会优先股审核之间的关系、优先股发行条款和发行成本之间的关系、优先股的发行条款和控股股东“掏空”行为之间的关系以及优先股的发行条款对企业行为产生的影响，包括过度投资、盈余管理以及股息承诺兑现等等。

第四节　本章小结

本章对全书做了总结性回顾和研究展望，同时也指出了研究中存在的某些局限，作者以为还需要说明以下几点：

1. 关于内容结构

本书首先从宏观上论述优先股的基本概念和基本理论、梳理和评述国内外现有的研究成果，在此基本上对我国发行优先股的制度背景和应用前景做了深度研究；其次从微观上采用案例研究的方法，分析了优先股的发行对企业各个方面的影响，以期直观清晰地向读者反映优先股的发行对企业各项经济活动的影响；再次，又从宏观角度出发，一方面研究了优先股政策颁布后我国资本市场的反应情况（包括股市和债市）；另一方面研究了优先股融资、普通股融资以及债券融资这三种不同融资方式融资成本的差异。总体上来说，本书是从宏观到微观，由单个企业行为到整个市场反应的维度来梳理思路。

2. 关于实证研究问题

本书已统计了优先股试点方案出台起至2014年年末发行优先股的所有上市企业，共15家，由于其中有9家是金融类企业，考虑到以金融类企业为案例研究对象可能在财务数据上不具有一般企业的代表性，因此本书选取了剩余6家非金融类企业中最早通过核准的一支医药类股票——康美药业进行案例分析。进一步，在案例研究中，本书亦采取了横向对比和纵向对比的方法，使研究结果更加直观清晰，更具解释力度。当然，案例研究的方法可能无法控制其他变量的影响，本书亦考虑了这一点，因此在案例研究之后又进行了两大实证研究，以求案例研究与实证研究相结合，使研究更具说服力度。

3. 其他相关问题

主要有两个相关问题：一是本书以上证指数和上证企业债券指数为研究对象是为了检验《管理办法》颁布期间，不同市场的投资者对优先股制度的相关反应，是基于资本市场整体的视角研究优先股融资的影响，是对研究问题的有力支撑。二是关于优先股是偏向股性还是偏向债性的研究，本书参考了国外经典文献 Jensen，M.，Meckling，W.(1976)的文章以及 Heinkel 和 Zechner(1990)的文章中的逻辑思路，具有相关的文献支持。另外，由于国内外关于优先股的研究较为匮乏，而关于债券和普通股融资的文献丰富且理论成熟，因此，从债券和普通股两个极端角度来深入探讨优先股性质的研究方式比较科学且易于表述和理解。

随着优先股试点的开展，越来越多的企业涉足优先股资本市场，优先股必将成为投融资的新宠。由于优先股在我国才刚刚开始，必然存在这样或那样的问题，但其独特的股性优势已然成为优化产业结构、深化金融体制改革和支持实体经济发展的重要利器。可以预见，随着我国优先股制度的建立，必将为企业、投资者与整体资本市场均会带来更大的经济效益。

参考文献

[1] Abhay Abhyankar, Keng-Yu Ho, 2006, Long-run abnormal performance following convertible preference share and convertible bond issues: New evidence from the United Kingdom, International Review of Economics & Finance, 15(1):97-119.

[2] Aghion, Bolton, AnIncomplete Contracts Apptoach to Financial Contracting[J]. Review of Economic Studies, 1992(59):473-494.

[3] Alderson, M. and B. Betker. "Liquidation Costs and Capital Structure". Journal of Financial Economics, 39 (1995), 45-69.

[4] Bajaj M., Mazumdar S C., and Sarin A., 2002, "The Costs of Issuing Preferred Stock", The Journal of Financial Research, 4:577-592.

[5] Baskin, J. B., 1988, The development of corporate financial markets in Britain and the United States, 1600-1914: Overcoming a symmetric information, Business History Review 62, 199-237.

[6] Berkman, H., Cole, R. A. and Fu, L. J., 2009, "Expropriation through Loan Guarantees to Related Parties: Evidence From China", Journal of Banking & Finance, 33(1):141-156.

[7] Beyer, A., Cohen, D. A., Lys, T. Z. and Walther, B. R., 2010, "The Financial Reporting Environment: Review of the Recent Literature", Journal of Accounting and Economics, 50(2):296-343.

[8] Bhagat, S. and P. Frost, 1986, Issuing costs to existing shareholders in competitive and negotiated underwritten public utility equity offerings, Journal of Financial Economics 15:233-59.

[9] BranderJ, T. Lewis, Oligopolyand Financial Structure[J]. American Economic Review, 1986(76):956-970.

[10] Brav, A., Graham, J. R., Harvey, C. R. and Michaely, R., 2005, "Payout Policy in the 21St Century", Journal of Financial Economics, 77 (3):483-527.

[11] Brown, J. R., Liang, N. and Weisbenner, S., 2007, "Executive Financial Incentives and Payout Policy: Firm Responses to the 2003 Dividend Tax Cut", The Journal of Finance, 62(4):1935-1965.

[12] Bushman, R. M. and Piotroski, J. D., 2006, "Financial Reporting Incentives for Conservative Accounting: The Influence of Legal and Political Institutions", Journal of Accounting and Economics, 42(1):107-148.

[13] Botosan, C. A., L. Koonce, S. G. Ryan, M. S. Stone, and J. M. Wahlen. 2005. Accounting for liabilities: Conceptual issues, standard setting, and evidence from academic research. Accounting Horizons 19(3):159-186.

[14] Callahan, C., W. Shaw, and W. Terando, 2001, . Tax and Regulatory Motivations for Issuing Non-Voting, Non-Convertible Preferred Stock, . Journal of Accounting Research 39, 463-480.

[15] Chen, H., Chen, J. Z., Lobo, G. J. and Wang, Y., 2010, "Association Between Borrower and Lender State Ownership and Accounting Conservatism", Journal of Accounting Research, 48(5):973-1014.

[16] Chen, J., Ke, B., Wu, D. H., and Yang, Z. F., 2012, "IPO Pricing Mechanisms and Financial Reporting Quality", Working Paper.

[17] Chen, S., Chen, X., Cheng, Q. and Shevlin, T., 2010, "Are Family Firms More Tax Aggressive than Non-Family Firms?", Journal of Financial Economics, 95(1):41-61.

[18] Chen, S., Sun, Z., Tang, S. and Wu, D., 2011, "Government Intervention and Investment Efficiency: Evidence From China", Journal of Corporate Finance, 17(2):259-271.

[19] D. P. ELY, A. L, Houston, C. O. Houston, 2002, Taxes and the choice of issuing preferred stocks vs debt. Journal of the American Taxa-

tion Association, 24(1):29-45

[20] Deanar. Nance, Clifford W. Smithjr, and Charles W. Smithson, 1993, On the Determinants of Corporate Hedging, Journal of Finance, 48(1): 267-284.

[21] Deangelo, H. , Deangelo, L. and Stulz, R. M. , 2006, "Dividend Policy and the Earned/Contributed Capital Mix: A Test of the Life-Cycle Theory", Journal of Financial Economics, 81(2):227-254.

[22] Devrim Yaman, 2001, Long-Run Operating Performance of Preferred Stock Issuers, International Journal of Business and Finance Research, 5(2):61-73.

[23] Durand, David, Costs of Debt and Equity Funds for Business: Trends and Problems of Measurement[J]. In Conference on Research in Business Finance. National Bureau of Economic Research. 1952:215-47.

[24] Eckbo, B. E. , Masulis, R. W. , and Norli, Oyvind, 2000, Seasoned public offerings: Resolution of the 'New Issues Puzzle'. Journal of Financial Economics, 56:251-291.

[25] Engel E. , Erickson M. , Maydew E. , 1999, "Debt-equity hybrid securities", Journal of Accounting Research, 37(2):249-274.

[26] Fooladi, Iraj, and Gordon S. Roberts. 1986. "On Preferred Stock." Journal of Financial Research 9(4):319.

[27] Francis, J. R. and Wang, D. , 2008, "The Joint Effect of Investor Protection and Big 4 Audits On Earnings Quality Around the World", Contemporary Accounting Research, 25(1):157-191.

[28] Grullon G. , R. Michaely, S. Benartzi, R. Thaler. 2005. Dividend changes do not signal changes in future profitability[J]. Journal of Business, 78(5):1659-1683.

[29] Hackbarth D. , Managerial Optimism, Overconfidence and Leadership [J]. Journal of Financial Economics, 2002(40).

[30] Harvey, Keith D. Collins, M. Cary, Wansley, James W. 2003, The Impact of Trust-Preferred Issuance on Bank Default Risk and Cash Flow:

Evidence from the Debt and Equity Securities Markets, The Financial Review, 38(2):235-256.

[31] Heaton. J. B, Managerial Optimism and Corporate Finance[J]. Journal of Financial Economics, 2002(31)

[32] Heinkel R. , Zechner J. , 1990, "The role of debt and preferred stock as a solution to adverse investment incentives", Journal of Financial and Quantitative Analysis, 25, 1-24.

[33] Houston. Jr, A. L. , and C. O. Houston. 1990, Financing with preferred stock, Financial Management, 19(3):42-54.

[34] Howe, J. S. , and H. Lee, 2006, The long-run stock performance of preferred stock issuers, Review of Fi-nancial Economics 15(3):237-250.

[35] Hussein H. Elsaid, 1969, The Function of Preferred Stock in the Corporate Financial Plan, Financial Analysts Journal, 25(4):112-117.

[36] Irvine, P. , and J. Rosenfeld, 2000, Raising capital using monthly income preferred stock: Market reaction and implications for capital structure theory, Financial Management, 29:5-20.

[37] Jensen, M. C. and W. Meckling, 1976, Theory of the firm: Managerial behavior, agency costs, and capital structure, JFE 3, 305-360.

[38] Jensen, Meckling, Theory of the Firm Managerial Behavior, Agency Costs and Capital Structure [J]. Journal of Financial Economics, 1976 (3).

[39] Jian, M. and Wong, T. J. , 2010, "Propping through Related Party Transactions", Review of Accounting Studies, 15(1):70-105.

[40] John S. Bildersee, 1973, "Some Aspects of the Performance of Non-convertible Preferred Stocks", Journal of Finance, 28(5):1187-1201.

[41] Kim D H. , Stock D. , 2012, "Impact of TARP financing choice on existing preferred stock", Journal of Corporate Finance, 18:1121-1142.

[42] Korkeamaki, T. , Liljeblom, E. and Pasternack, D. , 2010, "Tax Reform and Payout Policy: Do Shareholder Clienteles Or Payout Policy Adjust?", Journal of Corporate Finance, 16(4):572-587.

[43] L. Paige Fields and Shelly E. Webb, 1997, An investigation of preferred stock financing by bank and nonbank financial institutions, Journal of Financial Research, 20(3):343-353.

[44] Lafond, R. and Roychowdhury, S., 2008, "Managerial Ownership and Accounting Conservatism", Journal of Accounting Research, 46(1):101-135.

[45] Lara, J. M. G., Osma, B. G. and Penalva, F., 2009, "Accounting Conservatism and Corporate Governance", Review of Accounting Studies, 14(1):161-201.

[46] Lee, H. W., and R. E. Figlewicz, 1999, Characteristics of firms that issue convertible debt versus convertible preferred stock, The Quarterly Review of Economics and Finance 39(4):547-563.

[47] Leland, Pyle, Information Asymmetries, Finacial Structure, and Financial Intennediation[J]. Joumal of Finance, 1977(44).

[48] Leuz, C., Nanda, D., P. Wysocki. 2003. Earnings Management and Investor Protection: An International Comparison [J]. Journal of Financial Economics, 69(3):505-527.

[49] Linn, S., and M. Pinegar, 1988, . The Effect of Issuing Preferred Stock on Common and Preferred Stockholder Wealth, . Journal of Financial Economics 22, 155-184.

[50] Ma, J., Song, F. and Yang, Z., 2010, "The Dual Role of the Government: Securities Market Regulation in China 1980-2007", Journal of Financial Regulation and Compliance, 18(2):158-177.

[51] Michael C. Jensen, 1986, Agency Costs of Free Cash Flow, Corporate Finance, and Takeovers, The American Economic Review Vol. 76, No. 2, Papers and Proceedings of the Ninety-Eighth Annual Meeting of the American Economic Association (May, 1986), 323-329.

[52] Michaely, R. and Roberts, M. R., 2012, "Corporate Dividend Policies: Lessons From Private Firms", Review of Financial Studies, 25(3):711-746.

[53] Miller M. , F. Modigliani, 1961, "Dividend Policy, Growth, and the Valuation of Shares", Journal of Business, 34(4):411-433.

[54] Modigliani, Miller, The Cost of Capital, Corporatian Finance and the Theory of Investment [J]. American Economic Review, Vol. 48, June, 1958.

[55] Myers, Stewart C. and Nicholas S. Majluf. , Corporate financing and investment decisions when firms have information that investors do not have[J]. Journal of Financial Economics, 1984(13).

[56] Myers, S. , 1977, Determinants of corporate borrowing, JFE 5, 147-175.

[57] Myers, S. and N. Majluf, 1984, Corporate financing and investment decisions when firms have information that investors do not have, JFE 13, 187-221.

[58] Pinegar M. , Lease R. , 1986, "The impact of preferred-for-common exchange offers on firm value", Journal of Finance, 41:795-814.

[59] Pons-Sanz, V. , Zuta, S. , Ofer, A. R. , Ravid, S. A. , & Venezia, I, 2004, When are preferred shares preferred?, Theory and empirical evidence (Working paper).

[60] Pramuan Bunkanwanicha, Yupana Wiwattanakantang. 2009. Big Business Owners in Politics [J]. The Review of Financial Studies, 22(6): 2133-2168.

[61] Qian Wang, 2012, The choice between publicly issued and privately placed preferred stocks, Managerial Finance, 38(7):689-701.

[62] Roll R. , 1986, The hubris hypothesis of corporate takeovers[J]. Journal of Business, 1986(59):02.

[63] Ross, The Determination of Financial Structure: the Incentive Signalling Approach[J]. Bell Journal of Economics, 1977(8).

[64] Sarig, Oded H. , Bargainning with a corporation and the capital structure of thebargaining firm, Working paper, Tel Aviv University 1988.

[65] Special Report of the Tri Bar Opinion Committee: Duly Au-thorized Opin-

ions on Preferred Stock By the Tri Bar Opinion Committee The Business Lawyer; Vol. 63,May 2008 p924.

[66] Stein, J. L., Money and Economic Growth[J]. Econometrica, 1965, Vol. 33, pp. 671-684.

[67] Titman, S, The Effect of Capital Structure on a Firms Liquidation Decision[J]. Journal of Financial Economics, 1984V61. 13:137-151.

[68] Townsend R M., Marketantieipations, rational expeetation sand bayesian analysis. International Eeonomie Review, 19(2), 1978, 481-494.

[69] [英]伊特韦尔约. 新帕尔格雷夫经济学大辞典[M]. 英国麦克米伦出版公司出版,1987.

[70] 刘鸿儒. 突破——中国资本市场发展之路[M]. 北京:中国金融出版,2008.

[71] [美]弗兰克·伊斯特布鲁克,丹尼尔·费希尔. 公司法的经济结构[M]. 北京:北京大学出版社,2005.

[72] [美]麦克尼尔. 新社会契约论[M]. 北京:中国政法人学出版社,2004.

[73] 马庆泉. 中国证券史[M]. 北京:中信出版社,2003.

[74] 沈四宝. 西方国家公司法原理[M]. 北京:法律出版社,2006.

[75] 王保树. 投资者利益保护[M]. 北京:社会科学文献出版社,2003.

[76] 白世秀. 我国上市公司开展股票发行与赎回新业务及核算的研究[D]. 东北林业大学,2003.

[77] 丛山. 借鉴国外经验发展中国优先股制度的现实意义[D]. 复旦大学,2011.

[78] 黄飞. 优先股股东权益保护论[D]. 西南财经大学,2009.

[79] 侯婧. 我国建立优先股制度的若干问题研究[D]. 吉林财经大学,2014.

[80] 杨梅. 论优先股股权的法律保护[D]. 对外经济贸易大学,2007.

[81] 袁媛. 优先股制度研究[D]. 复旦大学,2008.

[82] 叶陶冶. 中国发展优先股制度研究[D]. 上海交通大学,2008.

[83] 李爱琴. 优先股在水务行业的应用分析[D]. 对外经济贸易大学,2007.

[84] 李章彦. 国有上市公司发行优先股的必要性和可行性研究[D]. 首都经济贸易大学,2007.

[85] 吴漳平. 中国优先股的发行策略研究[D]. 厦门大学,2013.

[86] 吴倩. 铁路建设项目优先股融资问题研究[D]. 西华大学,2014.

[87] 张立娟.我国军工企业发行优先股上市融资问题的探讨[D].江西财经大学,2010.

[88] 国务院办公厅.国务院关于开展优先股试点的指导意见[S].国发[2013]46号.

[89] 康美药业:2013年度报告[S].2014-3-28.

[90] 林采宜.美国优先股市场发展及现状[S].中国首席经济学家论坛,2014.

[91] 上海证券交易所.上海证券交易所优先股业务试点管理办法(上证发[2014]31号)[S].2014年5月9日发布.

[92] 深圳证券交易所.深圳证券交易所优先股试点业务实施细则[S].2014年6月12日发布.

[93] 陈静.优先股的操作阴谋[N].证券市场周刊,2013(47).

[94] 解学成.巴西企业海外上市现象研究[N].证券市场导报,2007-1-10.

[95] 肖玉航.优先股是股票市场有益补充.中华工商时报[N].2014-3-24(7).

[96] 周科竞.优先股保证股东回报值得商榷[N].北京商报,2012-12-21.

[97] 朱明方.优先股试点是我国资本市场发展的重要一步[N].中国经济时报,2014-3-17(5).

[98] 安哲琳,李绩娜.浅析我国银行优先股的发展[J].时代金融,2014(17).

[99] [美]布雷德利.杰米尔和金.论存在一个最优资本结构:理论与证据[J].财务学刊,1984(3):857.

[100] 白家美.优先股制度与中小股东权益保护[J].法制博览(中旬刊),2014(3).

[101] 白鸥.优先股试点期间中小投资者权益保护问题[J].沈阳大学学报(社会科学版),2015(4).

[102] 曹立.证券市场功能的再认识与优先股发行[J].金融经济,2013(12).

[103] 陈浩,王国俊.国内外优先股融资研究:文献回顾与研究展望[J].学海,2015(4).

[104] 陈昌彧,孙丛阳.我国商业银行发行优先股利好与风险分析[J].财务与会计(理财版),2014(9).

[105] 陈佳宏.我国优先股股东的权利保护机制研究[J].现代经济信息,2015(6).

[106] 陈欣笛.优先股在我国企业并购中的应用探讨[J].时代金融,2015(2).
[107] 丁楹.从美国优先股制度发展历程看中国转轨时期优先股制度的建立[J].中央财经大学学报,2013(5).
[108] 冯小波,王浣尘.略谈优先股在国有股减持中的应用[J].经济与管理研究,2001(6).
[109] 范利民,张辉锋,谢鸿华.关于我国发行优先股融资的相关探讨[J].商业研究,2014(2).
[110] 高劲.企业为什么选择发行优先股?——企业财务困难的预期成本与普通股定价状况的分析[J].浙江社会科学,2005(3).
[111] 刚成军,刘玉廷.关于优先股在国有控股上市公司中优先推广的路径分析[J].经济师,2014(5).
[112] 黄富.股份与公司债的交错[J].河北法学,1997(1).
[113] 黄宁.从美国实践看我国银行业引入优先股的意义[J].南方金融,2013(8).
[114] 严学娜.试析优先股的权属分类及其会计处理[J].财会月刊,2015(7).
[115] 杨海平,陈明.当前中国商业银行发行优先股问题研究[J].浙江金融,2014(2).
[116] 余莉.优先股在我国发展的政策建议[J].现代经济信息,2013(8).
[117] 李佳慧.从信号传递理论研究我国财务预测信息的自愿披露程度[J].经济视角(中旬),2011(4).
[118] 李娜.电信企业发行优先股融资的思考[J].现代商业,2008(29).
[119] 李翔,陈浩.市场竞争、发行权管制与基金风险——中国开放式基金经营策略的经验研究[J].南京社会科学,2012(9).
[120] 李荣.优先股制度在我国应用初探[J].法制与社会,2014(12).
[121] 李晓洁.试点期间商业银行发行优先股的问题分析[J].财政金融,2015(4).
[122] 李经纬,葛帮亮,李募.国际视野下的我国优先股政策研究:基于券商视角[J].经济论坛,2014(3).
[123] 林树,陈浩.投资者风险态度研究——基于基金投资者行为的经验证据[J].山东社会科学,2014(9).

[124] 林树，陈浩. 机构投资者能提高公司业绩吗？——基于民营上市公司的经验研究[J]. 山东社会科学，2013(10).

[125] 林振兴，屈文洲，庄江波. 国外优先股研究：信息披露、发行动因及经济后果[J]. 会计与经济研究，2014(6).

[126] 刘辅华. 优先股——国家持股的一种可行选择[J]. 经济体制改革，1998(3).

[127] 刘艺. 借鉴加拿大优先股经验推进我国优先股进程[J]. 消费导刊，2013(9).

[128] 凌廷友，等. 权衡理论和优序融资理论之比较[J]. 财会月刊，2003(6).

[129] 楼远. 优先股制度及其产权意义[J]. 财经论丛，2001(5).

[130] 聂新田. 试论优先股在我国的应用[J]. 经营管理者，2009(14).

[131] 梁胜，易琦. 境外优先股法律制度比较研究[J]. 证券法苑，2013(8).

[132] 马广奇，杨靖. 借鉴国外经验构建我国优先股制度[J]. 武汉金融，2014(9).

[133] 姜硕，陈明，胡启磊. 代理问题下对优先股股东利益保护的思考[J]. 财会月刊，2015(3).

[134] 宋伟，胡海洋. 优先股相关法律问题透析[J]. 法治研究，2009(9).

[135] 王健，朱宏文. 股份公司债化与公司债股份化研究[J]. 财经研究，1997(1).

[136] 王佐强. 国有股设为优先股如何[J]. 经济论坛，2005(23).

[137] 王跃堂，等. 产权性质、债务税盾与资本结构[J]. 经济研究，2010(9).

[138] 王国俊，王跃堂. 现金股利承诺制度与资源配置[J]. 经济研究，2014(9).

[139] 王国俊，陈浩，王跃堂. 股利政策承诺、现金持有水平与过度投资行为[J]. 福建论坛，2015(7).

[140] 王国俊，陈浩，王跃堂. 现金股利承诺对控股股东的掏空行为的影响——基于委托代理视角的分析[J]. 南京社会科学，2015(7).

[141] 王国俊，陈浩. 政府财政收支平衡目标影响国企分红吗？——基于"掠夺之手"视角的分析[J]. 山东社会科学，2015(8).

[142] 王冰心. 优先股制度对中国股票市场发展的影响研究——基于优先股概念股的视角[J]. 洛阳师范学院学报，2014(7).

[143] 汪青松.优先股的市场实践与制度建构[J].证券市场导报,2014(3).
[144] 魏现州.论优先股股东的权利保护[J].辽宁师范大学学报(社会科学版),2011(3).
[145] 解学成.巴西企业海外上市现象研究[J].证券市场导报,2007(1).
[146] 谢婷,钟伟.银行创新资本工具:国际经验及中国实践[J].南方金融,2013(11).
[147] 许艳芳,陈洲宇.美国优先股实践及引入我国的现实意义[J].财务与会计,2009(12).
[148] 张琦,闫洁.国股权投资市场发展趋势探究[J].中国市场,2014(7).
[149] 张志坡.论优先股的发行法律科学[J].西北政法大学学报,2015(2).
[150] 曾智,朱玉杰,雪莲.我国私募股权投资中引入优先股的理论解析与现实思考[J].山东社会科学,2014(3).

后 记

2008年发生的国际金融危机，不仅对世界经济产生重大影响，也使得中国企业的发展陷入了前所未有的融资困境，通过银行借贷、发行债券及发行普通股这三种传统的融资方式已不能满足企业的资金需求，因而寻找新的融资方式就显得尤为重要和迫切。作为一种在国外使用已久的融资工具，优先股兼具债券、股票特征，形式多样、灵活，满足了不同融资者、投资人的需要，是传统融资工具之外较好的补充，在资本市场上发挥着重要作用。

随着我国上市公司股权分置改革的基本完成，标志着因政策原因而导致的股权差异化时代的终结，限售股的逐步解禁将使得上市公司的所有股份最终真正回归同股同权的普通股本质。但投资者的多元化投资需求毕竟不能仅通过单一的股份种类而得到满足，因此，发达市场经济中的那些真正意义上的市场推动型的类别股份必将在中国上市公司中萌生发展。其中，经济性权利得到特别保障的优先股无疑是市场推动型类别股份中最为重要的类型之一，也成为风险投资领域开展市场实践的首要选择。但我们所面临的一个非常现实的问题是：中国现行法律框架下的诸多障碍极大地影响了优先股制度引入，相关的理论研究也亟待加强。

国外对优先股的应用较早，由于发达国家的资本市场成熟、公司治理机制健全、市场约束机制及投资者保护机制完善，其理论和研究方法也相对成熟，研究成果比较丰硕。与此同时，我们也看到，正是由于西方资本市场,较为健全的公司治理机制、有效的市场约束机制以及完善的投资者法律保护机制,而很少出现违约支付事件,由此关于优先股融资制度对于企业行为的影响及对优先股股东的利益保护方面的研究尚显不足。而在我国,对优先股的研究尚处于起步阶段。早期的研究,更多的是对国外优先股融资实践进行介绍并试图借鉴其成功经验来探讨我国相关行业及具体类型企业实践的可能性与可行性。随着国家对优先股的试点及具体应用,其研究所关注的重点则是探索尝试设计符合自身行业特点的优先股发行模式、应用类型、具体设计条款以及对相关政策的落实和完善所提的建议;并进一步推断优先股制度实施后,由此会带来给各个利益相关主体影响的具体表现及对背后成因进行分析并给予建议。

通过对国内外现有文献的回顾、梳理和总结分析,对研究者们提出以下研究思考:国外的优先股理论和经验证据是否适用于中国资本市场?中国资本市场的哪些制度背景又会影响其适用性?尤其是中国与西方成熟资本不同的市场环境,且具有较强的政府管制的背景下,企业的优先股融资机会是否会有差异,从而又会导致何种自身的企业行为并带来怎样的经济后果?

此外,当前我国当前优先股融资制度尚属于试点阶段,虽有相关法律法规及配套规则相继出台,但仍会出现相关制度建立健全的滞后性的情况存在,尤其规定实行不可转换的制度前提下,又是什么机制来保护优先股股东利益,从而促进中国优先股市场的健康发展?以上问题,为我国进行优先股相关问题的研究提供了研究机会,创造了我国特色的研究话题,需要我们认真思考和深入研究。

正是基于上述研究背景和现实思考,我把优先股作为博士论文选题,本书是我在博士论文基础上深化研究的成果。

在书稿付梓之际,首先,我要衷心感谢我的导师南京大学管理学院副院长王跃堂教授的精心指导,恩师对我的博士论文的形成倾注了大量心血,并为我的拙作亲自作序,感激之情终生难忘。

在攻读博士期间，我有幸结识了许多志同道合的同学，并留下了许多美好而难忘的时光。他们是：王国俊、刘磊、徐巍、赵国庆、施俊宇、张萍、陈文磊、钱晓东、韩雪等。感谢他们平时学习和生活中的相伴与关照，与他们一起学习的时光中，亦师亦友，友谊长存。

我能够完成博士论文和书稿的写作，同样也离不开单位的支持和各位领导的关心。在此，我要衷心感谢南京广电集团谢莉副台长、蔡辉主任、罗爱东主任助理等各位领导和同仁的理解与支持。

从2012年到2015年，是我人生最难忘的一段旅程。回顾自己一路走来，我特别要感谢我的妻子和可爱的女儿，他们的殷切希望和默默支持，是我一直向前努力拼搏的动力和信心的来源。感谢我的父母和岳父岳母，他们在生活中一直给予我最无私的支持和理解，是我坚强的后盾。

最后，需要说明的是本书在写作过程中参考和引用了国内外学者的一些最新研究成果，作者均已做了注释，在此由衷致谢。同时，我尤其要衷心感谢东南大学出版社江建中社长和张新建总编辑对本书出版的大力支持！由于作者的学术水平有限，本书难免有不当之处，敬请读者不吝赐教！

“路漫漫其修远兮，吾将上下而求索。”我将以敬畏之心，始终如一地追求学术的高雅和实际的践行，为人生的目标而奋斗。

陈　浩

2015年12月于清江西苑